APOSTOLAT

DE

SAINT FRANÇOIS DE SALES

A THONON.

PROPRIÉTÉ.

—

Cet ouvrage se trouve aussi :

A ANNECY, chez ABRI, libraire.

A BONNEVILLE, chez HENNINGE, libraire,

A CHAMBÉRY, chez PERRIN, libraire.

A CLERMONT-FERRAND, chez BELLET, libraire, Directeur de la Librairie Catholique.

A GENÈVE, chez MARC MEHLING, libraire, rue Corraterie.

A MARSEILLE, chez Madame Veuve CHAUFFARD, libraire, rue des Feuillants, 20.

A MONTPELLIER, chez FÉLIX SEGUIN, libraire.

APOSTOLAT

DE

S. FRANÇOIS DE SALES

A THONON

OU

RÉCIT DE SES TRAVAUX DANS CETTE VILLE

d'après sa Correspondance et autres Documents inédits

SUIVI

D'UN APPENDICE

SUR SES RELATIONS AVEC LE BIENHEUREUX CANISIUS
ET SA DÉVOTION AU PÈRE LEFÈVRE

Par un Prêtre du Diocèse d'Annecy

LYON	PARIS
ANCIENNE MAISON PERISSE FRÈRES	JACQUES LECOFFRE, LIBRAIRE
R. Mercière, 47, R. Centrale, 34.	Rue Bonaparte, 90.
BRIDAY, LIBRAIRE,	VICTOR SARLIT, LIBRAIRE,
Place Montazet, 1.	Rue Saint-Sulpice, 25.

IMPRIMERIE CATHOLIQUE PERISSE FRÈRES

JULES NICOLLE, ÉDITEUR

1865

AVERTISSEMENT.

Occupé depuis longtemps à chercher dans les bibliothèques publiques et dans des archives privées, des documents relatifs à la paroisse de Thonon, nous en avons trouvé d'assez nombreux pour pouvoir en faire une histoire suivie depuis le XIIe siècle jusqu'à nos jours. Nous publierons ce travail, lorsque nous en aurons coordonné tous les éléments.

En attendant, pour favoriser la piété de notre ville qui va célébrer, par des fêtes solennelles, l'année séculaire de la canonisation de saint François de Sales, nous croyons devoir en extraire ce qui concerne l'*Apostolat* du grand Evêque *à Thonon*.

AVERTISSEMENT.

Le temps ne nous permet pas de donner la dernière main à notre récit, ni même de mettre dans nos documents l'enchaînement et la liaison nécessaires; mais nos lecteurs voudront bien excuser ces défauts de forme en faveur de notre intention, et peut-être aussi de l'intérêt que leur offriront nos recherches.

Thonon, le 30 mars 1865.

Le jour de la fête du bienheureux Amédée, né à Thonon, le 1er février 1435.

APOSTOLAT

DE

SAINT FRANÇOIS DE SALES

A THONON.

I

CONVERSION DE THONON

(1594-1597.)

L'an 1536, les Bernois enlevèrent au Duc de Savoie toute la portion de ses États, qui s'étendait de la rivière de la Dranse aux portes de Genève.

Tout le pays qui se trouve entre la Dranse et Saint-Maurice tomba au pouvoir des Valaisans.

Ceux-ci étaient catholiques ; la religion n'eut pas à souffrir du changement de domination chez les peuples qui leur furent assujettis. Il n'en fut pas ainsi de la contrée conquise par les Bernois : ils y plantèrent la doctrine de Calvin avec autant d'empressement que de violence.

Le baillage de Thonon, plusieurs fois repris et relâché par le Duc de Savoie, ne rentra définitivement sous l'empire de ses anciens souverains que par suite du traité de Nyon, signé entre les Bernois et le Duc de Savoie au mois d'août 1593. C'est la trève de Nyon, dont nous parlera saint François-de-Sales, qui lui permit une libre entrée dans le Chablais.

Entendons-le lui-même raconter, dix ans plus tard, comment il devint l'apôtre du baillage de Thonon.

Le 15 novembre 1603, il écrivait d'Annecy à Sa Sainteté le pape Clément VIII, et, après avoir décrit les irruptions des calvinistes en Chablais, il dit [1] : « On con-
» vint d'une trève entre les parties..... aussitôt que Son
» Altesse vit les affaires changer de face, elle fit savoir
» presque dans le temps même de la conclusion de
» la trève à mon prédécesseur de sainte mémoire,
» que son intention était qu'il envoyât des prédica-
» teurs orthodoxes pour travailler à la conversion
» des peuples. Ce digne prélat reçut cette nouvelle
» avec une joie qui ne peut s'exprimer, et envoya
» sur-le-champ, au baillage de Ternier, deux mission-

---

[1] 55ᵉ lettre, collection Migne.

» naires, l'un desquels était de l'ordre de saint Do-
» minique, et l'autre de la Société de Jésus ; et au
» baillage de Thonon, deux autres pris de la cathé-
» drale, savoir : Louis de Sales, maintenant prévôt de
» ladite église, et moi qui en suis aujourd'hui l'é-
» vêque et qui en était alors prévôt. »

L'an 1594, le 14 septembre, jour de mercredi, François de Sales et Louis son cousin arrivèrent à la tombée de la nuit au château des Allinges. Cette forteresse, six fois séculaire, était gardée par une forte garnison des armées du Duc de Savoie. François Melchior, de Saint-Jeoire-en-Faucigny, baron d'Hermance, était gouverneur de la citadelle et de tout le Chablais. François s'empressa de lui remettre les lettres de créance qui devaient l'accréditer auprès du premier dépositaire de l'autorité du souverain. L'accueil et la paternelle réception que les deux apôtres reçurent du gouverneur, étaient bien le fidèle augure de l'appui continuel et fécond qu'il donnerait à leur ministère.

Le lendemain, ils célébrèrent la sainte messe dans la chapelle du château, qui est devenu aujourd'hui un sanctuaire visité par de nombreux pèlerins.

Dans l'après midi, ils s'avancèrent sur le bastion de

la forteresse. Là se déroulait à leurs regards Thonon et presque tout le baillage. En contemplant cette riche contrée désolée par l'hérésie, ils versèrent d'abondantes larmes. Voici la description qu'il en donnait dix ans plus tard :

« Nous n'eûmes pas plus tôt mis le pied dans ces
» champs évangéliques, que nous aperçûmes de
» toutes parts le ravage de l'hérésie. Dans toute l'é-
» tendue de soixante-cinq paroisses qui contenoient
» bien des milliers d'âmes, l'on n'eût pas trouvé seu-
» lement cent catholiques, si l'on excepte cepen-
» dant les officiers de Son Altesse, qui n'en vou-
» lut point avoir à son service qui ne professassent
» la veritable religion. On ne voyait que des églises
» désertes, pillées ou détruites; que des croix abat-
» tues, pulvérisées, anéanties; que des autels pro-
» fanés, renversés ; à peine pouvait-on trouver
» quelque vestige de l'ancienne religion et de la foi
» orthodoxe. Les ministres, c'est-à-dire les docteurs
» de l'hérésie, n'étoient occupés partout qu'à trou-
» bler les familles, en y introduisant leur doctrine,
» et en s'emparant des chaires dans la vue d'un gain
» sordide [1]. »

---

[1] 53e lettre, collection Migne.

Le 16 septembre, les deux apôtres descendirent à Thonon et se présentèrent d'abord au procureur fiscal, Claude Marin, et aux syndics de la ville; ils avaient à leur exhiber leurs lettres de missionnaires.

Le procureur fiscal, fervent catholique, vit en François le véritable envoyé du ciel, et le seconda de toute son autorité.

Notre apôtre réunit chez lui le petit nombre de catholiques qui se trouvaient encore à Thonon. On en comptait quatorze ou quinze, composant en tout sept familles ; encore ces familles étaient-elles du Faucigny ; elles avaient été attirées à Thonon par leur commerce avec la Suisse [1].

François s'adressa à ces quelques fidèles qui avaient conservé à Thonon quelques traces de catholicisme. Il leur déclara qu'il était désormais le pasteur de leurs âmes ; et qu'il leur prêcherait souvent, soit à l'église, soit chez le procureur fiscal.

Ensuite les missionnaires retournèrent à la forteresse des Allinges, le seul lieu, pour le moment, où leurs jours fussent en sûreté pendant la nuit.

[1] Les actes mortuaires de Thonon nous ont révélé les noms et le lieu d'origine de ces quelques catholiques.

Louis fut destiné à la paroisse d'Allinge ; de là il se répandait dans toutes les communes du baillage.

Le 18, jour de dimanche, François descendit à Thonon, alors l'inabordable foyer de l'hérésie ; et, dès ce moment, cette ville devint le théâtre de ses prédications journalières. On convint qu'il pourrait prêcher dans l'ancienne église de Saint-Hyppolite ; depuis soixante ans elle était consacrée aux assemblées des ministres et des hérétiques ; pendant plusieurs années encore elle servit le matin à saint François et aux catholiques, et le soir aux ministres et à leurs partisans.

François prit pour sujet de son premier sermon : *La nécessité d'une mission divine pour prêcher aux fidèles.* Le baron d'Hermance, solidement vertueux et d'une expérience consommée, avait dit à nos missionnaires : « Je ne pense pas que vous puissiez,
» sans un grand péril, célébrer la messe à Thonon
» ou dans un autre lieu hérétique ; s'il arrivait que
» vous trouvassiez plus commode de ne pas célébrer
» toujours la messe dans notre forteresse, vous pour-
» riez la dire dans la chapelle que les Hospitaliers
» du Grand-Saint-Bernard avaient sur les bords du
» lac, et qu'il serait facile de faire réparer ; ou bien

» encore, vous pourriez traverser la rivière de la
» Dranse, et vous rendre à la chapelle du village de
» Marin.....; mais ce qui est absolument nécessaire,
» jusqu'à ce que les affaires aient pris une meilleure
» face, c'est que vous passiez la nuit dans la forte-
» resse [1]. »

Chaque soir François quittait donc Thonon pour remonter aux Allinges d'où il descendait de nouveau le lendemain matin ; il fit ce voyage quotidien pendant dix mois : du 16 septembre au 20 juillet suivant.

Le château des Allinges est à une distance de six kilomètres de Thonon. Par les sentiers de l'époque et à travers des forêts rasées aujourd'hui, c'était un trajet de deux heures.

Dès son arrivée à Thonon, François reçut la plus gracieuse hospitalité chez Madame Jeanne du Maney, veuve de François du Foug, ancien procureur fiscal à Thonon. Depuis longtemps la famille du Foug du Maney était en relation d'amitié avec celle du jeune prévôt.

Au mois de juillet 1595, François crut devoir quitter la forteresse des Allinges et se fixer définitivement

---

[1] Cité par son neveu Charles-Auguste.

à Thonon. C'est dans la maison du Maney qu'il se retirait pour prier et préparer ses instructions. Sa présence continuelle dans la ville excita la rage des hérétiques ; ils résolurent d'immoler à leur haine ce perturbateur public. Un soir, vers le milieu de la nuit, ils envahirent la maison pour assassiner l'apôtre de Thonon ; heureusement il vaquait encore à l'étude, et il eut le temps de se glisser dans une cachette que la prévoyance de sa tante du Maney avait ménagée [1].

Ce n'est pourtant pas dans cette maison, mais bien chez le procureur fiscal qu'il réunissait les enfants et leurs parents pour leur expliquer le catéchisme.

Laissons parler ici l'un de ses plus illustres successeurs en qui parurent avec tant d'éclat les traits de sa douceur et la vivacité de son patriotisme.

Dans son mandement pour le carême de 1854, feu Mgr Rendu s'exprimait ainsi :

« Notre Savoie n'est-elle pas un exemple vivant de
» la puissance du catéchisme ? C'est le catéchisme à
» la main que saint François de Sales poursuivait
» les hérétiques du Chablais, et les forçait de rentrer

---

[1] Tous les biographes nous disent qu'il appelait Madame du Maney *sa mère* ; cependant chaque fois qu'il nous parle d'elle, dans ses lettres, il lui donne le nom de *tante*.

» dans le sein de l'église de Jésus-Christ. Sans doute
» notre Savoie se ressent encore des leçons qu'elle a
» reçues du bon Saint qu'elle honore et qu'elle aime
» tant. Si les religieux habitants de nos montagnes
» sont inviolablement attachés à leur foi ; s'ils pra-
» tiquent avec une grande simplicité de cœur, dans
» le sein des familles, toutes les vertus évangéliques;
» s'ils conservent à l'étranger l'antique réputation
» de probité et de fidélité qui s'unit au nom de leur
» patrie ; s'ils peuvent, sans se laisser pervertir,
» fréquenter les régions où l'hérésie les attend, et
» trop souvent dresse des embûches à leurs croyan-
» ces, à leurs vertus, oh ! c'est que parmi leurs an-
» cêtres le bon Saint de la Savoie a enseigné le ca-
» téchisme. »

Nous ne pouvons comprendre dans ce récit les détails des travaux de saint François et des conversions qu'il opéra à Thonon. Il n'y a presque pas de jour, dans les quatre années de sa mission à Thonon, qui ne soit marqué par quelques faits saillants. Si l'on excepte les jours d'absence qui peuvent se réduire à deux mois chaque année, nous osons avancer qu'au moyen de ses lettres, du récit des différents biographes, et surtout à l'aide de quelques notes inédites, l'on pourrait composer des éphémérides sur les quatre années des travaux de saint François dans cette paroisse. Nous nous bornerons aujourd'hui à constater deux faits qui seuls font toute la gloire de notre héros : la vive opposition qu'il rencontra chez les habitants de Thonon, et la manière éclatante dont surent en triompher sa patience et sa douceur. Les lauriers de la victoire ne sont jamais plus glorieux que lorsqu'ils ont été cueillis dans des combats longs et acharnés.

Pendant une année et demie, Thonon ne répondit que par la plus désespérante opiniâtreté aux instances de son zèle.

Personne n'avait mieux étudié que Mgr Rey [1] l'histoire de la conversion du Chablais. Nul autre ne fut plus délicat au point de l'honneur de son pays natal ; cependant ce prélat fait l'aveu de cette opiniâtreté avec toute la franchise de son caractère : *amicus Plato, magis autem amica veritas*. Il avait à prononcer le panégyrique du Saint dans l'église de la Visitation d'Annecy, le 21 août 1826. En présence du roi de Sardaigne, de sa cour, de treize pontifes et de six-cents prêtres, l'éloquent orateur s'écrie :

---

[1] Mort évêque d'Annecy, en 1843.

« Quel spectacle, mes frères, que celui d'un homme
» n'ayant pour armes que la Croix et sa propre dou-
» ceur, et se présentant ainsi au milieu d'un peuple
» de rebelles qui croiront, en l'immolant à leur fu-
» reur, faire une œuvre agréable à Dieu ! Oh ! Fran-
» çois, l'apôtre de mes pères ! combien de fois, j'ai
» visité, dans ma patrie, ce lieu qui fut arrosé de
» vos larmes, lorsqne, rejeté de toutes les maisons,
» votre cœur généreux pleura sur notre endurcisse-
» ment, et plus heureux que le Sauveur, votre mo-
» dèle, attendrirent et sauvèrent cette Jérusalem [1]. »

Toute la noblesse de Thonon et de la contrée professait obstinément les erreurs de Calvin. L'apôtre du Chablais ne fut pas aussi heureux que les missionnaires envoyés au bâillage de Ternier ; ils y rencontrèrent un baron de Viry qui avait forcé le sénat de Berne à l'autoriser à conserver le culte catholique dans sa chapelle de la Perrière.

A Thonon, il manquait à saint François un personnage influent par sa fortune, et entouré de toute la considération de ses concitoyens. Le marquis de Lullin remplissait ces deux condi-

[1] Bellevaux, canton de Thonon.

tions ; mais les premières charges de l'état que lui confiait le duc de Savoie, le condamnaient à vivre loin de son palais de Thonon. Toutes les fois que François avait à solliciter quelques faveurs à la cour de Turin, il recourait à la bienveillance et au crédit du marquis de Lullin ; aussi lui conservait-il une sincère reconnaissance, c'est ce que vient nous apprendre une lettre du Président Favre ; en mai 1595, il écrivait à son ami à Thonon : « Je n'ai pas encore vu » M. de Lullin ; je tâcherai qu'il sache que vous me » l'avez recommandé. »

L'heure n'est pas encore venue pour François d'appuyer son ministère de l'autorité des miracles ; mais, plusieurs fois déjà la Providence a opéré des prodiges pour le sauver de la fureur des hérétiques qui ont juré sa perte.

Le 2 juillet, jour de la fête de la Visitation de la Vierge, était le jour que l'enfant de Marie avait choisi pour se rendre sur la montagne des Voirons, et essayer d'y rétablir le culte de Notre-Dame de la Visitation, autrefois en grand honneur dans ce sanctuaire. Les ministres de Genève avaient appris son départ de Thonon ; bientôt des assassins furent à sa poursuite, et plusieurs fois il a assuré lui-même qu'il n'avait échappé de leurs mains que par un prodige qu'il devait à Marie. Dès le 20 juillet jusqu'au mois de mars de l'année 1596, François allait célébrer la sainte messe à la chapelle de Saint-Étienne-de-Marin, au-delà de la Dranse, à trois kilomètres de Thonon [1].

Le baron d'Hermance mit à sa disposition la chapelle des religieux de Mont-joux qu'il avait fait restaurer. Cette chapelle était érigée dans le château qui était anciennement occupé par ces religieux, et que l'on nomme encore le château de Mont-joux. Il est situé à quelques minutes de la ville de Thonon, au bord du lac et en face du port. Un simple coup d'œil, jeté à l'angle de cette maison suffit pour y découvrir les restes d'un sanctuaire : peintures antiques, pleins cintres, encadrement d'autel, tout révèle un lieu consacré au culte. Après la sainte messe à laquelle assistaient une quinzaine de personnes, François y récitait le bréviaire, y faisait ses méditations, et y passait chaque jour plusieurs heures en adoration au pied de l'autel où il conservait le Saint-Sacrement pour le besoin des malades.

---

[1] Cette chapelle a été restaurée par les soins de M. Delalex, curé de Minzier, et de M. l'abbé Requet, vicaire à Vulbens.

C'est à travers ce mur, qui montre encore les traces de l'autel, que saint François lançait vers Thonon de brûlants soupirs pour fondre la glace de tant de cœurs obstinés. Il ne quitta cette chapelle que lorsqu'il put célébrer les saints mystères à l'église, c'est-à-dire à la fête de Noël de la même année. Cette antique chapelle, destinée aujourd'hui à un usage profane, mérite non moins de vénération que celle des Allinges ; notre apôtre y a célébré aussi longtemps, et il y passait les heures de la matinée qu'il employait l'année précédente à descendre du château des Allinges à Thonon.

Un jour, espérons-le, il se rencontrera un cœur aussi généreusement salésien que celui du restaurateur du sanctuaire des Allinges [1]. Dans l'élan de sa reconnaissance saintement patriotique, il érigera un sanctuaire à l'honneur du grand apôtre, dans le même lieu qu'il sanctifia lui-même pendant dix mois par les plus ferventes prières.

Oui ! un sanctuaire en face du nouveau port de Thonon; un autel à la gloire de l'intrépide missionnaire qui traversa tant de fois le lac Léman, soit pour se rendre à Genève, soit pour atteindre la rive

---

[1] Mgr Rey, évêque d'Annecy, l'an 1836.

vaudoise et faire un pélerinage à Saint-Claude !...
Lorsque la barque qui le transportait était ballottée
par les flots, il se représentait le triste état d'une âme
battue par les vagues de violentes tentations.

En présence de la plus désolante obstination des
esprits, le baron d'Hermance et quelques autres
amis de François lui conseillèrent d'écrire une suite
d'instructions, pour les faire parvenir à ceux que la
mauvaise foi ou le respect humain empêchaient de
venir l'entendre à l'église. En janvier 1595, il commença la composition d'un ouvrage qu'il continua par
intervalles jusqu'à son départ de Thonon ; il écrivait
les matières à la hâte, les faisait copier et les distribuait par fragments aux familles. Il fit même afficher
ces fragments sur les murs de cette ville.

C'est de ces feuilles volantes que l'on a formé plus
tard son *Traité des Controverses*.

Le *Traité des Controverses* de saint François est
le premier de ses ouvrages ; il a commencé à le rédiger à l'âge de vingt-huit ans. Il l'a composé pour
les habitants de Thonon auxquels il le dédia en ces
termes :

« A MESSIEURS DE LA VILLE DE THONON.

» Messieurs,

» Ayant continué quelque espace de temps la pré-
» dication de la parole de Dieu en votre ville, sans avoir
» été ouï des vôtres que très-rarement, par interrup-
» tion et à la dérobée, pour ne laisser rien en arrière de
» mon côté, je me suis mis à réduire en écrit quel-
» ques principales raisons que j'ai choisies, la plupart
» tirées des sermons et autres traités que j'ai faits
» ci-devant, de vive voix, pour la défense de la foi
» de l'Eglise...........

» Quoique mon mieux eût été d'être ouï, cette é-
» criture néanmoins ne sera pas sans de bonnes uti-
» lités ; car, premièrement, elle portera chez vous
» en particulier ce que vous ne voudrez pas prendre
» chez nous en l'assemblée ; deuxièmement, elle con-
» tentera ceux qui, pour toutes réponses aux raisons
» que j'apporte, disent qu'ils les voudraient entendre
» devant quelques ministres ; il leur semble que la
» seule présence de l'adversaire nous ferait chance-
» ler, pâlir, transir de timidité, et nous ôterait toute

» contenance; mais maintenant ils les pourront pro-
» duire. Troisièmement, l'écrit se laisse mieux ma-
» nier, il donne plus de loisir à la considération que
» la voix, et on y peut penser plus sérieusement.
» Quatrièmement, on verra par là que si je désavoue
» mille impiétés qu'on impose aux catholiques, ce
» n'est pas pour m'échapper de la mêlée, comme
» quelques-uns l'ont publié; mais pour suivre la sainte
» intention de l'Eglise, puisque je mets en écrit nos
» raisons à la vue de chacun, et ce, sous la censure
» des supérieurs, assuré que je suis que s'ils trouvent
» en moi quelque ignorance, ils n'y trouveront point,
» Dieu aidant, d'irréligion ni de contrariétés aux dé-
» clarations de l'Eglise romaine.......... J'ai donc
» produit ici quelques principales raisons de la foi
» catholique romaine, qui montrent clairement que
» tous ceux qui désireraient être séparés de son unité
» sont en défaut [1]. Je vous les adresse, Messieurs,
» et vous les présente de bon cœur, espérant que
» les occasions qui vous détournent de m'ouïr de
» vive voix, n'auront point de force pour vous em-
» pêcher de lire cet écrit. Après tout, j'ose vous as-

---

[1] Il ne se servit guères que des controverses de Bellarmin.

» surer que vous ne lirez jamais d'écrits qui vous
» soient donnés par un *homme plus affectionné à*
» *votre bien spirituel que je le suis ;* et je puis bien
» dire que je ne *recevrai jamais de commandement*
» *avec plus de courage que celui que Mgr le révéren-*
» *dissime notre Evêque* me fit quand il m'ordonna,
» suivant le saint désir de Son Altesse sérénissime
» dont il me mit en main la jussion [1], pour venir ici
» vous porter la sainte parole de Dieu [2]..........

» Aussi, ne pensé-je vous pouvoir jamais faire un
» plus grand service, et à dire vrai, je crus que
» comme vous ne recevez point d'autre règle pour
» votre créance que la seule exposition de l'Ecriture,
» qui vous semble la meilleure, vous voudriez peut-
» être au moins ouïr celle que j'y apporterai, qui est
» de l'Eglise apostolique et romaine, laquelle vous
» n'avez jamais vue ci-devant que toute travestie,
» défigurée, contrefaite par l'ennemi qui savait bien
» répéter que si vous l'eussiez vue en sa pureté,
» vous ne l'eussiez jamais abandonnée. . . . .

» La méthode et le style ne vous déplai-

---

[1] L'ordre.

[2] Puissent les habitants de Thonon ne jamais oublier ce touchant témoignage d'affection !

» ront point; car son air est tout à faif sa-
» voisien............................

....

....

» Je n'ai que fort peu de livres ici dont je me
» puisse enrichir [1], prenez néanmoins à gré cette
» production, telle qu'elle est; je vous l'offre,
» Messieurs, et quoique vous ayez vu plusieurs
» autres livres mieux faits et mieux parés, arrêtez
» un peu votre attention sur celui-ci qui, peut-être,
» sera plus sortable à votre conscience que les
» autres; car son air est du tout savoisien, et l'une
» des plus salutaires recettes et derniers remèdes,
» puisque c'est le retour à l'air natal [2]. »

Comme le dit si bien l'auteur dans sa dédicace, cet ouvrage traite de toutes les vérités niées par les Calvinistes, mais il en est une que le controversiste a principalement développée. C'est l'autorité de saint Pierre et de ses successeurs. Aussi, au moment où il fut reconnu pour être de notre saint, par les commissaires apostoliques (1658), tous ceux qui avaient

---

[1] Il n'avait apporté que quelques ouvrages de controverses, entre autres ceux du cardinal Bellarmin.

[2] Œuvres de saint François de Sales, édit. Migne, t. IV.

vu cet écrit et qui étaient appelés à déposer judiciairement l'appelaient le *Traité de l'autorité de saint Pierre.*

Il explique le sens de ces paroles que Jésus-Christ adresse à saint Pierre : *Tu es Pierre et sur cette pierre je bâtirai mon Eglise, et les portes de l'enfer ne prévaudront point contre elles*, et termine par cette réflexion qui, de nos jours, a un intérêt spécial :

« La pierre sur laquelle on relève l'édifice, c'est la
» première, les autres s'affermissent sur elle ; celles
» qu'elle ne soutient ne sont pas de l'édifice. On peut
» bien remuer les autres pierres sans que le bâtiment
» tombe, mais qui lève la fondamentale, renverse
» la maison......... Si donc les portes de l'enfer ne
» peuvent rien contre l'Eglise, elles ne peuvent rien
» contre son fondement et chef, lequel elles ne sau-
» raient lever et renverser qu'elles ne mettent sans
» dessus dessous tout le bâtiment [1]. »

Sur ces autres paroles du Sauveur à saint Pierre : *Confirmez vos frères dans la foi*, le défenseur de la papauté s'exprime comme il suit :

« L'Église ne peut pas toujours être ramassée en

---

[1] Discours XXX.

» un concile général,.. l'Eglise a toujours besoin d'un
» confirmateur infaillible auquel on puisse s'adresser
» et que son pasteur ne puisse conduire ses enfants à
» l'erreur. Les successeurs donc, de saint Pierre, ont
» tous ces mêmes priviléges [1]. »

Ces enseignements, adressés d'abord aux habitants de cette ville par l'apôtre de Thonon, germeront plus tard dans le diocèse de saint François de Sales, et y produiront des fruits dont le parfum embaumera l'univers catholique. Les deux intrépides défenseurs de la papauté, Mgr l'évêque d'Orléans et Mgr l'évêque de Nîmes, appartiennent à notre diocèse ou par leur naissance ou par celle de leurs parents [2].

L'auteur des controverses dit aux habitants de Thonon que les raisons sur lesquelles il appuie son traité sont tirées la plupart des sermons qu'il leur adressait de vive voix. Malheureusement jusqu'ici les œuvres les plus complètes de notre Saint n'ont pu nous donner les sermons qu'il a prononcés à Thonon. Nous

---

[1] Discours XL.

[2] Mgr Dupanloup est né près du tombeau de saint François à Annecy. Le père de Mgr Plantier, évêque de Nîmes, quitta Annemasse pour aller s'établir en France. La famille Plantier est une ancienne famille d'honnêtes laboureurs d'Annemasse.

savons néanmoins qu'il les préparait avec un grand soin. Habituellement il en envoyait la copie à son illustre ami le président Favre, quelquefois il lui en traçait l'analyse.

Le douze des calendes de mars 1595, le sénateur Favre écrivait de Chambéry à Thonon, à notre missionnaire : « Je venais de finir cette lettre lorsque j'en
» ai reçu deux de vous, avec les écrits par lesquels
» vous réfutez avec tant d'esprit et d'une manière si
» victorieuse les erreurs de nos hérétiques [1]. »

Longtemps après la mort du président, son fils, Réné Favre, a compulsé tous les écrits que l'apôtre de Thonon avait envoyés à son père, et dans des documents en latin entièrement inédits, Réné Favre donne des fragments des sermons qu'il disait avoir entre les mains en 1658, au mois de juillet (*præ manibus*).

Ces documents signés de sa propre main *Renatus Faber*, indiquent le jour où ces sermons ont été prononcés dans l'église de Saint-Hyppolite de Thonon ; par exemple, le *seizième dimanche après la Pentecôte*.

---

[1] 34⁴ lettre, inédite.

Nul historien à quelque source qu'il puise ses renseignements, ne peut mieux connaître les combats et les triomphes de la mission de Thonon que saint François. Entendons-le lui-même nous faire le récit des principaux événements qui ont signalé les trois premières années de son apostolat.

II

CORRESPONDANCE

(Année 1594.)

IVe LETTRE. — A mon Père.

Vers le mois de novembre 1594.

Monsieur mon Père,

Quelque respect que j'ai pour vos ordres, je ne puis m'empêcher de vous dire qu'il m'est impossible de m'y rendre. Vous n'ignorez pas de qui j'ai reçu ma mission après Dieu et de sa part. Puis-je me retirer d'ici sans sa permission ? Adressez-vous donc, s'il vous plaît, à Mgr le Révérendissime ; je suis prêt à partir dès qu'il parlera. En tout cas je vous supplie de considérer ces paroles du Sauveur : *Celui qui persévèrera jusqu'à la fin sera sauvé.*

Vᵉ LETTRE. — Au président Favre.

En Chablais 1594.

Je ferai connaître franchement la situation des choses ; l'opiniâtreté de ce peuple est si grande qu'ils ont défendu, par une ordonnance publique, que personne n'eût à aller aux prédications catholiques ; et lorsque nous espérions que plusieurs viendraient nous entendre, soit par curiosité, soit qu'ils aient encore quelque goût pour l'ancienne religion, nous avons trouvé que tous avaient résolu la même chose par de mutuelles exhortations.

VIᵉ LETTRE. — Au même Président.

En décembre, année 1594.

Tout aussitôt que je recevrai le commandement de mon évêque, je remettrai fort volontiers la charge de la moisson de Thonon qui est véritablement trop pesante pour mes épaules. Mais, cependant, quand je pense à y mettre d'autres ouvriers, et à leur préparer ce qui leur est nécessaire pour subsister, je ne trouve point de bout ni de sortie au milieu des ruses infinies de l'ennemi du genre humain.

VIIIᵉ LETTRE. — Au même Président.

Au mois de décembre 1594.

. . . .

Le Gouverneur avec les autres catholiques, par des persuasions secrètes, ont fait venir les paysans et même quelques bourgeois à nos prédications ; ce qui a fort avancé l'affaire de la religion. Mais le diable s'en est aperçu aussitôt ; car ayant assemblé un conseil, il a fait en sorte que les principaux de Thonon, par une très-grande perfidie, se sont donnés leur parole, les uns aux autres, de n'assister jamais à aucune prédication catholique ; comme si ce n'était pas assez de l'obstination particulière de chacun d'eux, sans se moquer ainsi de leur prince et de nos travaux par une commune et très-méchante convention contre leur bien propre, et sans s'y opposer opiniâtrement comme ils le font.

Cela fut arrêté l'autre jour dans la maison de ville, sous prétexte d'invalider, selon leur coutume, certains mariages, et en conséquence d'une assemblée convoquée antécédemment dans le Conseil des impies, qu'ils appellent leur Consistoire, où plusieurs avaient déjà résolu la même chose entre eux.

Que feriez-vous à cela, mon frère ? *Leur cœur est endurci. Ils ont dit à Dieu : Nous ne servirons pas, retirez-vous de nous, nous ne voulons pas suivre la voie de vos commandements. Ils ne veulent pas nous entendre, parce qu'ils ne veulent pas entendre la voix de Dieu.* Certes, il me semble voir où tendent les desseins de ces hommes perdus : ils voudraient nous ôter l'espérance de rien faire ici, et par ce moyen nous en chasser. Mais les choses ne se traitent pas ainsi chez nous ; car tant que les trèves nous le permettront, et que la volonté du prince tant ecclésiastique que séculier, ne nous sera pas contraire, nous avons absolument et tout à fait résolu de travailler à cette œuvre, d'employer tous les moyens imaginables pour la conduire à sa perfection, de prier, de conjurer, d'exhorter, d'inculquer les **vérités**, de reprendre, de crier, de prêcher avec toute la patience et toute la doctrine que Dieu donnera. Mais, sans s'arrêter aux prédications, je soutiens à quiconque voudra disputer avec moi sur cette affaire, qu'il faut célébrer le sacrifice de la messe le plus tôt que faire se pourra, afin que l'ennemi voie qu'il nous inspire d'autant plus de courage qu'il fait plus d'efforts pour nous l'ôter. Mais en ceci, je vois bien qu'il faut user d'une grande prudence.

(Année 1595.)

X° LETTRE. — A un religieux.

Thonon 7 avril 1595.

Mon révérend Père,

. . . .

Monsieur le sénateur Favre, mon frère, vous aura bien dit, à ce que je vois, comme je suis venu en ce pays. Voici déjà le septième mois, et toutefois ayant prêché en cette ville (Thonon), ordinairement toutes les fêtes, et bien souvent encore parmi les semaines, je n'ai jamais été ouï des huguenots que de trois ou quatre, qui ne sont venus au sermon que quatre ou cinq fois, sinon à cachette par les portes et fenêtres, où ils viennent presque toujours : ils sont des principaux.

Cependant je ne perds point d'occasion de les accoster; mais une partie ne veut pas entendre ; l'autre partie s'excuse sur la fortune qu'ils courraient quand la trêve romprait avec Genève, s'ils avaient fait tant soit peu semblant de prendre goût aux raisons catholiques ; ce qui les tient tellement en bride qu'ils fuient tant qu'ils peuvent ma conversation. Néanmoins, il y en a quelques-uns qui sont déjà du tout persuadés de la foi ; mais il n'y a point de moyen de les retirer à la confession d'icelle pendant l'incertitude de l'événement de cette trêve......, Quant à moi, je suis ici ; j'ai quelques parents [1] et d'autres qui me portent respect pour certaines raisons particulières que je ne puis pas résigner à un autre, et c'est ce qui me tient du tout engagé sur l'œuvre. Je m'y fâcherais déjà beaucoup si ce n'était l'espérance que j'ai de mieux. Outre que je sais bien que le meûnier ne perd pas tant quand il martelle la meule, aussi serait-il bien à dommage qu'un autre qui pourrait faire plus de fruit ailleurs employât ici sa peine pour néant, comme moi, qui ne suis encore guère bon pour prêcher autre que les murailles, comme je fais en cette ville...

XXIXe LETTRE, (inédite). — Au père Canisius, de la Compagnie de Jésus, à Fribourg.

En mai, 1595.

Très-révérend Père,

. . . .

Voilà neuf mois que je suis au milieu de ces hérétiques de Thonon, par l'ordre du très-respectable évêque de Genève, pour voir, pas tous les moyens, s'il est possible de les convertir au Christ par la parole et les entretiens, parce que le sérénissime prince de Savoie ne veut point

[1] De ce nombre était entre autres la famille de Forax et la famille de La Fléchère.

qu'on les ramène à la cause de l'Eglise par la violence, d'après le traité fait à ce sujet, entre lui et les habitants de Berne. Lorsque mes discours me les auront rendus favorables, Dieu enverra à sa moisson un grand nombre d'ouvriers capables, et de votre société et d'autres. Ces ouvriers termineront leur travail en peu de jours. Mais ce prince, sous l'autorité duquel l'affaire s'est commencée, empêché par d'autres embarras, ne s'occupe plus de cette importante affaire.

Parmi les bruits de guerre, les habitants craignent que si les armes des habitants de Berne et des Génevois se déploient de nouveau contre nous, ce ne soit un motif d'être mal et cruellement traité par eux, si, sans revenir tout à fait à l'Eglise (ce que tout le monde promet hautement de ne jamais faire) on prêtait seulement l'oreille aux théologiens catholiques.

Cela ne m'a point empêché de faire (autant que me l'a permis mon incapacité) deux fois par jour des discours, le jour du Seigneur, publiquement et dans le temple, afin que comme précurseur j'ouvrisse la voie à des hommes plus puissants que moi en œuvres et en paroles. Le peu de catholiques qui restent ici, sont les seuls qui aient voulu profiter de ces exhortations. Peu d'hérétiques sont encore venus, et c'était toujours moins pour m'entendre que pour me voir, car cette espèce d'hommes est pleine de curiosité.

En attendant, Dieu m'a fait le bonheur que pendant ces neuf mois quelques âmes, c'est-à-dire huit sont retournées à la foi : parmi ces convertis, Pierre Poncet, jurisconsulte très-instruit, et pour ce qui regarde l'hérésie, plus instruit qu'un ministre....

(Année 1596.)

XXXVe LETTRE. — A son Altesse Charles Emmanuel Ier, duc de Savoie.

De Thonon, 19 mars 1596.

. . . .
Il est du tout nécessaire qu'il y ait un revenu certain et infaillible pour l'entretennement de quelque bon nombre de prédicateurs, qui soient débrigués de tout autre souci que de porter la sainte parole au peuple, à faute de quoi voici la seconde année qui se passe dès qu'on a commencé de prêcher ici à Thonon, sans jamais interrompre, avec fort peu de fruit : tant parce que les habitants n'ont voulu croire qu'on prêchât par commandement de Votre Altesse, ne nous voyant entretenir que du jour à la journée ; qu'aussi parce qu'on n'a pas pu attirer nombre suffisant d'ouvriers à cette besogne pour n'avoir où les retirer, ni de quoi les nourrir, puisque les frais mêmes qui

y sont faits jusqu'à présent ne sont encore payés. Et à ceci pourraient suffire les pensions qu'on employait avant la guerre à l'entretennement de passé vingt ministres huguenots. Et surtout il est besoin au plus tôt de dresser et parer les églises de cette ville de Thonon, et de la paroisse des Allinges, et y loger des curés pour l'administration des sacrements, vu qu'en l'un et en l'autre lieu il y a là bon nombre de catholiques, et plusieurs autres bien disposés qui, faute de commodités spirituelles, se vont perdant, outre ce que cela servira beaucoup pour apprivoiser le peuple à l'exercice de la religion catholique principalement, s'il y a moyen de faire les offices honorablement comme avec orgues et semblables solennités, au moins en cette ville, qui est le rapport de tout le duché.

Mais l'on prêchera pour néant, si les habitants fuient la prédication et conversation des pasteurs, comme ils ont fait ci-devant en cette ville.

Plaise donc à Votre Altesse pour faire écrire une lettre aux syndics de cette ville, et commander à l'un des Messieurs les sénateurs de Savoie de venir ici convoquer généralement les bourgeois, et en pleine assemblée, en habit de magistrat, les inviter de la part de Votre Altesse à prêter l'oreille, entendre, sonder et considérer de près les raisons que les pêcheurs leur proposent pour l'Eglise catholique du giron de laquelle ils furent arrachés, sans raison par la pure force des Bernois.

Enfin qui ajouterait à tout ceci un collége des Jésuites en cette ville, ferait ressentir de ce bien tout le voisinage qui, quant à la religion, est presque tout morfondu.

Reste, Monseigneur, que je remercie Dieu qui vous présente de si signalées occasions, et allume en vous de si saints désirs de lui faire le service pour lequel il vous a fait naître prince et maître des peuples ; il y a de la dépense en cette poursuite, mais c'est aussi le suprême grade de l'aumône chrétienne que de procurer le salut des âmes. Le glorieux saint Maurice, auquel Votre Altesse porte tant d'honneur, sera notre avocat en cette cause pour impétrer de son Maître toute bénédiction à Votre Altesse, qui est l'instrument principal et universel de l'établissement de la foi catholique en ces contrées, lesquelles il arrosa de son sang et de ses sueurs, pour la confession de la même foi [1].

XVIIe LETTRE. — A Mgr de Granier, évêque de Genève.

Année 1596

Monseigneur, si vous désirez savoir, comme il est convenable que vous le sachiez, ce que nous avons fait et ce que nous faisons maintenant, vous le trouverez tout entier dans la lecture des épîtres de saint Paul. Ce n'est pas que je ne sois indigne d'être mis en comparaison avec ce grand apôtre ; mais Notre-Seigneur sait fort bien tirer parti de notre faiblesse pour sa gloire. Nous marchons à la vérité, mais c'est à la façon d'un malade, qui, après avoir quitté le lit se trouve avoir

---

[1] Ce chef de la légion Thébéenne fut martyrisé près de Saint-Maurice, en Valais. Cette petite ville fut la capitale du Chablais depuis le XIe siècle jusqu'à l'invasion des Bernois, 1536.

perdu l'usage de ses pieds, et qui, dans la faiblesse qu'il éprouve, ne sait pas s'il est plus sain que malade.

C'est la vérité, Monseigneur ; cette province est toute paralytique; et, avant qu'elle puisse marcher, je pourrai bien penser au voyage de la vraie partrie des chrétiens.

XXXVe LETTRE. — A Son Altesse Charles-Emmanuel 1er, duc de Savoie.

De Thonon, 19 mars, 1596.

Monseigneur,

La disposition en laquelle je vois maintenant ce peuple de Chablais est telle que si, en exécution de la sainte intention de Votre Altesse, on dressait promptement l'eglise à Thonon et quelques autres lieux, je ne doute point d'assurer Votre Altesse qu'elle verrait dans peu de mois le général de tout ce pays réduit. Puisqu'en la ville plusieurs sont si bien disposés, et les autres sont ébranlés en leur conscience que si on leur présente l'occasion, ils prendront infailliblement le port que Votre Altesse leur désire. Et quant au reste du pays, ils sont venus pieça de dix ou douze paroisses, prier qu'on leur donnât l'exercice de la foi catholique, si que le temps est venu de voir Dieu loué, et le zèle de Votre Altesse en effet.

XXXVIe LETTRE. — Au sénateur Favre.

Vers le 15 avril 1596.

Mon Frère, nous commençons à avoir une ouverture fort grande et fort agréable à notre Maison-Chrétienne ; car il s'en fallut fort peu hier que M. d'Avully et ceux qu'on appelle les syndics de la ville ne vinssent ouvertement à mes prédications, parce qu'ils avaient ouï dire que je devais parler du très-auguste sacrement de l'Eucharistie. Ils avaient une si grande envie d'entendre de ma bouche le sentiment et les raisons des catholiques sur ce mystère, que ceux qui n'osèrent pas encore venir publiquement, de peur de paraître fausser la promesse qu'ils s'étaient jurée, m'entendirent d'un certain lieu secret, si tant est que ma voix, qui est faible, ait pu parvenir jusqu'à leurs oreilles.

Or, dans cette chasse, j'ai fait une autre avance, et j'ai promis qu'à la prédication suivante je prouverais, plus clairement qu'il ne fait clair en plein midi, la doctrine des catholiques par les saintes Écritures, et que je la défendrais si bien et par de si puissants arguments, qu'il n'y aurait personne des adversaires qui ne reconnût qu'il est aveuglé des plus épaisses ténèbres, à moins qu'il n'ait renoncé à l'humanité et à la raison.

Ils n'ignorent pas que, par ces rodomontades et la hardiesse de ces avances, on les provoque à la dispute, et qu'on en veut à leur jugement et à leur réputation ; en sorte que s'ils ne viennent pas, on ne doutera plus qu'ils se sentent absolument faibles, et qu'ils redoutent très-fort l'impression que leur peut faire le dogme catholique dans la bouche du moindre des hommes.

Il n'y a rien de plus sûr que cela; car puisqu'ils viennent déjà à parlementer selon le proverbe, ils ne tarderont point à se rendre. C'est ainsi que nous l'a rapporté M. l'avocat Ducrest, qui nous a dit que Messieurs de Thonon avaient résolu, d'un commun consentement, de nous présenter par écrit leur confession de foi, afin que si elle contient quelque chose qui soit différent de la nôtre, nous puissions en traiter familièrement dans des conversations particulières ou par lettres.

Peu après la fête de la Toussaint, François écrivit à Jules Ricardi, nonce apostolique à Turin.

(IIe Lettre inédite de la 2e série.)

Je supplie très-humblement votre Seigneurie, pour l'amour de Dieu, de ne pas permettre que je passe ici l'Avent sans voir Notre Seigneur venir dans ces contrées.........
C'est toujours beaucoup de commencer; on verra le petit Jésus comme un enfant, dans ces fêtes de Noël; il croîtra ensuite petit à petit jusqu'à la parfaite mesure de la plénitude.

C'est à peu près vers la même époque qu'il adressa la lettre suivante à son illustre ami :

XL⁰ LETTRE (inédite). — Au sénateur Favre.

En effet, voici le moment où commencent à jaunir les épis d'une abondante moisson ; si j'en différais la récolte dans un temps de tempête je craindrais que les semences de la foi ne fussent bientôt dissipées, l'aquilon venant à souffler au milieu de ces terres ; car c'est le vent du Nord qui nous envoie tous les fléaux, suivant l'expression du Prophète. Parmi les néophytes, se trouve un jurisconsulte habile, Pierre Poncet, sans contredit le plus savant de la province.

Au mois de novembre, François se rend en toute hâte à Turin pour présenter au souverain une requête, expression des besoins les plus urgents de sa mission du Chablais. Voici les fragments les plus essentiels de ce Mémoire :

MÉMOIRE.

XXXIII⁰ PIÈCE (inédite).

L'année 1594, S. Altesse fit savoir par une sienne lettre très-expresse à Mgr l'évêque de Genève, que son intention était que l'exercice catholique fût rétabli en

Chablais, et pour ce y furent envoyés deux prédicateurs desquels l'un commença au mois de septembre à prêcher dans Thonon et l'autre en la paroisse des Allinges ; et afin qu'ils pussent continuer, Leurs Altesses commandèrent à diverses fois qu'on délivrât quelque somme pour leur nourriture, ce qui, n'ayant été fait, les habitants n'ont pu croire que ces prédicateurs fussent là par la volonté de Leurs Altesses : et les dits prédicateurs ont été contraints de se réduire à un seul qui prêchât en deux lieux pour ne charger trop les particuliers qui avançaient la dépense.

Plaise donc à Son Altesse, commander que la dépense faite jusqu'à présent en deux ans soit payée, qui peut revenir à trois cents écus.

Et dès ores y ayant certaine espérance de bon succès, et même plusieurs paroisses demandant l'exercice catholique, il faudrait y acheminer environ huit prédicateurs débrigués de toute autre charge pour prêcher de lieu en lieu selon la nécessité, et leur entretennement pourrait venir à trois-cents écus par homme, de quoi ils ne manieront rien, mais sera délivré selon le besoin par qui il sera avisé.

Serait requis encore de rétablir des curés en toutes les paroisses, qui sont environ quarante-cinq. En quoi ne faut comprendre la ville de Thonon, laquelle, pour être le rapport de tout le Duché, aurait besoin que l'Office s'y fît à haute voix et décemment, et même, s'il se pouvait, qu'il y eût des orgues, pour apprivoiser avec cette extérieure décence le simple peuple ; et partant serait requis que le curé fût au moins accompagné de six prêtres, pour lesquels et pour lui il aurait besoin de quatre à cinq-cents écus annuels. Et pour pouvoir commencer promptement l'exercice catholique à Thonon, réparer l'église, avoir les parements nécessaires, peut-être pourrait-il suffire qu'il plût absolument à Son Altesse accorder les aumônes de Ripaille et de Filly. Serait aussi requis éloigner le ministre de Thonon, et le mettre en lieu qui soit hors de commerce, tel qu'il sera avisé si on ne peut le lever du tout. Et encore de lever le maître d'école hérétique et en mettre un catholique, attendant d'y pouvoir loger des Jésuites qui y seraient très à propos.

Le duc répondit qu'il ordonnait qu'on célébrât la sainte messe à l'église de Saint-Hippolyte à la prochaine fête de Noël, selon la demande du prévôt. Il se réserva de traiter avec son Conseil des autres besoins que notre Saint lui avait exposés. François repasse les monts et arrive à Thonon, avec la lettre de son souverain qui l'autorisait à faire réparer l'église et y dresser un autel. Il choisit aussitôt des ouvriers, se met à leur tête pour entrer dans l'église; la rage des ministres et de leurs coreligionnaires était à son comble : ils envahissent l'entrée de l'église, les catholiques arrivent pour les repousser. La lutte aurait été sanglante si la douceur de François n'eût apaisé les uns et les autres.

Les syndics de la ville et les conseillers viennent lui intimer la défense de construire un autel. Fran-

çois exhibe les lettres de son prince, leur tint un langage plein de fermeté, et finit par dire : « J'écrirai à
» Son Altesse, écrivez de votre côté, et nous nous
» en rapporterons à sa réponse. »

XXIIIe LETTRE. — A Son Altesse Charles-Emmanuel Ier, duc de Savoie.

A Thonon, le jour de saint Thomas, 21 décembre 1596.

Il n'oublie pas de nous parler du jour de saint Thomas : il avait célébré le matin la mémoire anniversaire de sa première messe.

Monseigneur,

J'attends le bon plaisir de Votre Altesse pour le rétablissement de la religion catholique en ce baillage de Thonon, et cependant je pensais dresser un autel en l'église Saint-Hippolyte en laquelle je prêche ordinairement dès deux ans en çà, afin d'y pouvoir célébrer messe ces bonnes fêtes de Noël ; les syndics de cette ville y ont apporté de l'opposition, à laquelle par après ils ont renoncé. Je ne puis savoir avec quel fondement ils se sont osés produire en cette affaire, puisqu'on ne violait point le traité de Nyon, et quand on l'eût violé, ce n'était pas à eux d'y pourvoir : on ne forçait personne, et ne faisait-on autre que se mettre en la posture et au train auquel Votre Altesse avait laissé ses catholiques depuis que ne fût-elle ici ; duquel ayant été levés par force, on ne saurait dire pourquoi ils ne puissent s'y remettre, toutes les fois qu'ils en auront commodité sous l'obéissance de Votre Altesse.

XLIIe LETTRE. — A Mgr l'Archevêque de Bari, nonce apostolique à Turin.

Adi, 21 décembre 1596.

Illustrissime et révérendissime Seigneur,

J'écris à Son A. A. S. relativement à l'opposition qu'ont faite les habitants de Thonon, lorsque pour célébrer ces fêtes de Noël, je voulais élever un autel dans l'église où jusqu'ici j'ai prêché.

Je supplie Votre S. illustrissime et révérendissime de me procurer une réponse afin que par des lettres je puisse démontrer à ces habitants qu'il doit leur suffire de jouir de la liberté appelée de conscience, sans qu'ils empêchent l'exercice catholique. C'est le dernier effort que veut faire le démon dans cette œuvre, et cet effort ne sera que fumée. Si Votre S. nous aide de ses faveurs ordinaires, et nous procure les moyens d'avoir, le plus tôt possible, un honorable et convenable exercice catholique. Si nous l'avions à présent, déjà, ainsi que je l'ai écrit il y a quelque temps à Votre S. I., Jésus-Christ serait né dans le cœur de beaucoup chez qui habite encore le démon.

Forcés de plier devant l'inébranlable fermeté du prévôt, les syndics de Thonon avaient consenti à l'érection d'un autel, dans le chœur de l'église, mais à condition qu'il fût en bois, et à titre povisoire. L'esprit conciliant de François souscrivit à cette exigeance. Il orna l'église le mieux qu'il lui fut possible.

A la nuit de Noël il célébra la sainte messe dans l'église paroissiale de Thonon; il y avait soixante ans que le saint sacrifice n'avait pas été offert dans cette église qui servit, pendant cette intervalle, à la célébration de la cène des calvinistes. L'apôtre avait préparé les catholiques à la réception de l'Eucharistie : après la communion, il adressa une allocution si touchante sur la naissance de l'enfant Jésus, que les assistants fondirent en larmes. Le jour de Noël il célébra pour la première fois la messe paroissiale dans cette ville : les habitants des villages voisins y vinrent en foule.

(Année 1597.)

L'année commence sous de gracieux auspices pour notre saint missionnaire; elle lui apporte un témoignage de la satisfaction de son prince. C'est un heureux présage de l'appui que désormais il prêtera à toutes ses entreprises.

XXXIVe LETTRE (inédite).

Turin le 7 janvier 1597.

Révérend, cher, bien-aimé et féal, en réponse de celle que vous nous avez écrite, nous vous dirons que nous trouvons bon que vous ayez fait dresser un autel à l'église de Saint-Hippolyte, comme aussi les autres bonnes œuvres que vous y faites à la louange de

Dieu et extirpation des hérésies ; et nous déplaît des oppositions que l'on vous a faites, mais que néanmoins vous avez surmontées, ainsi que vous nous écrivez : à quoi vous continuerez avec la dextérité et prudence que vous savez être bien convenables, etc.

Signé : Le duc de Savoie, Charles Emmanuel.

et plus bas, Ripa.

Quelques jours plus tard, le président Favre lui écrit :

XLVIIe LETTRE (inédite).

De Chambéry 14 janvier 1597.

Je vous écrivais qu'ayant conféré avec M. le président Pabel et autres seigneurs du Conseil d'État....... tous ces Messieurs trouvent bien fait ce que vous avez fait ; et M. de Jacob encore, avec lequel j'en ai conféré bien au long, est d'avis puisque vous avez commencé à dire la messe à Saint-Hippolyte, que vous continuïez ; mais il ne trouverait pas bon que vous y fissiez construire aucun autel jusqu'à ce que vous ayez reçu la dépêche de Son Altesse, pour ne donner point de sujet ou d'occasion de nouveau remuement en un temps si chatouilleux comme est celui-ci.

Qu'y feriez-vous, mon frère ? il faut prendre cette mortification et la joindre à tant d'autres qui ont éprouvé votre patience. Dieu est bien le chef des Conseils d'État, lesquels se tiennent en ces temps par tout le monde; mais quand on vient à parler de lui et de ses affaires, je crois qu'il faut qu'il sorte de l'assemblée comme s'il en était seulement le président ou l'un des conseillers......

Au commencement de mars, notre missionnaire exprime au nonce apostolique la joie que lui a causée la réponse de Son Altesse du 7 janvier.

XLVIIIe LETTRE (inédite).

2 mars 1597.

Je vois le déplaisir que V. S. I. a éprouvé de l'opposition qu'ont faite ceux de Thonon à l'érection de l'autel; mais j'ai reçu une lettre qui me réjouit beaucoup : car on n'a pas laissé d'ériger l'autel malgré l'opposition, qui n'avait pas pour cause le consentement public des habitants, mais la passion seule de certains particuliers.

Cette obstination systématique eut enfin un terme dans la conversion de Pierre Fornier, premier syndic de Thonon. François voulut donner à cette abjuration le plus de publicité et de solennité possibles; il jugeait qu'elle devait être une réparation des scandales qu'avait donnés le premier magistrat de la ville.

Il y convoqua tout ce qu'il y avait de notable en Chablais, il réunit les catholiques afin d'aller processionnellement chercher le syndic, et le conduire au pied de l'autel. L'un des premiers jours de février, François, à la tête de la procession, se dirigea vers cet Hôtel-de-Ville où Pierre Fornier avait plusieurs fois rassemblé les bourgeois pour délibérer sur les moyens de paralyser les prédications de l'apôtre [1]. François le conduisit par la main jusqu'au sanctuaire où il prononça un acte d'abjuration qui émut vivement les assistants, et ébranla bien des consciences. Aussitôt après, Pierre Fornier chargea François de rédiger un acte de soumission au Souverain Pontife. Le premier syndic parlait au nom de tous les citoyens, ses administrés.

XXVe LETTRE. — Saint François de Sales au pape Clément VIII. Au nom des habitants de Thonon.

Ils déclarent le reconnaître pour le Souverain Pasteur de l'Eglise.

Nous avons appris, Très-Saint Père….. que nous, qu étions il n'y a pas longtemps des brebis égarées, et qui sommes heureusement rentrés dans le bercail de Jésus-

---

[1] Cette Maison-de-Ville occupait la place de l'Hôtel-de-Ville actuel.

Christ, avons le bonheur d'être les objets de votre sollicitude et de votre charité. Sans doute, il n'en faut pas chercher d'autres causes que celles que nous font entendre, dès le commencement, ceux qui nous ont engendré à Jésus-Christ par l'Evangile : c'est qu'il n'y a qu'un souverain Pasteur sur la terre, auquel Notre-Seigneur a confié le soin de ses brebis, si absolument et si indistinctement, qu'il est évident qu'il ne lui en a pas désigné quelques-unes en particulier, mais qu'il les lui a recommandées toutes, *et qui, outre les affaires qui l'accablent tous les jours, étend sa sollicitude à toutes les églises du monde* [1].

En effet, nous reconnaissons dans votre Béatitude la principauté de votre sacerdoce apostolique et le zèle qui convient à l'éminence de cette dignité, et nous nous réjouissons de ce qu'elle imite si parfaitement le glorieux saint Pierre dont elle occupe le Siége, en ce qu'elle ne veut pas seulement présider à son troupeau, mais surtout lui être utile. Il est vrai que vos bienfaits se répandent sur tous vos enfants ; mais il n'y a personne qui ressente plus que nous les effets de votre bonté paternelle. C'est pourquoi tous, tant que nous sommes, nous nous prosternons aux pieds de Votre Sainteté pour la remercier de tout notre pouvoir, et pour la supplier très-humblement de continuer, et à nous et à toute cette province, les insignes bienfaits qui partent d'un esprit vraiment apostolique, et de ne point souffrir que sa Charité paternelle, dont nous n'avons jamais eu plus de besoin qu'à présent, vienne à nous manquer. Par ce moyen, Très Saint-Père, vous

---

[1] II Cor. XI, 28.

serez aussi heureux par les mérites immortels que vous acquerrez, que vous l'êtes par la prérogative de votre dignité. C'est aussi ce qui nous fait souhaiter que Dieu conserve très-longtemps à son Eglise Votre Sainteté dans une parfaite santé.

Cette adresse fut signée par Pierre Fornier, par tous les membres du Conseil municipal qui étaient déjà catholiques, et par tous les citoyens qui professaient la foi romaine.

Ce discours fit les impressions les plus vives sur le cœur du Père commun des fidèles. Nous le verrons plus tard ouvrir les trésors de sa libéralité envers les habitants de cette ville. Pendant les six dernières années de sa vie, le pape Clément VIII envoya quinze cents francs par an à Thonon pour l'entretien des pères jésuites. Nous osons dire qu'il n'est pas dans l'univers catholique une paroisse si peu importante dont les papes se soient occupés avec une si tendre sollicitude. Au XVIIe et XVIIIe siècles, Thonon renfermait à peine une population de trois mille âmes. Néanmoins, durant un siècle et demi, de 1599 à 1760, treize bulles ou brefs émanèrent du Saint-Siége en faveur des habitants de cette paroisse [1]. Les

---

[1] Bullaire de la Sainte-Maison, imprimé à Turin.

fidèles, à leur tour, ont répandu à cette paternelle attention par un sincère dévouement. L'année où l'*Œuvre du denier de Saint-Pierre* fut inaugurée (1861), les habitants de Thonon firent un don de onze cents francs, c'était peu, mais c'était assez pour une population de cinq mille âmes où il n'y a pas de fortunes considérables, et qui a tant de souffrances à soulager chez les siens. Ce chiffre a dû être réduit par suite d'une collecte faite chaque dimanche pour la construction d'une nouvelle église : en l'année 1864, il ne s'est plus élevé qu'à 720 francs.

Notre apôtre célébrait tous les jours la messe à l'église Saint-Hippolyte qu'il ne devait plus quitter. Les ministres et leurs adeptes furent contraints de l'abandonner ; ils allèrent remplir leurs fonctions dans l'église des Augustins, appelée aujourd'hui l'église du collége.

Le 19 février 1597, François fit la cérémonie de l'imposition des cendres, et prêcha sur la nécessité des bonnes œuvres [1]. Le surlendemain il fut assailli par les hérétiques à travers la *Grande Rue* qui s'étend de l'église à l'extrémité de la ville, du côté d'Allinge. Les uns cherchaient à l'enchaîner pour le con-

---

[1] Déposition inédite de Réné Favre.

duire en prison : *il est fou,* disaient-ils, *n'a-t-il pas jeté de la cendre sur la tête des gens de son parti ?* d'autres se mirent à le lapider. Arrivé à la *Place de la Croix*, les forces lui manquent ; il se jette sous un escalier ou perron en disant : *A la garde de Dieu.* Il échappa ainsi à leurs poursuites. Ce fait, que nul historien n'a consigné avec ses circonstances, a été fidèlement transmis de générations en générations jusqu'à nos jours. Durant 268 ans, la population a nommé cette maison : *La Garde de Dieu,* parce que saint François, poursuivi par les hérétiques, alla se blottir sous l'escalier en criant : *A la garde de Dieu* [1].

Le même jour, François écrivit à Mgr l'archevêque de Bari, successeur de Jules Ricardi à la nonciature apostolique de Turin, une lettre ainsi conçue :

Monseigneur,

Nous devons tous, tant que nous sommes de savoyards et moi en particulier, remercier Dieu et nous réjouir de l'heureux choix que Sa Sainteté a fait de Votre Excellence

---

[1] C'est aujourd'hui le café : *A l'arrivée des bons enfants.* Puisse ne jamais y arriver que de bons enfants ! se confiant à la garde de Dieu et de saint François de Sales.

pour résider, en qualité de nonce apostolique, auprès de Son Altesse............... Une partie de ce diocèse de Genève fut saisie par ceux de Berne qui se l'approprièrent ; elle demeura dans l'hérésie durant soixante ans ; mais ayant, les dernières années, été réduite par le sort des armes, au pouvoir de Son Altesse Sérénissime, du patrimoine duquel elle faisait autrefois partie, plusieurs de ses habitants, plutôt effrayés par le bruit des bombes et des arquebuses que touchés des prédications qui s'y faisaient par l'ordre de Mgr l'évêque, rentrèrent dans le sein de la sainte Eglise romaine. Ces provinces ayant été ensuite infectées par les courses des Genevois et des Français, ils retournèrent à leur bourbier.

Son Altesse Sérénissime et Mgr l'évêque voulant remédier à ce mal, je fus envoyé par ordre dudit seigneur évêque, non comme un médecin capable de guérir une si grande maladie, mais en qualité de surveillant pour voir quels médecins et quels remèdes il faudrait employer. Ayant alors envie de profiter de la conjoncture favorable, et y étant d'ailleurs invité par le peu de catholiques qui restaient, je commençai à faire quelques prédications avec quelque espérance d'en retirer beaucoup de fruit. Depuis ce temps là, soit le plus souvent moi-même, soit dans d'autres occasions différentes, tant les chanoines de la cathédrale que les curés de ce diocèse, nous n'avons manqué de prêcher les fêtes, sinon deux fois qu'il nous fut impossible de le faire.........

Dans ce lieu de Thonon qui est le centre général de la Province, il faut au plus tôt rétablir les autels, et donner aux églises des ornements pour la décence du service divin, des orgues et autres choses semblables.

Nous allons entendre François réclamer à son souverain des moyens d'existence pour les missionnaires du Chablais. Il n'en profita jamais lui-même. Sa mère pourvut à son entretien. Bien plus, sachant que le besoin le plus impérieux du cœur de son fils était de donner aux pauvres, souvent elle lui envoyait de l'argent pour faire l'aumône. Il disait lui-même plus tard : « Grâce à Dieu, pendant tout le temps que j'ai
» prêché en Chablais, je n'ai rien coûté à personne,
» ma bonne mère m'envoyait le linge et l'argent dont
» j'avais besoin [1]. »

Les chevaliers des Saints-Maurice et Lazare, dont quelques-uns résidaient à Ripaille jouissaient de tous les bénéfices ecclésiastiques du Chablais. Les bulles du pape Grégoire XIII, en date de 1572 et 1579, statuaient qu'aussitôt que les peuples rentreraient dans le giron de l'Eglise et que l'Evêque du diocèse leur enverrait des pasteurs, les chevaliers devaient relâcher les biens que la Cour de Rome leur avait concédés à l'invasion du Calvinisme.

La mauvaise foi des dits chevaliers forcera saint François à invoquer inutilement les bulles précé-

---

[1] Déposition de la mère de Chaugy.

dentes. Ce ne sera que dix ans plus tard que les chevaliers se dépouilleront de leurs biens sur des ordres tant de fois réitérés du duc de Savoie.

Portant ses plaintes au pied du trône, saint François caractérisa l'obstination des Chevaliers par cette locution devenue proverbiale chez nous : *Celui qui tient, tient.*

Il écrivit au Nonce apostolique la lettre suivante relative aux pensions payées par les chevaliers.

XLVIIIe LETTRE (inédite).

Di Tonone 2 marco 1597.

Illustre et révérendissime Seigneur.

. . . .
. . . .

Je vous dirai qu'il y a quelque temps que le chevalier Berghera est venu ici avec cet ordre que me communique V. S. I. J'étais allé à Annecy, pour certaine affaire et je revins sur le champ pour n'être pas la cause du retard d'un si important service.

Notre Saint exprime ensuite l'espoir que lui a fait concevoir l'esprit de conciliation du chevalier Ber-

ghera. Hélas! ses espérances furent déçues, ce ne sera qu'en 1607, qu'un contrat, passé par devant notaire, viendra mettre un terme aux négoeiations entre Berghera et le saint Evêque de Genève. Il continue :

Hier on a commencé à payer ce qui se donne en blé, demain on commencera les payements en vin et en argent.

Pour parler du prix de ces pensions, selon ce que me rapportent les habitants de Thonon, elles ne peuvent pas être, une année dans l'autre, de plus de quatre-vingts écus [1]. J'avoue que cela pourra suffir là ou les prêtres auront la commodité d'une maison ou d'une auberge, ou la possibilité de se réunir. MM. les Chevaliers devront penser que dans ce pays les prêtres ont été privés de tous les agréments mondains, à commencer par la courtoisie qui manque absolument (macarono tutte le cose mondane alli sacerdoti, della discortesia in poi).

Mais ainsi que me l'écrit V. S. I. le même Dieu qui, de très-petites semences, par le moyen du temps, fait sortir de très-grands arbres, donnera encore avec le temps et les soins de V. S. I. un accroissement à ce faible commencement. J'ai une bonne provision de prêtres qui se dévoueront pour venir ici, à la patience et à la mortification.

On s'est donné tous les soins pour que ces prêtres fussent riches, de bonne vie et suffisamment habiles dans

---

[1] L'écu d'or dont il est ici parlé valait 3 francs et 68 centimes de notre monnaie. (Migne et Pérennès.)

la culture des lettres.......... Il est nécessaire que je demeure ici pendant le carême, et je ne peux pas actuellement me déplacer, car je suis obligé, à défaut d'autres prêtres, de rester pour entendre les confessions de Pâques.

Il n'y a ici ni église restaurée, ni autel dressé; nous n'avons ni calices, ni missels, et autres semblables nécessités......... Je parlais de cela à M. le chevalier Berghera. Il n'avait pas charge de nous laisser de l'argent pour le service ; il a cependant consenti à la dépense de huit à dix ducatons [1] pour l'église de Thonon où tout était sans dessus dessous, sans autre décoration qu'un simple autel en bois, mal fait, construit depuis la fête de Noël.

Quant au nouvel abbé (d'Abondance), je voudrais bien supplier très-humblement V. S. I. de lui ordonner de payer exactement et complètement la pension que ledit abbé a coutume de donner au Père prédicateur d'Evian. Ce Père est un docteur très-méritant de l'ordre de saint Dominique : on l'a fait jeûner l'année dernière, on le fait encore jeûner cette année ; en cela j'ai un intérêt privé, parce que Evian est une terre voisine, catholique autant qu'on peut le dire : elle a grand besoin de ce prédicateur qu'elle ne peut avoir sans cette pension [2].

---

[1] Le ducaton valait environ 2 francs 50 centimes de notre monnaie.

[2] On voit que saint François n'était pas encore condamné à constater, entre Evian et Thonon, une sotte rivalité que déplore le baron Vignet des Etoles dans son manuscrit sur Thonon, signé, Aoste, le 8 septembre 1781. Le baron Vignet, bourgeois

Tout en dilatant ses entrailles de pasteur pour accueillir chaque jour de nouvelles brebis, François ne saurait oublier les quelques familles catholiques qui furent ses premières ouailles à Thonon. Il implore la charité du prince en leur faveur :

Lᵉ LETTRE (inédite).

A Thonon, 12 mars 1597

Monseigneur,

Dernièrement quand j'eus l'honneur de baiser les mains à V. S. I. je lui représentais six ou sept pauvres gens vieux et impuissants à gagner leur vie qui ont vécu ici avec une admirable constance en la foi catholique. Et parce que leur pauvreté pourrait être secourue avec une petite pièce de graines de Ripaille et Filly [1], qui sont destinées aux aumônes je suppliai très-humblement, etc.

Selon le vœu exprimé par le prévôt, le duc de Savoie chargea le sénateur Favre de venir intimer ses volontés

---

de Thonon, fut successivement intendant à Thonon, à Aoste, à Chambéry, puis enfin ambassadeur auprès des républiques de Berne et du Valais. Il a laissé des manuscrits précieux pour l'histoire de la Savoie et d'Aoste.

[1] Abbaye de Filly, commune de Sciez.

aux bourgeois de Thonon. Ce fut au printemps de l'année 1597 qu'il se rendit à Thonon, rassembla les notables du pays à l'Hôtel-de-Ville pour leur signifier que les intentions formelles du prince étaient que l'exercice du culte catholique fût libre à Thonon et dans tout le baillage, et que Son Altesse prend tous les prêtres sous sa protection. Antoine Favre quittait Chambéry pour établir son domicile à Annecy où il fut envoyé comme président du conseil d'Etat du Genevois. Cette nomination rapproche deux illustres amis qui n'étaient pas faits pour vivre si éloignés l'un de l'autre. Le président Favre vint à plusieurs reprises passer quelques semaines avec François, partager son zèle et ses travaux. Tous les dimanches on le voyait aller recevoir la sainte communion. A l'époque du carême de 1597 il accompagna François au château de Marclaz, pour y recevoir l'abjuration des habitants d'Allinge, de Mezinge[1] et de Brens. Pour récompenser ces communes de leur empressement, il leur obtint des avantages matériels, telle que l'exemption du payement de la taille. Mezinge, réuni à Allinge, fut

---

[1] Mézinge est de tous les villages du Chablais celui dont saint François a plaidé avec plus de constance les intérêts matériels auprès du Souverain.

la première paroisse où il plaça un curé dans la personne de Pierre Monjonier, curé de Larringe. Il nomma curé de Brens son cousin Louis de Sales qui en était le seigneur temporel. Son évêque lui avait accordé la liberté de choisir dans tout son diocèse les prêtres qui seraient nécessaires dans les paroisses rendues au culte. Celle de Saint-Cergues lui était restée chère dès son son entrée dans le pays.

En arrivant sur le sol de cette commune, frontière du Chablais, il s'était jeté à genoux pour saluer l'ange gardien de la province, et à l'exemple du père Lefèvre dont il nous fera plus tard les pompeux éloges, lui confier le soin des âmes qu'il allait évangéliser. Aussi cette paroisse fut l'une des premières pourvue d'un zélé pasteur. Il fit descendre des montagnes du Faucigny, François Tabuis de La Roche, curé de Saint-Théodule de Flumet, pour lui confier la population de Saint-Cergues.

C'est à tort que l'on prétend que les pères Capucins vinrent partager les travaux de François à Thonon, en septembre de l'année 1596. Ils n'y arrivèrent qu'au mois de juillet 1597 : c'est un fait qu'établissent plusieurs passages des lettres de notre Saint. 1º En 1605, le 30 août il écrivait d'Annecy à madame de Chantal :

Je reviens du bout de mon diocèse qui est du côté des Suisses où j'ai achevé l'établissement de trente-trois paroisses, esquelles il y a onze ans où il n'y avait que des ministres, et j'y fus en ce temps-là trois ans tout seul à prêcher la foi catholique.

Si les pères capucins étaient arrivés à Thonon en septembre 1596, François n'aurait travaillé seul que deux ans, puisqu'il arriva le 14 septembre 1594.

2º Le 23 avril 1597, saint François écrivait de Thonon au nonce à Turin.

IVᵉ LETTRE (de la 2ᵉ série inédite.)

Quant à notre Chablais, je suis un peu arrêté......... J'espère d'y conduire au commencement de mai les pères capucins et d'autres ouvriers, le plus qu'il me sera possible ; car ils y sont bien nécessaires.

Ils n'arrivèrent qu'au mois de juillet.

3º La lettre suivante nous apprend que les pères capucins, employés à la mission aux environs de Genève, venaient quelquefois visiter notre prévôt à Thonon, sans doute pour prendre ses conseils. Celui-ci très-bienveillant envers les enfants de Saint-François d'Assise, son patron, s'empressait de les inviter à prêcher. Le Saint exposa ainsi au nonce, l'état des affaires du Chablais.

LXVe LETTRE de la 2e série (inédite).

Thonon, 27 mai 1597.

. . . . : . . . .

Le bon et docte père Esprit capucin, étant venu ici ces fêtes de la pentecôte, et ayant prêché dans la paroisse des Allinges, a été fort content de ce nouveau peuple, lequel de son côté a incroyablement goûté ses utiles prédications. Sur ces entrefaites je suis allé visiter la nouvelle paroisse de Cervens, où j'ai encore eu de la satisfaction. Toutefois les fruits seront plus grands quand ces prédicateurs et les autres viendront ici et s'y fixeront pour quelque temps : ce que le bon père Esprit n'a pu faire maintenant, étant appelé ailleurs par son provincial.

Il faut que je vous raconte un événement qui vient de se passer. Le P. Esprit, voyant les habitants de Thonon suivre avec tant de déraison leur ministre hérétique, sans vouloir écouter nos prédications, voulut vendredi passé, montrer au ministre la fausseté de sa doctrine, et cela en public. Mais un habitant du pays, des plus obstinés, voyant que la chose ne pouvait pas tourner à l'honneur du ministre, le tira avec violence de ce lieu, en disant que son Altesse n'avait point l'intention qu'ils traitassent avec nous des choses de la religion. Nous leur répondîmes que nous n'étions pas pourtant venus dans ce pays à autre fin. Ils répliquèrent plusieurs choses entr'autres que je ne pouvais pas leur prouver cela ; qu'ils ne voulaient pas m'en croire sur ma parole, et que quand Son Altesse leur donnerait avis de ses intentions, ce serait autre chose. Telle est l'excuse de quelques obstinés de ce pays, qui sont en petit nombre, car à la campagne on n'éprouve pas cette difficulté. Mais ici les obstinés dont je parle empêchent, par divers moyens et à l'aide de divers prétextes, les autres de se convertir. C'est pourquoi, si Son Altesse témoignait par la plus petite parole, le bon désir qu'elle a du salut de ses peuples, cela ne causerait pas une rupture avec les Bernois, et on en verrait d'heureux fruits. J'en écris aussi à Son Altesse.

Ces dernières paroles sont la réfutation la plus péremptoire des libelles diffamatoires que les ministres de Genève ont lancés tout dernièrement contre l'apostolat du prévôt de Sales à Thonon. François de Sales, disent-ils, *n'a opéré que quelques conversions, et encore par la violence et en invoquant le bras despotique du duc de Savoie.* Nous venons de l'entendre ne demander à son prince qu'*une petite parole d'encouragement*, et cela, la troisième année de sa mission.....

..... Je vous dirai encore, continue François, que l'affaire de ses pensions va mal. Jusqu'à présent je n'ai encore pu tirer que cent-soixante florins [1] et trente-cinq coupes de froment. Il est vrai que l'on m'en a présenté soixante-quinze coupes, mais si mauvais que je n'ai pu les accepter. Je continuerai à solliciter, et faisant ainsi tout ce que je pourrai, ce ne sera pas ma faute de n'avoir pas fait davantage. On manque de maison pour loger les curés, on manque de tout l'ameublement ecclésiastique. Il faut tout acheter. Maintenant, je vous laisse à considérer en que état nous sommes.

Quelques jours plus tard, le prévôt écrivit encore au nonce pour l'intéresser en faveur de la paroisse d'Evian, et pour répondre aux injures de l'abbé d'Abondance.

VI° LETTRE. 2° série (inédite.)

Le 31 mai 1597.

. . . . . , ...
Les religieuses d'Evian sont non-seulement très-pauvres, mais elles n'ont pas de pain, et je sais que l'abbé (d'Abondance) leur fait l'aumône ; mais quant à leur donner une prébende, comme il dit, je crois que cela doit s'entendre avec distinction de prébende.

En lisant les lettres du saint-évêque de Genève, l'on reconnaît que pendant sa mission du Chablais et

---

[1] Pièce de monnaie qui est de diverse valeur, suivant les différents pays où elle a cours.

durant tout son épiscopat, il ne donna peut-être jamais à aucun monastère de la Savoie un si grand témoignage de satisfaction qu'aux religieuses de Sainte-Claire d'Évian. Elles persévérèrent dans cet état de perfection jusqu'à la révolution française. Le compte-rendu de leur misère que le dernier aumônier, le révérend *Sonnier*, envoyait à l'intendant de la province, le 20 mars 1790, n'est que la répétition de la lettre de saint François au nonce, en date du 31 mai 1597 : « Elles sont non-seulement très-pauvres, mais » elles n'ont pas de pain [1]. » . . . .

. . . .

---

[1] Leur maison et leur chapelle sont devenues de nos jours les appartements et la chapelle du collége. L'an passé, M. Mermillod, aujourd'hui évêque d'Hébron, prêchait à la fête de saint Louis de Gonzague aux pieux élèves de cette communauté. L'Orateur s'écria : « En venant tous les jours entendre » la sainte messe dans ce sanctuaire, *vous êtes placés sur les re-* » *liques de tant de saintes religieuses, s'immolant tous les* » *jours à leur Dieu.* » C'était presque tirer la conséquence des paroles suivantes, prononcées par saint François de Sales, dont Mgr Mermillod propage le culte dans tous les pays de l'Europe où l'appellent son zèle et sa brillante réputation. François de Sales écrivait au duc de Savoie, le 17 décembre 1619, pour exciter sa compassion en faveur des religieuses Claristes d'Evian : « Il n'y a, comme je pense, aucun monastère de cet » ordre là, qui fleurisse plus en véritable dévotion que celui-ci. »

François avait signalé au nonce des réformes à faire en l'abbaye d'Abondance. L'abbé, italien d'origine, répondit aux observations du nonce par des diatribes contre la *duplicité* du prévôt et des savoyards. François de Sales qui n'opposa jamais que le silence et la douceur aux outrages personnels, céda à une indignation patriotique contre l'abbé (d'Abondance).

Quant au Conseil, dit-il, que l'abbé a la bonté de vous donner en vous avertissant qu'en général on ne doit pas se fier aux savoyards, je le prends pour une impertinence telle qu'elle ne mérite pas de réponse. Que s'il s'efforce de vous faire goûter ce conseil, je suis en état de vous inspirer des sentiments tout contraires, et de le convaincre que ni dans une chose ni dans une autre, je n'use point auprès de vous de mensonge ou d'artifice, et que je ne demande pas pour moi une seule obole de son abbaye.

Après une courte excursion dans le district d'Evian, rentrons à la suite de notre missionnaire dans sa chère ville de Thonon. Il nous tarde enfin d'entendre de lui quelques paroles consolantes, comme celles qui vont suivre.

Ayant célébré les solennités de Pâques, il écrit au Nonce à Turin :

IVe LETTRE de la 2e série (inédite).

Le 23 avril 1597.

Ces fêtes, j'ai été accablé par les confessions générales des nouveaux catholiques, mais avec une incroyable consolation de les voir si dévots, et à leur tête M. d'Avully, lequel a constamment, sur tous les points, édifié par son bon exemple. Que Dieu en soit loué !

Il s'était rendu au synode à Annecy, au mois d'avril. Son évêque acquiesça à la demande qu'il lui fit d'envoyer de nouveaux ouvriers à la mission du Chablais. Trois furent destinés à venir partager les fatigues apostoliques de François. Le père Sonnier jésuite, et deux pères capucins, le père Esprit, et le père Chérubin le plus célèbre de tous, natif de Maurienne. Ils arrivèrent le 28 juin au bourg d'Annemasse, situé à une lieue de Genève. Ce pays avait été dévasté par les hérétiques, mais la plupart des habitants pratiquait encore la religion catholique, grâce au zèle d'un pasteur que François de Sales appellera bientôt auprès de lui. L'apôtre de Thonon s'était rendu à Annemasse avec son cousin le chanoine Louis. Le lendemain les deux missionnaires du

Chablais, le curé d'Annemasse, les religieux de la Société de Jésus et de l'ordre des Capucins, tinrent conseil pour arrêter une requête à être présentée au souverain, touchant les besoins les plus urgents des missions des baillages. A ce conseil assista le baron de Viry, conseiller d'Etat de son Altesse. Ce gentilhomme, l'appui du trône et de l'autel, avait mérité toute l'estime de François.

Dans sa lettre du 27 mai, citée plus haut, il disait au nonce de Turin : « *Je vous envoie la lettre du baron de Viry, qui est un homme distingué et important.* » Voici un fragment du mémoire que l'assemblée d'Annemasse du 29 juin adressa au duc de Savoie.

.... Cette supplique fut rédigée par François de Sales :

Rien ne peut arriver de plus utile à cette province du Chablais, que si l'on construit et érige un collége de la Compagnie de Jésus en la ville de Thonon ; car d'icelui non-seulement maintenant plusieurs religieux pourraient aller par tous les autres lieux du diocèse, mais encore comme d'un séminaire plusieurs prêtres et jeunes hommes pourraient sortir par ci-après, qui porteraient l'Evangile dans toutes les villes et villages du voisinage. Ainsi, ce serait une bonne forteresse de laquelle on combattrait vaillamment, comme à l'opposite, contre les in-

solentes attaques de Genève et de Lausanne ; car la ville de Thonon est entre l'une et l'autre, de sorte que s'il y avait un soldat qui pût jouer de la droite et de la gauche, il combattrait facilement l'une et l'autre. . . . .
. . . . Et afin que le peuple de Thonon soit porté d'une plus grande affection à embrasser la religion catholique, il faut remontrer à Son Altesse, qu'elle faira beaucoup si elle relâche en leur faveur quelque chose des contributions ordinaires et extraordinaires.

Nous signalons ces dernières paroles à l'attention spéciale des habitants de Thonon. Elles leur prouveront que saint François ne fut pas seulement l'apôtre de leurs ancêtres mais le protecteur le plus dévoué de leurs intérêts matériels.

Et parce que le curé d'Annemasse doit supporter plusieurs charges . . . . tant à recevoir les prédicateurs, secourir les énergumènes qu'à réparer les ruines de son église, il faut supplier Son Altesse de . . . . . etc.

Et ont signé: François de Sales, Louis de Sales, Jean-Balthazard Maniglier curé d'Annemasse, le baron de Viry, tous les missionnaires jésuites, dominicains et capucins.

Avant de se dissoudre, l'assemblée des missionnaires arrêta de célébrer les quarante-heures à Annemasse. François ne tarda pas à reprendre la route de Thonon où il conduisit joyeusement plusieurs collaborateurs.

La pauvreté du clergé de son diocèse avait engagé l'évêque Claude de Granier à obtenir de la Cour de Rome, la faculté de conférer deux bénéfices au même ecclésiastique. C'est ainsi que François déjà prévôt de la cathédrale, obtint le bénéfice de la cure du Petit-Bornand.

La collation de ce bénéfice-cure dont le titre se lit au greffe de l'évêché d'Annecy, nous prouve que c'est par erreur que tous les biographes de notre Saint ont placé cette nomination en l'année 1594. L'église de la Nativité de la Vierge, du lieu du Petit-Bornand, était vacante par la mort du prêtre Ballid, décédé au mois de mai 1597.

Les lettres de provision qui conféraient la cure du Petit-Bornand au prévôt de la cathédrale, délivrées par son évêque, portent : *Donné à Annecy, au palais de notre résidence, le dernier jour de juin, mil-cinq cent-nonante-sept, sixième année du pontificat de l'illustrissime notre Seigneur le Pape, Clément Huitième* [1].

L'exercice des quarante-heures d'Annemasse avait été fixé au sept septembre, jour de dimanche, et au huit, fête de la Nativité de la Vierge. François résolut de conduire en procession la population de Thonon, jusqu'au bourg d'Annemasse, à une distance de cinq lieues de cette ville. Il voulait que cette procession promenât triomphalement la croix à travers les campagnes, en réparation des mépris qu'elle avait reçus dans toutes les paroisses qui s'étendent de Thonon à Annemasse.

Le 6 au matin, il rassemble les catholiques à l'église de Thonon, célèbre la sainte messe, et organise la procession. Mais il ne se trouva personne pour se placer en tête avec la croix, tant chacun craignait encore le retour des Bernois vindicatifs. L'apôtre ordonna à Georges Roland, son domestique, de marcher en tête de la procession avec l'étendard de la croix.

Louis de Sales avait évangélisé les campagnes près

---

[1] Datum Necii, in palatio nostræ residentiæ, die ultima junii, anno millesimo quingentesimo nonagesimo septimo, pontificatûs illustrissimi Domini nostri Papæ Clementis Octavi, anno sexto.

de Douvaine, il vint se joindre sur la route à la procession de Thonon, composée d'environ 400 personnes. On passa les deux jours des quarante-heures à Annemasse. C'est encore à l'apôtre de Thonon qu'il nous faut demander le récit historique des quarante-heures auxquelles la population de Thonon voulut s'associer.

LIIIe LETTRE (inédite). — A un Cardinal.

14 septembre 1597.

. . . .
La prière des quarante-heures a été faite à Annemasse le premier dimanche de septembre et le jour de la Nativité de la Vierge, avec un fruit plus grand que celui qu'on espérait, et qui tient un peu du miracle. Annemasse est une paroisse dans le pays éloignée de Genève de trois milles, où il n'y a pas moyen de loger quatre personnes. Autour de l'église qui a été toute dévastée par les huguenots, on a fait une tente très-grande, en toile, bois, tapisseries et autres choses semblables, afin que les assistants pussent s'y ranger convenablement

Vers la fin du mois de septembre François va passer quelques jours à Annecy, d'où il écrivit au président Favre pour lui dire :

LIVᵉ LETTRE (inédite).

Necii 1597.

Je vous écrirai quand j'aurai fait un pèlerinage au tombeau de saint Claude, je dois partir après le sermon que je prononcerai dimanche à Thonon.

Neuf ans plus tard le saint évêque de Genève écrira à une dame à Thonon, lui rappellera le pèlerinage qu'il entreprend aujourd'hui au tombeau de saint Claude, et lui apprendra qu'il le fit, accompagné de sa tante Du Foug-du-Maney.

La pauvreté des églises, la détresse où se trouvent tous ses coopérateurs l'obligeaient de solliciter les pensions dues par les chevaliers. Vers la fin de l'année 1597, il écrivait au nonce à Turin :

LVᵉ LETTRE (inédite).

A l'égard de ce qui a été promis par les chevaliers, il est vrai que M. le chevalier Berghera oblige en ma faveur les fermiers, mais il est vrai encore que j'ai protesté ne pas vouloir plaider avec eux, car ils sont tous habitants de Thonon, et il ne faut pas que ceux qui cherchent à les ramener aient avec eux des embarras, particulièrement dans ces temps et ces pays si calamiteux où tout le monde est pauvre.

C'est à Thonon, pendant l'année 1597, que François de Sales composa son *Traité de la Démonomanie*. Mais à quelle occasion ? M. le curé de Saint-Sulpice va nous le dire : « Cependant le démon furieux de
» tout ce que faisait le saint apôtre pour détruire son
» règne dans le Chablais, chercha à s'en venger ; et
» l'on vit dans cette province plusieurs personnes pos-
» sédées et cruellement tourmentées par cet ennemi
» de tout bien. Elles eurent recours à François qui,
» en prononçant sur elles les exorcismes de l'Eglise,
» délivra les unes, soulagea les autres et fit ainsi tour-
» ner la malice de l'enfer à la gloire de l'Eglise. Les
» ministres hérétiques, voyant avec dépit les consé-
» quences que les peuples tiraient de là en faveur de
» la religion catholique, travaillèrent à répandre des
» idées contraires. Les uns, redisaient leur vieille ca-
» lomnie, publiaient que le prévôt était sorcier et un
» magicien qui levait les maléfices par la puissance
» du démon : les autres plus artificieux disaient que
» ces possessions n'étaient qu'un effet naturel de

» l'imagination en délire ou des nerfs malades : d'au-
» tres mêmes allaient jusqu'à nier qu'il existât des
» démons ou qu'ils eussent pouvoir d'agir sur le
» corps; et à l'appui de ces mensonges on répandait
» de toutes parts un livre impie, rempli d'injures et
» de calomnies, composé par un prétendu médecin
» de Paris contre les exorcismes qu'emploie l'Eglise
» catholique.

» François crut devoir réfuter cet écrit non moins
» dangereux que pervers; ce qu'il fit par un *Traité*
» *de la Démonomanie* ou des possédés du démon [1]. »

Ce traité n'a jamais été imprimé, le manuscrit fut longtemps conservé dans les archives de la maison de Sales; son neveu Charles Auguste nous en a laissé une analyse.

1° L'auteur établit que la nature angélique communique avec la nature humaine;

2° Il fait voir l'étendue et les limites de la possession;

3° Il en détermine les causes, en décrit les marques ou les signes caractéristiques;

4° Il indique les remèdes que Dieu a opposés à un si

---

[1] *Vie de saint François de Sales* par M. l'abbé Hamon, curé de Saint-Sulpice à Paris, tome I, pag. 241.

grand mal, et démontre le pouvoir que Jésus-Christ a donné à son Eglise de délivrer les possédés par les exorcismes.

Il y avait à Thonon une femme ou une fille possédée du démon pendant que François de Sales habitait cette ville. C'est un fait attesté par le passage d'une lettre du président Favre à notre saint missionnaire.

Dans sa lettre, datée de Chambéry le 6 des kalendes d'Avril 1596, il dit : « Le père Chérubin nous demande » des nouvelles de cette *démoniaque de Thonon*. Si » vous en avez le temps écrivez, écrivez même si vous » n'en avez pas le temps. » Le texte latin porte : *De istâ dæmonomaniacâ Thononensi.*

Les progressistes de nos jours ne voient plus dans le démon de la possession qu'un être légendaire, né à la faveur des ténèbres du moyen âge. Mais admettront-ils que deux des premiers hommes de leur siècle se soient entretenus par lettre d'une femme *à crise nerveuse ?*

Nous avons entendu tout à l'heure François de Sales et le baron de Viry, conseiller d'Etat, demander au souverain une indemnité en faveur du curé d'Annemasse, pour les soins qu'il devra *donner aux énergu-*

mènes. Les possédés n'étaient donc pas tous à Thonon; il y en avait dans les environs de Genève.

Consultons un des amis de l'apôtre de Thonon, un prêtre qui plusieurs fois prêcha devant le saint évêque, et qui vécut avec lui dans des rapports d'intimité.

Louis de La Rivière, religieux de l'ordre des Minimes, écrivait la vie de François de Sales dix-huit mois après sa mort [1].

« Nous savons que la constante opinion de plu-
» sieurs graves doctes religieux personnages, est
» qu'il a délivré en sa vie plus de quatre cents dé-
» moniaques . . . . . Finalement il faut considérer
» qu'il ne tenoit pas beaucoup de discours avec les
» possédés, jamais il n'interrogeoit les démons, ny
» ne s'enquéroit de leurs noms, n'y n'estrivoit avec
» eux. Le souverain remède qu'il employoit pour
» délivrer les dicts possédés, étoit la sacrée commu-
» nion, les prières et oraisons. Quelquefois il se met-
» toit à genoulx auprès d'eux en la chapelle, et lisoit
» dans le livre une couple d'exorcismes, mais si bas

---

[1] Cette vie fut éditée à Lyon, le 18 juillet 1624. En 1626, sainte de Chantal et Dom Justé Guérin l'envoyèrent à Rome pour y faire connaître les vertus de notre Saint.

» qu'à peine lui apercevoit-on remuer les lèvres. Par-
» fois aussi l'on a remarqué qu'il soupiroit contre
» leur visage, et les halenoit tout doucement, et
» quasi imperceptiblement.

» Il y a environ onze ans, qu'on luy amena [1]
» expressément de La Roche-Cevin, dix personnes
» possédées, conduictes par leurs parents et amys,
» lesquelles crioient, hurloient espouvantablement,
» se rouloient par terre et causoient horreur aux
» spectateurs avec leurs effroyables mines et estranges
» grimasses: elles logèrent chez un honnête bourgeois
» d'Annessy, nommé sire Nicolas Brachet qui est en-
« core plein de vie ; pour couper court, on les présen-
» ta à l'homme de Dieu, lequel les communia de sa
» propre main, les bénist et les renvoya parfaitement
» délivrées: de là à deux mois on fut curieux de
» s'enquérir du miracle, et on reconnu que la chose
» était très-indubitable et très-véritable. A peu près
» de ce mesme temps, furent conduits à Annessy,
» sept ou huit possédés et amenés dans la salle à ce
» qu'ils reçussent sa bénédiction . . . . . . C'est à

[1] L'auteur écrit en 1623, le fait était donc arrivé en 1612.

» noter que durant trois ans, si grande quantité de
» tels malades confluoient à luy de divers endroits
» qu'il ne se passait guère de jours, à ce que m'a
» assuré le sieur Roland son domestique, que l'on en
» vit venir quatre ou cinq. » (Livre IV page 586
et 587).

(Année 1598.)

Aucun fait bien remarquable ne vint signaler les premiers mois de l'année 1598, la dernière et la plus importante de l'apostolat de François de Sales à Thonon.

Il partit pour Annecy, où il fut saisi d'une fièvre violente le 4 janvier. Sa maladie fut si aiguë, que les médecins désespéraient de sa guérison. Dans sa profonde douleur, l'évêque de Granier conjura le Seigneur de ne pas lui enlever l'apôtre du Chablais. Il fut exaucé, car bientôt le malade fut parfaitement guéri. Lui-même envisagea son prompt rétablissement comme une espèce de prodige, et disait à tout le monde : « Je ne dois la vie qu'aux prières de notre » évêque. »

Le père Chérubin prêchait le carême à Thonon, mais il tardait à François de rentrer au milieu de son troupeau pour les confessions pascales, qui, déjà l'année précédente, lui avaient procuré tant de consolations. La Providence en avait ordonné autrement : il dut se soumettre à la loi des hommes. Annecy était ravagé par la peste ; il ne put quitter cette ville qu'après la *quarantaine* d'usage en pareil cas.

Il alla passer quelques jours à Sales, d'où il partit le 10 avril pour revenir à Thonon. Les nouveaux catholiques de Thonon soupiraient impatiemment après le retour de leur tendre père, qu'ils ne voyaient plus depuis trois mois [1]. Cette absence néanmoins ne lui fit point oublier les intérêts de cette ville et du baillage. Avant de quitter la maison de son père, il écrivit au nonce apostolique, à Turin.

---

[1] En disant plus haut que François de Sales s'était absenté de Thonon pendant deux mois, chaque année, nous n'avons pas entendu y comprendre le temps de ses maladies.

VIIe LETTRE (inédite), 2e série.

Du château de Sales, 10 avril 1598.

Autant que je vois, ce ne sera pas la faute des chevaliers de Saint-Lazare, si toutes les affaires du Chablais ne vont pas en ruine, puisqu'ils ne tiennent aucun compte de la promesse qu'ils ont faite de payer les pensions, sans lesquelles on ne peut pas continuer l'exercice commencé dans les trois paroisses, et encore moins l'augmenter. *Il est impossible d'exprimer combien ce peuple a de disposition à la foi catholique;* mais tout cela est inutile, faute de pouvoir faire les exercices du culte que l'on ne pourra jamais faire sans prêtres; et l'on ne peut pas y envoyer des prêtres sans leur payer leurs dépenses et leur fixer des revenus. J'ai les lettres que le duc de Savoie écrivait au pape, par lesquelles il le prie de rétablir les paroisses du Chablais en retirant leurs biens des mains profanes; mais par l'accident de ma maladie, elles sont restées ici. Je vous les ferai passer tout de suite, si vous jugez à propos de les envoyer avant que je fasse ce voyage (à Rome); ce serait peut-être le moyen d'accélérer une affaire que l'on ne diffère pas d'une seule heure sans causer la perte d'un grand nombre d'âmes. . . . . . Je vais aujourd'hui à Thonon, ... j'y dresserai le catalogue des catholiques qui se sont faits pendant ces trois années passées, pour vous l'envoyer, afin que par ce moyen vous encouragiez Sa Sainteté à accorder les grâces qui sont nécessaires pour notre œuvre.

Nous n'avons presque d'autre ami à la cour que le duc de Savoie qui cependant nous aide peu, parce que l'on laisse ses ordres sans exécution. Il est vaiment bien zélé, mais il ne peut pas être obéi ; s'il eut été obéi comme il voulait, nous aurions avancé l'œuvre plus que nous ne l'avons fait, et nous n'aurions pas besoin de vous donner de l'ennui pour les pensions, puisqu'il a commandé plusieurs fois qu'on les payât, nous lui rendons justice sur la promesse qui nous a été faite par les chevaliers. Mais les inférieurs font ensuite tant de considération de ne pas offenser celui-ci et celui-là, qu'en attendant on offense grièvement le Seigneur.

De retour à Thonon le 11 du mois d'avril, François fit un second voyage à Sales au mois de mai. A Sales, il s'occupe encore des intérêts de Thonon et du Chablais. Il écrit de nouveau au nonce apostolique.

VIIIe LETTRE (inédite). 2e série.

Sales, 18 mai 1598.

Le président Favre va à Turin et delà à Ferrare ; c'est un homme distingué par sa piété et ses talents ; et, pour le dire à ma manière, c'est *le phénix de la Savoie.*
J'avais un incroyable désir de faire le voyage avec lui. . . . . J'ai entre les mains les lettres que le duc de Savoie a écrites au pape et aux cardinaux, dans lesquelles il prie très-instamment le Saint-Siége d'étendre les

cures des baillages à l'usage des prêtres qui y fassent le saint service. Je n'ai pas voulu les exposer au danger qu'il y a eu jusqu'à présent dans les routes [1], d'autant plus que je croyais de jour en jour en être moi-même le porteur. Mais maintenant que je vois que ces lettres vieillissent, et que si la provision de Sa Sainteté pour cette restitution ne vient pas avant la récolte, la chose sera retardée jusqu'à une autre année où Dieu seul sait si nous serons en vie [2], je les ai remises au président pour qu'il les donne à votre illustrissime Seigneurie. . . . .
Les chevaliers, qui l'an 1596 nous avaient promis six pensions, n'ont donné ordre l'an passé, que d'en payer trois, et cette année ils n'ont donné ordre pour aucune.

Pendant que les formalités de la *quarantaine* imposée à tous les pestiférés le retenaient à Annecy, il annonçait déjà l'exercice des quarante-heures qui devait élever un si glorieux couronnement à sa mission de Thonon.

Vers la fin du mois de mars il écrivit à un prélat :

LVIe LETTRE (inédite).

Illustrissime Seigneur,

J'ai reçu des lettres du père Chérubin et de M. D'avully sur le dessin qu'ils ont de faire les prières des qua-

---

[1] La peste d'Annecy était cause que l'on soumettait à des formalités les lettres qui en sortaient.

[2] Vous serez en vie l'an prochain, vous ferez votre voyage à Rome pour y recevoir la nomination d'Evêque coadjuteur.

rante heures à Thonon, avec la plus grande dignité possible. . . . . . . Je vous adresse donc des lettres pour vous dire ce que je pense. Je prie V. S. I. de croire que quant aux quarante-heures, ce ne peut être qu'un exercice très-fructueux. Nous l'avons déjà éprouvé dans les quarante-heures établies l'année dernière à Annemasse où elles occasionnèrent un grand mouvement dans les consciences des hérétiques qui y assistèrent. Parmi eux un grand nombre fut ramené, et ce fut une grande joie pour les catholiques. J'espère qu'à Thonon la chose sera encore plus à propos et plus utile.

Dans la lettre citée plus haut, adressée du château de Sales au nonce, le jour de son départ pour Thonon, 10 Avril, François s'exprimait ainsi :

Il (le père Chérubin) se dispose de faire à Thonon la dévotion des quarante-heures avec le plus de solennité qu'il pourra. La nouvelle s'en étant répandue dans les pays voisins, on se dispose de toutes parts à y accourir, non-seulement des pays catholiques, comme de Fribourg, de la Suisse et du Valais, mais aussi des pays hérétiques, comme de Berne et de Genève ; ce qui nous fait espérer qu'il en résultera un très-grand fruit pour la religion et une grande confusion pour les ministres, mais il serait fort à propos que Sa Sainteté accordât pour ce temps-là quelque grâce spirituelle, outre l'indulgence plénière, telle que la faculté d'absoudre des cas réservés ; car en vérité, il y a dans ce pays un grand nombre de personnes qui en ont la conscience chargée depuis des dix et vingt ans, et qui, en cette occasion, les déposeront dans le tribunal de la pénitence. Comme il me paraît que la faculté de déléguer pour donner l'absolution de l'hérésie, laquelle avait été accordée à notre évêque, finit ce mois-ci, il n'y aurait rien de plus important que de l'avoir de nouveau.

Tous les biographes de notre Saint placent l'établissement des Jésuites à Thonon, dans les premiers mois de l'année 1598. M. Hamon nous dit qu'à son retour d'Annecy à Thonon (10 avril), « l'établisse-
» ment des Jésuites qu'il avait demandé avec tant
» d'instances au Pape et au duc de Savoie, y était
» déjà en pleine activité [1]. »

M. le curé de Saint-Sulpice écrivait ces lignes en 1854 : alors il n'avait pas connaissance de la lettre du nonce apostolique à François de Sales, datée de Mondovi, 1599, 1er septembre. Il rappelle à notre Saint son passage à Turin à son retour de Rome, au mois d'avril 1599 ; puis il lui dit que le père général des Jésuites a ordonné au père provincial de Lyon d'envoyer des religieux à Thonon.

Quelques pères de la Société de Jésus exerçaient les fonctions de missionnaires à Thonon et dans les baillages depuis une année, mais ils n'étaient pas

[1] *Vie de saint François de Sales*, tome I, pag. 275.

réunis en communauté. Les lettres de saint François traitant de la conférence du dimanche des Rameaux, 14 mars, entre le père Chérubin et les ministres de Genève, prouvent clairement que les Jésuites, envisagés par les Genevois comme *des espions de l'Espagne*, n'avaient pas alors une maison à Thonon.

Les archives ecclésiastiques de cette paroisse ont enregistré l'arrivée de six pères jésuites dans cette ville, mais seulement en septembre de l'année 1599.

Nous en trouvons une nouvelle preuve dans la lettre suivante :

LVIIIe LETTRE (inédite). — A un gentilhomme élevé en dignité.

(Probablement) en juin 1598.

Monsieur,

. . . .

..... J'ai prié le sieur Gottri, présent porteur, d'aller à Chambéry pour apprendre de vous, monsieur, quelle issue ces bonnes affaires pourront avoir. C'est que les paroisses d'Armoy, Reyvroz, Draillant, Thônes sont entièrement dépourvues de pasteurs, n'ayant autre assistance que d'une visitation, toutes les semaines que les plus voisins curés y font. Or, monsieur, il n'est pas possible que de cette privation de gens d'église, il n'arrive beaucoup d'inconvénients, et il serait bien plus raisonnable que messieurs les chevaliers de Saint-Maurice fussent sans bien ecclésiastiques, que non pas que les peuples fussent destitués de l'office requis pour leur salut. Il y a encore plusieurs autres paroisses qui ne sont pas assorties de leurs besoins, comme *Thonon qui n'a point de curé, ains seulement des vicaires;* Ivoire en est de même et quelques autres, à quoi messieurs les chevaliers sont tenus de fournir et pourvoir quant aux portions congrues, comme moi quant aux personnes. . . . . Je ne sais, monsieur, si je ne dois plus rien espérer pour le collége de cette ville, qui a tant besoin de pères jésuites, mais je sais que je n'en puis rien espérer que par l'assistance de votre charité.

L'incertitude de la durée de la trêve de Nyon, la la crainte de tomber de nouveau sous le joug tyrannique des Bernois : voilà les deux principales causes de la désespérante opiniâtreté que les habitants de Thonon opposèrent à l'infatigable zèle de François. L'Europe était désolée par la guerre entre trois souverains; mais l'Europe, hélas ! pour trop peu de temps, va être pacifiée par un traité signé à Vervins, le 2 mai, 1598. Les princes belligérants avaient choisi le pape pour arbitre de leurs destinées. Son cardinal-légat Alexandre de Médicis, de Florence, leur présenta des conditions de paix qui furent la base de ce traité. C'était là, un des événements les plus heureux pour la conversion du Chablais. En assurant au duc de Savoie la possession du baillage de Thonon et de Ternier, il affranchissait les habitants du péril et des frayeurs de rentrer un jour sous la domination bernoise, et d'être en proie à la férocité de sa vengeance. Quelle sainte allégresse le traité de Vervins ne versa-t-il pas dans le cœur de l'apôtre du Chablais?

Jugeons-en par les plaintes amères que nous lui avons entendu pousser contre la *crainte des Bernois*, ce rempart ténébreux derrière lequel les habitants de Thonon allèrent toujours se blottir, lorsque François, le flambeau de la foi à la main, poursuivait la conquête de leurs âmes.

Pendant que Dieu accordait cette consolation à son serviteur, il faisait encore parler en sa faveur la grande voix des miracles; c'est l'un des moyens les plus solennels qu'emploie le Seigneur pour proclamer la vérité sur la terre. Il vient donner à la mission de François une divine et éternelle sanction. Cette voix sera assez éclatante pour glisser sur la surface du lac Léman, arriver jusqu'à Berne, et jeter la consternation dans le consistoire. Elle retentira d'un bout à l'autre de l'univers catholique pour traverser ensuite tous les siècles à venir. François de Sales va opérer à Thonon un miracle du premier ordre, *il va ressuciter un mort*!!!!

Racontons d'abord le fait tel qu'il est consigné dans l'histoire de notre Saint.

Au faubourg Saint-Bon, (aujourd'hui faubourg des Ursulines) vivait une femme jusque-là indocile à la voix de François et très-obstinée dans l'hérésie. Elle mit au monde un enfant, et tarda plusieurs jours à le faire baptiser; il mourut, et la mère était presque au désespoir, à la pensée que sa négligence priverait à jamais son enfant de voir la face de Dieu. Depuis peu, l'évêque avait envoyé à François un jeune prêtre pour collaborateur. Il avait chargé du soin des funérailles, ce jeune missionnaire, nommé Pierre Bouverat.

La femme calviniste va lui demander une place au cimetière *Saint-Bon*, pour déposer les restes de son fils. Le faubourg qu'elle habitait n'étant séparé que de quelques pas du cimetière, la mère portait elle-même ce cadavre chéri dont elle ne pouvait se séparer. Ce ne fut pas le hasard, mais la Providence qui conduisit alors saint François sur l'étroite route du faubourg au cimetière *Saint-Bon*. Rencontrant le saint apôtre, la mère éplorée se jette à ses pieds, les arrose de ses larmes, pose à terre le petit cercueil qui contenait le corps de son enfant, et s'écrie : *Mon cher père! rendez-moi mon enfant, rendez-le moi au moins assez de temps pour qu'il puisse recevoir le baptême, et je me ferai catholique.* François, mêlant ses larmes à celles de cette femme, tombe à genoux, lève les yeux vers Celui qui a ressucité Lazare, et lui dit : *Seigneur ayez pitié de la mère et de l'enfant.* Aussitôt l'on entend des soupirs dans le cercueil, on l'ouvre, et l'enfant est plein de vie.

Nous pouvons ajouter à ce récit des biographes de notre Saint, que tous les habitants du faubourg accoururent aux cris de joie de la mère et aux vagissements de son enfant. Le prêtre Bouverat qui avait son domicile dans ce faubourg, fut l'un des premiers sur le théâtre du prodige [1].

François s'empresse de baptiser l'enfant, et la mère l'emporte dans sa famille au milieu des ovations de tous ses voisins. Bientôt la population entière ne s'occupe plus que du miracle qui vient de s'opérer à l'extrémité de la ville [2].

Le père Chérubin en parle en chaire, tous les habitants du faubourg avaient vu l'enfant réellement

---

[1] Archives religieuses de Thonon.
[2] Le Faubourg Saint-Bon, aujourd'hui celui des Ursulines, est à l'entrée de la ville du côté de Ripaille et d'Evian.

mort. Ils crient: *au miracle*. Les ministres irrités parcouraient en forcenés les rues de la ville pour détruire l'effet de cet événement. Cependant tous les notables hérétiques voulurent voir l'enfant du miracle. Le Seigneur le laissa vivre assez longtemps pour que le prodige fut bien constaté ; mais après deux jours de vie, il mourut une seconde fois, et on le déposa au cimetière *Saint-Bon* avec tous les honneurs funèbres de l'Eglise catholique. Le fait fut tellement avéré que l'on n'a jamais tenté de le révoquer en doute [1].

Aucun des jours de la vie épiscopale de François, toute parsemée de prodiges qu'elle est, ne put enregistrer un miracle aussi éclatant que celui qu'il opéra au faubourg de Thonon. Pourquoi la Providence en suspendant les lois de la nature, à la voix de son ministre, a-t-elle arrêté que, ni à Annecy, ni à Paris, ni à Lyon, le saint évêque se montrerait aussi puissant ? N'a-t-elle pas voulu par ce fait prouver à l'univers catholique que le plus beau et le plus riche fleuron de la couronne immortelle de François de

---

[1] L'on ne rédigeait encore point d'actes de baptême et de décès; impossible de savoir le nom de la mère et de l'enfant.

Sales, serait à jamais la conversion de Thonon et du Chablais.

Je ne sais quel frémissement on éprouve en passant devant le cimetière de Thonon, à la pensée qu'il renferme les cendres de l'enfant dont le Seigneur a emprunté la voix pour proclamer la sainteté de François de Sales, plus de soixante ans avant que le Vicaire de Jésus-Christ l'ait publiée dans toute l'Eglise.

Le prêtre Bouverat, témoin oculaire du miracle, a voulu en perpétuer le souvenir. Il fait élever aussitôt un sanctuaire au lieu même où saint François se mit à genoux pour demander à Dieu ce prodige ; c'est la chapelle placée à l'entrée du cimetière. Il a fait graver sur le fronton ces mots :

> O vous qui par ici passez,
> Priez pour les trépassés.

Après ces deux lignes, on lit son nom : *Pierre Bouverat* 1617.

L'an 1617 le saint évêque vient à son tour consacrer au culte ce sanctuaire destiné à apprendre aux générations successives la puissance que le Maître de la vie et de la mort avait accordé au plus insigne bienfaiteur de Thonon. Le prêtre Bouverat sera lui-même un écho, longtemps prolongé, qui redira à l'enfant et au vieillard : *là, où j'ai élevé cette chapelle, saint François de Sales a ressuscité un mort.* Il déposera avec serment la vérité de ce prodige, entre les mains des commissaires apostoliques qui viendront faire des enquêtes sur les travaux de notre Apôtre.

Après avoir été témoin du premier et du plus éclatant témoignage de la sainteté de François de Sales, le prêtre Bouverat assistera encore aux fêtes de sa canonisation. Il mourut l'an 1672, âgé de presque cent ans, étant arrivé à sa 74e année de sacerdoce [1].

La résurrection de cet enfant ébranlait les esprits les plus obstinés, frayait les voies à de nombreuses abjurations. Elle disposait tous les cœurs à l'exercice des quarante-heures.

L'évêque de Granier publia les quarante-heures de Thonon par un mandement envoyé dans toutes les paroisses de son diocèse. En même temps les évêques de Lausanne et de Sion annonçaient à leur peuple le jour de grâce qui allait se lever sur Thonon. Saint François de Sales, nous apprend dans la lettre suivante, quels furent les préparatifs de ces fêtes.

---

[1] Nous n'avons pu connaître le lieu de son oirgine.

LVII⁰ LETTRE (inédite.) — A S. E. le commandant des Troupes de S. A.

En septembre 1598.

Excellentissime Seigneur,

Nous sommes en mesure de célébrer les prières des quarante-heures, dans cette terre, dimanche 23 de ce mois, avec l'agrément de Sa Sainteté et de Son Altesse; les préparatifs nécessaires à cette entreprise n'ont pas été faits sans de grandes dépenses de sommes provenues en partie d'une aumône de Sa Sainteté, et en partie du bienfait de Son Altesse. Cette semaine beaucoup de populations viendront du côté du Valais et du côté de Fribourg, et encore de tous les environs, assister à cette solennité, ainsi disposée pour la conversion des hérétiques, et on en espère un grand fruit pour la gloire de Dieu et le salut des âmes.

Maintenant on nous dit que V. E. avec ses troupes, doit à son retour passer par ici. Si vous agissez ainsi, il est certain que cette célébration des quarante-heures ne pourra se faire d'aucune manière ; les habitants, surchargés de soldats, ne pourront y assister ; au contraire, comme ils l'ont résolu, ils laisseront les maisons vides, et passeront le lac ; les étrangers ne viendront pas ; et alors cette dévotion, préparée avec tant de sacrifices et de fatigues, tant d'espérances d'un bon succès, avec la permission de Sa Sainteté et de Son Altesse, et enfin, avec tant de renommée auprès des ennemis du Saint-Siège, se résoudra en fumée. Ce ne sera pas sans un mauvais exemple et un très-grand scandale pour les catholiques et les hérétiques, et la perte d'une occasion qui ne se retrouvera jamais de porter des fruits parmi les habitants : enfin, Sa Béatitude et Mgr le Nonce en éprouveront un très-grand déplaisir. En conséquence, nous supplions V. E., avec toute l'humilité possible, et nous la conjurons par les entrailles de Jésus-Christ et par ce sang qu'il a répandu pour les âmes, dont nous espérons le salut par le moyen de cette dévotion, de daigner prendre une autre route pour son voyage, et de laisser celle-là libre au Sauveur. Si vous daignez le faire, soyez assuré que le Tout-Puissant l'aura pour agréable à Sa divine Majesté.

Que V. E. fasse donc avec cet esprit zélé et généreux qu'elle a reçu, ce service à l'honneur de Dieu. Nous dirons de plus que nous ne savons pas qui a pu lui conseiller cette route, mais qu'il y a un pas près du lac, entre Evian et Saint-Maurice, le plus horrible et le plus dangereux dans ce temps-ci, et où les eaux du lac croissent au-delà de ce que l'on peut imaginer.

Quelques jours seulement avant l'ouverture des quarante-heures à Thonon, le duc de Savoie écrivait à François la lettre suivante :

LXe LETTRE (inédite).

Villeneuve, 15 septembre 1598.

Révérend, cher, bien-aimé et féal orateur.

Peu après la lettre que nous vous avons écrite d'aujourd'hui, est arrivé la vôtre du 18, qui nous a apporté un très-grand contentement et ensemble rempli de consolation, voyant tant d'âmes bien disposées pour se remettre au vrai chemin. A quoi nous sommes tout disposé pour les y assister de notre puissance et y apporter tout ce que nous pourrons, soit en luminaires que pour fournir à la dépense ainsi qu'écrivons au père Lambert [1] de faire : si autre ne retarde le légat, il s'y trouvera de mardi prochain en six jours, et nous un peu auparavant.

L'on attendait donc à Thonon, pour l'exercice des quarante-heures, le duc de Savoie et le cardinal Alexandre de Médicis, légat du Pape en France. À son retour de France en Italie, il voulait passer par Thonon, pour être témoin du zèle de François. Ni l'un ni l'autre n'arrivèrent aux jours désignés. Plusieurs fois déjà l'on avait annoncé l'ouverture des quarante-heures, et plusieurs fois elle fut remise à quelques jours plus tard. Cette incertitude était de nature à déconcerter les étrangers et à éloigner l'affluence des pèlerins. L'évêque était à Thonon, il crut devoir ouvrir les quarante-heures, sauf à en célébrer de nouvelles en présence du légat et du souverain.

Les ministres avec leurs coreligionnaires furent de nouveau condamnés à quitter l'église des Augustins. Ils se réfugièrent *en dehors des murs*, à la place de Crète où ils dressèrent un temple provisoire avec quelques planches.

[1] Gouverneur des Allinges et de toute la province, successeur du baron d'Hermance, décédé en 1596.

L'ouverture des quarante-heures avait lieu le 20 septembre. Dès la veille, l'on vit circuler dans les rues de Thonon un nombre prodigieux d'étrangers. Les fidèles étaient venus non-seulement des provinces voisines, telles que de la Savoie, de la Bourgogne, de la Suisse, du Valais, de la cité d'Aoste, mais des régions bien plus éloignées. Le 20 septembre au matin s'ouvrirent les exercices par la messe pontificale de l'évêque de Genève, célébrée à l'église des Augustins parce que l'église Saint-Hippolyte était trop petite. L'église des Augustins (aujourd'hui du collége) étant encore reconnue bien insuffisante, François de Sales proposa de dresser un oratoire sur la place derrière la dite église des Augustins. Il fit exécuter ce qu'il avait admiré à Annemasse. Au moyen de larges toiles, de quelques planches, de draperies, on dressa un oratoire derrière le chœur de l'église. Dans cet oratoire splendidement décoré, on y exposa le Saint-Sacrement pendant les quarante-heures. Cette place est occupée aujourd'hui par la maison de M. le docteur Noël. C'est là que François et ses collaborateurs prêchèrent à chaque heure du jour et de la nuit.

Arrivèrent successivement les processions de Taninge, de Bellevaux, de Boège, de Saint-Cergues [1], de Fessy, de Perigny, de Cluses et de Sallanches, d'Evian, de Bonneville et de beaucoup d'autres localités dont on n'a pas inscrit les noms.

Charles-Auguste de Sales qui écrivait la vie de son saint oncle dix ou douze ans après sa mort, ajoute : « Le lendemain 21, arriva le révérendissime évesque » de Saint-Paul-Trois-Châteaux, Thomas Pobel, et » vint à l'oratoire avec la procession de Cluses et de » Sallanches qui tirait une suite de peuple innombra- » ble accouru de plus de deux jours loin, et des plus » hautes montagnes du Fossigny. Tous marchaient » vestus à blanc, et pieds nuds [2]. »

La procession de Ternier arriva la dernière et à la tombée de la nuit [3]. Elle avait été retardée dans sa marche par une troupe de genevois qui firent irruption sur elle à son passage près des murs de la Babylone.

La noblesse du Chablais voulut avoir sa procession,

---

[1] Charles-Auguste dit que Saint-Cergues avait été la dernière paroisse à quitter la religion catholique, et qu'elle fut l'une des premières à y rentrer.

[2] Tome I, pag. 204, Edition Vivès.

[3] Ternier, aujourd'hui le canton de Saint-Julien et Viry.

elle avait à sa tête le gouverneur Lambert. Assez et trop longtemps la noblesse avait été insensible aux instances de l'apôtre, aujourd'hui elle tombe à genoux devant lui, mais François s'empresse de la faire relever, et présenta cette procession à l'évêque pour qu'il la bénit.

La cérémonie finit comme elle avait commencé, par une procession où l'on porta le Saint-Sacrement. Il y avait plus de soixante ans que le passage dans les rues de Thonon avait été interdit au Sauveur.

Le duc de Savoie était à Chambéry, l'évêque et son prévôt ne devaient pas tarder de l'informer des motifs qu'ils avaient eu de célébrer les quarante-heures avant son arrivée. Dès les quarante-heures d'Annemasse, François s'était attaché Balthazard Maniglier, curé de cette paroisse. Il l'appela à Thonon, et nous le verrons désormais devenir le bras droit de notre apôtre. L'évêque et le prévot n'en trouvèrent pas de plus capable d'aller exposer au souverain les raisons qu'on avait eues de célébrer les quarante-heures, en son absence.

Après avoir remis à Son Altesse les lettres de François, il fit le récit de tout ce qui s'était passé. . . . . « Dans les dispositions

» favorables où sont les esprits, dit-il, il y a tout lieu
« d'espérer la conversion de la province toute entière
« si Votre Altesse assiste à la solennité des qua-
» rante-heures, et si elle use de tout son pouvoir
» pour favoriser la religion catholique, sans s'arrêter
» aux raisons d'Etat que peut alléguer son conseil. »

Le prince lui répondit entr'autres : « Je ne veux
» rien épargner, pas même mon sang, pour l'exalta-
» tion de la foi catholique ; . . . . j'écrirai à l'évêque
» à Thonon pour lui faire savoir quand il faudra faire
» les quarante-heures. »

Le duc rencontra le légat au village de Chana, près du Rhône ; ils arrêtèrent l'époque de l'ouverture des quarante-heures, fixée au 1er octobre. Le prince informa l'évêque de Granier que le cardinal arriverait à Thonon le 30 septembre, et donna des ordres pour lui faire préparer une réception digne du chef de l'Eglise dont il était le légat. Au reste, la famille de Médicis était peut-être alors l'une des plus distinguées de l'Europe.

Le duc arriva à Thonon, dans l'après-midi du 28 septembre, l'évêque de Genève, son prévôt, François de Sales et un nombreux clergé allèrent à sa rencontre.

Le 30 septembre, les évêques de Granier et Pobel, accompagnés du saint Apôtre, allèrent au-devant du légat jusqu'à une lieue de Thonon. Le duc de Savoie et sa garde l'attendaient aux portes de la ville. Le légat fut conduit à l'église Saint-Hippolyte, puis à l'Hôtel-de-Ville, où des appartements lui avaient été préparés avec beaucoup de magnificence. Quelques instants après, le prince et sa cour, l'évêque de Granier et François vinrent à l'Hôtel-de-Ville faire visite au cardinal-légat. Le souverain, prenant par la main François de Sales, le présenta au légat en lui disant : « *Monseigneur, ce prêtre est le véritable apôtre du* » *Chablais* ; c'est lui qui, le premier, a osé pénétrer, » presque seul dans ce pays, au péril de sa vie, il a » semé la divine parole, arraché l'ivraie, planté la » croix et fait germer la foi romaine dans ces con- » trées. » François, profondément humilié du langage de son prince, se jette à genoux, aux pieds du cardinal, et en témoignage de respect, baise le bord de sa robe. Le légat le relève en lui disant : « Je ne » manquerai pas de rendre compte au Souverain » Pontife de tout ce que vous faites pour le salut des » âmes. »

Nous passons sous silence la description des brillantes fêtes que la ville de Thonon décerna à son prince et au légat du Pape. Nous ne signalerons ici que les faits les plus saillants des secondes quarante-heures, ceux où la gloire de notre Saint se trouve intéressée.

Le cardinal était accompagné de trois évêques le nonce Gonzague, évêque de Mantoue, l'évêque de Torcello (Lombardie), l'évêque de Termoli (Naples). En sorte que, pendant plusieurs jours, la ville de Thonon fut honorée de la présence d'un cardinal, plus tard pape sous le nom de Léon XI, de cinq évêques, du prince régnant et de toute sa cour.

Le cardinal, le prince et sa cour se rendirent à l'église Saint-Hippolyte, le 1er octobre, jour de jeudi, pour y recevoir l'abjuration d'un certain nombre de protestants. Pérennès nous dit [1] : « Le peuple rem-
» plissait la nef, et la foule était si grande, que la
» moindre partie de tous ceux qui voulaient assister à
» la cérémonie y put pénétrer [2]. »

---

[1] Page 398. — L'église Saint-Hippolyte se composait de l'avant-chœur actuel, et de la grande nef: ce vaisseau, au dire des architectes, ne pouvait contenir que quatre à cinq cents personnes.

[2] Depuis cette époque, 1598, jusqu'aujourd'hui, il y a eu,

Un grand nombre de gentilshommes du Chablais et des bourgeois de Thonon allèrent abjurer l'hérésie entre les mains du cardinal. L'histoire ne cite qu'un seul nom, celui du seigneur de Forax. Michel de Forax, comme presque toute la noblesse du lieu, eut le tort de se montrer trop longtemps sourd à la parole de son parent, François de Sales. Cependant Réné Favre le compte parmi ceux qui aimaient à rendre service à l'Apôtre de Thonon. La messe solennelle fut célébrée par l'évêque diocésain, et chantée par les musiciens des deux chapelles du légat et du duc de Savoie. Puis notre évêque de Granier porta encore le Saint-Sacrement processionnellement à l'église des Augustins, où devaient avoir lieu les prières des quarante-heures. Le dais sous lequel il marchait était soutenu, d'un côté, par le duc et son frère aîné, et, de l'autre, par les deux envoyés de Fribourg.

Le cardinal et sa suite, toute la cour de Turin, désiraient vivement entendre la voix éloquente de l'Apôtre du Chablais : ils eurent lieu d'être satisfaits.

---

travers les siècles, de très-pompeuses cérémonies religieuses à Thonon. Il est à remarquer que toujours l'on a souffert des trop petites dimensions des églises de cette ville.

François prêcha dix fois pendant les deux jours des quarante-heures.

Toutes les processions que nous avons vues assister aux exercices de la semaine précédente, avaient demandé à leur évêque la faveur de revenir à ceux qui seraient célébrés en présence du légat. Elles arrivèrent aux heures qui leur avaient été indiquées. Toutes défilèrent sous *la halle*, devant l'Hôtel-de-Ville, d'où le légat les contemplait avec une vive émotion. Elles se rendaient ensuite à l'église des Augustins, où le Saint-Sacrement était exposé. C'est ainsi que défilèrent tour à tour les processions de Bonneville, de Cluses, de Sallanches, de Bonne, d'Hermance, de Lullin, de Bons, de Brens, de Veigy, de Saint-Cergues, de Saint-Didier, de Douvaine, de Ballaison, de Messery, de Nernier, de Coudré, de Chavanay, de Margencel, et de diverses autres paroisses du Faucigny. Le nombre des pèlerins dépassa vingt-cinq mille, dans l'espace de deux jours.

Si l'on demande aujourd'hui aux vieillards de Thonon pourquoi l'on donne le nom de *rue de la Croix* à une place publique où il n'y a pas vestiges de croix, ils répondront que c'est à cause que saint

François y planta une croix. Ce n'est là que la moitié de la vérité.

Saint François voulut planter une croix à l'entrée de la ville, sur la place appelée déjà alors *rue de la Croix*, parce que, avant l'invasion des Bernois, il y avait là une belle croix. Les hérétiques, ennemis acharnés de la croix, avaient continué à nommer cette place, *la rue de la Croix*. François voulut que cette rue ne portât plus ce nom en vain. Il fit fabriquer une belle croix en bois, qui fut déposée, le dernier jour des quarante-heures, dans l'église paroissiale. Le cardinal et les évêques, le prince et la cour, tous assistèrent à la procession qui transporta cette croix de l'église à l'extrémité de la ville. Elle fut portée par les bourgeois de Thonon jusqu'à la place qui devait la recevoir.

Alors, en présence des évêques, de plus de quatre mille personnes, au chant des cantiques d'allégresse dont les airs retentissaient, au bruit des trompettes, des tambours, des décharges de la mousqueterie, le duc dressa lui-même cette énorme croix, sans le secours de cordages. L'opération se fit avec tant de facilité qu'on était porté à y voir du prodige.

Le duc et les gentilshommes de sa cour, le cardinal et les évêques, tous se mirent à genoux pour vénérer cette croix [1]. Elle a dû tomber sous la main du temps, ou sous le marteau de la révolution de 93. Une fontaine monumentale occupe aujourd'hui sa place. Mais cette croix, tant de fois séculaire, ne sera-t-elle jamais relevée dans cette rue ? Parmi les aimables et intéressants enfants qui jouent parfois à *la place de la Croix*, un d'entre eux dira peut-être un jour : *Comme saint François de Sales, je ne veux plus que le nom de notre rue soit mensonger, je veux y faire planter une croix.*

Il était nuit close lorsque la procession, descendant la *grand'rue*, rentrait à l'église des Augustins pour la clôture des quarante-heures. Mais une brillante illumination changeait les ténèbres de la nuit en un beau jour d'un soleil de juillet.

Le cardinal, le duc et tout leur cortége restèrent en prières devant le Saint-Sacrement pendant plusieurs heures. Nous avons oublié de dire que le duc et les gentilshommes de sa suite, passèrent une partie de la nuit précédente à l'église Saint-Hip-

---

[1] On voit encore figurer cette croix dans le plan de Thonon, imprimé à La Haie en 1725.

polyte pour faire leur confession à François de Sales. Tous communièrent le matin à la même église. On remarqua près du sanctuaire le plus illustre citoyen de Thonon, insigne bienfaiteur de cette ville, le marquis de Lullin, colonel de toutes les gardes du corps, des armées de Son Altesse.

Enfin, minuit avait sonné, et l'exercice des prières devait être terminé à deux heures du matin, le 3 octobre ; ce fut encore François infatigable qui fit le discours de clôture.

Si cet ouvrage était l'histoire de la conversion du Chablais, et non simplement un abrégé des travaux de saint François à Thonon, nous ferions ici le récit des nombreuses abjurations qui se succédèrent à l'église de Thonon.

Le 3, jour de samedi, le légat quitta cette ville. Le 4, premier dimanche d'octobre, François célébrait sa fête patronale, jour de saint Françoise d'Assise. Le duc de Savoie assista à l'office paroissial, présidé par l'évêque de Genève. Après la messe on présenta, vers les fonts sacrés, l'enfant d'un ouvrier. L'évêque voulut le baptiser, et le duc de Savoie être le parrain. Plusieurs biographes de notre Saint ont parlé de cette circonstance, mais pas un n'est venu consulter les actes de naissance et de baptême de Thonon. C'était le jour de saint François d'Assise, François de Sales assistait à ce baptême, son nom était dans toutes les bouches : aussi l'enfant ne peut pas recevoir un autre nom que celui de *Françoise*. Le prince fut réellement parrain ; mais la filleule fut soutenue sur les fonts par son grand maître d'hôtel, noble Louis de Ville. La marraine était damoiselle Françoise de Proméry [1]. L'enfant était fille de François Pâris. Cette cérémonie s'accomplit aux fonts baptismaux actuels, dont l'architecture, au dire des hommes de l'art, paraît remonter au delà du XVIIe siècle.

Les Bernois, en haine du catholicisme, avaient détruit tous les registres paroissiaux qui faisaient conster de l'état civil des habitants, comme aussi des sacrements qu'ils avaient reçus.

Le premier citoyen de Thonon dont on puisse légalement constater l'existence, par un acte de naissance, c'est l'enfant baptisé en présence de saint

---

[1] La marraine était vraisemblablement une parente du président Favre : le château de Proméry près d'Annecy, appartenait à Réné, son fils.

François, par l'évêque du diocèse, et dont le prince voulut devenir le parrain [1].

La conversion de la ville de Thonon a été solennellement accomplie par les abjurations faites entre les mains du légat; mais hélas! l'opiniâtreté a aussi ses victimes. Il reste encore un certain nombre de nobles et de bourgeois attachés au calvinisme, soit pour des motifs d'intérêt, soit parce que des liens de parenté les unissaient aux Bernois et aux Genevois. Il y avait aussi quelques obstinés dans les rangs du peuple.

Le prince ne voulait pas sacrifier au bien public les intérêts matériels d'un très-petit nombre. Les nobles du pays, qui n'avaient pas voulu renoncer à leurs erreurs, auraient pu abuser de l'ascendant que leur donnaient leur fortune et leur position, et par là replonger la ville dans l'hérésie. Il ne forçait point leur conversion, mais il exigeait que du moins ils se laissassent instruire. Il les réunit à l'Hôtel-de-Ville le 6 octobre, et, en présence de François de Sales, il leur déclara qu'ils avaient à sortir de ses Etats s'ils ne consentaient pas à aller entendre les

---

[1] L'acte de baptême est signé par Petitjean, *convicaire*.

instructions catholiques. Trois des plus notables se retirèrent à Nyon. Le colonel Brotti (d'*Antioche*), le seigneur de Vallon, et l'ex-syndic Després. Les Genevois ont taxé de tyrannie cette mesure du duc de Savoie. Dans quelques années nous entendrons le saint Evêque de Genève, venger son prince des injures dont on souille encore aujourd'hui sa mémoire.

Bientôt les trois exilés viennent supplier l'Apôtre du Chablais de recevoir leur abjuration. En parcourant les lettres de notre Saint, on acquiert la conviction que ces trois gentilshommes furent à Thonon les amis les plus dévoués du saint Evêque, pendant les vingt ans de son épiscopat.

Le souverain, l'évêque et François de Sales passèrent encore quelques semaines à Thonon pour organiser l'exercice du culte, réunir en une seule paroisse quelques villages qui avaient eu leur curé avant l'hérésie. François s'occupa spécialement de la paroisse de Thonon. Il demanda et obtint de son évêque et de son prince la réunion à l'église paroissiale de Thonon, des trois anciennes paroisses voisines. L'on réunit à l'église Saint-Hippolyte l'église de Saint-Jean-Baptiste-de-Concise, l'église de

Saint-Etienne-de-Tully, l'église de Saint-Marcel-de-Marclaz [1]. Chose digne de remarque, François de Sales, en demandant l'annexion de ces trois paroisses à l'église, fixa à la commune et à la paroisse de Thonon des limites que les mouvements des âges et des révolutions ont toujours respectées. Les frontières de la paroisse de Thonon sont celles que saint François a déterminées.

François de Sales ordonna la tenue exacte des registres des actes de baptême, de mariage et de décès ; il fut obéi, les registres paroissiaux datent des dernières semaines qu'il passa à Thonon.

François va quitter les habitants de Thonon qu'il peut appeler ses tendres enfants ; il les a engendrés à la vie de la foi catholique. Ils lui seront d'autant plus chers, que cet enfantement spirituel a failli lui coûter la vie. Son indulgence a déjà trouvé quelque raison d'excuser leur trop longue indocilité. Chaque fois que ses souvenirs se replieront sur cette paroisse de Thonon, ses entrailles s'agiteront de la plus suave émotion. Entendons-le dire à sa mère, au mois de mai de l'année suivante : « Vive Dieu,

---

[1] Ces églises sont aujourd'hui des chapelles rurales de Thonon.

» ma bonne mère ; il est vrai que le souvenir de ce
» temps-là produit toujours en mon âme quelque
» douce et sainte pensée [1]. »

François de Sales quitte enfin Thonon, va chercher quelque repos auprès de sa tendre mère, et rassurer les justes et vives appréhensions de son père qui l'avait regardé comme une victime immolée à la rage des ministes de Calvin.

[2] XXXe Lettre.

(Année 1599.)

François partit pour Rome au mois de février 1599. Il était accompagné du chanoine de Chissé, neveu et vicaire-général de l'évêque de Granier. Le prévôt de la cathédrale était commis par son évêque pour visiter, en son nom, les seuils des saints Apôtres et présenter au Pape un état de son diocèse. Il était porteur d'une requête contenant dix articles : nous en extrayons le passage suivant, relatif à la mission de Thonon :

XXIX° LETTRE.

Très-saint Père,

Votre Sainteté aura été sans doute informée par le rapport du très-illustre cardinal de Médicis, son légat *à latere*, des fruits abondants des âmes, que nous ne faisons que de recueillir, il y a peu de jours dans la vigne de ce diocèse de Genève.

En effet, par un grand bonheur, la Providence divine a disposé tellement les choses que ce grand cardinal, qui retournait de France à Rome par la Savoie, et le sérénissime duc, se trouvèrent en même temps à Thonon, lorsqu'on y célébrait les prières des quarante-heures, et qu'une très-grande multitude de peuple avait résolu d'abjurer l'hérése et d'embrasser la foi catholique, une partie entre les mains de l'illustrissime légat, et une autre entre les miennes ; et le zèle et les soins du sérénissime duc n'ont pas peu contribué à l'avancement et à la réussite de cette affaire. Celui que nous envoyons aux pieds de Votre Sainteté, ayant été témoin oculaire de tout ce qui s'est passé, lui en rendra un fidèle compte, et s'exprimera beaucoup plus facilement que je ne puis le faire.

Le cardinal, chargé de présenter le prévôt à Sa Sainteté, fut heureusement Alexandre de Médicis, naguères témoin à Thonon des triomphes qu'il avait remportés sur l'hérésie la plus sataniquement obstinée. Le 14 mars était le jour fixé où François devait être introduit. En le présentant au Saint-Père, le Cardinal dit : *Voilà l'Apôtre du Chablais ; le duc de Savoie, son prince, l'a appelé le premier de ce nom.* Au reste, c'était en qualité d'Apôtre du Chablais que Clément VIII voulait recevoir de sa bouche le récit détaillé de la conversion de cette province.

François remit à Sa Sainteté la supplique de son évêque, touchant les besoins du diocèse. Le grand-vicaire de Chissé seul était porteur de la supplique sollicitant François pour coadjuteur à l'évêché de Genève. Il obtint une audience particulière, car il ne voulait point être accompagné du prévôt. Il fut admis auprès du Souverain Pontife le 19 mars. C'est sous la protection de saint Joseph, dont l'Eglise faisait la fête, que le successeur de saint Pierre devait appeler à l'épiscopat le serviteur le plus dévot du chaste Epoux de Marie. Voici la teneur partielle de cette supplique.

L'évêque expose d'abord à Sa Sainteté que depuis vingt ans il est chargé de la dignité épiscopale, qu'il passe l'âge de cinquante ans, et que, sujet à de nombreuses infirmités, il ne peut régir plus longtemps seul un diocèse qui comprend environ six cents paroisses ; puis il s'exprime ainsi : « C'est

» pourquoi, afin de porter cette charge avec plus de
» décence et de facilité, étant très-bien informé de
» la noblesse, doctrine, piété et probité du dévot
» orateur, et du très-humble serviteur de Votre Sain-
» teté, François de Sales, prévôt de l'église cathé-
» drale de Genève, il désirerait grandement que
» Votre Sainteté l'agréât pour son coadjuteur, avec
» la future succession, et par même moyen lui per-
» mit, par dispense, de retenir la même prévôté et
» le canonicat, dont les revenus n'excèdent pas
» quatre-vingt ducats ; plus l'église paroissiale du
» Petit-Bornand qu'il possède par dispense du Saint-
» Siége Apostolique, et dont le revenu monte à en-
» viron deux cents ducats [1] ; plus la quatrième par-
» tie de tous les fruits et revenus de l'évêché, dé-
» duction faite au préalable des charges, lui évêque
» consentant à l'assignation de la dite partie, la-
» quelle pourra monter à la somme de deux cents
» ducats annuellement.

» Cela est d'autant plus fesable, que le dit Fran-
» çois est souhaité et désiré non-seulement du

---

[1] Le ducat valait environ 2 francs 50 centimes de notre monnaie.

» même évêque, mais encore du sérénissime duc
» de Savoie *et de tous ces peuples qui ont été té-*
» *moins des belles actions qu'il a faites en prêchant*
» *continuellement au milieu des hérétiques et cal-*
» *vinistes, avec un grand danger de sa vie, pen-*
» *dant quatre années ; et comme le fruit de ses pré-*
» *dications a été la conversion d'un très-grand peu-*
« *ple*, et qu'on voit qu'il fait mieux de jour en jour,
» on a conçu de lui une très-bonne et très-douce es-
« time. Ce sera donc une chose agréable à Dieu et
» aux hommes, que le suppliant tiendra de la faveur
» singulière de Votre Sainteté ; laquelle il prie Dieu
» de conserver longtemps en bonne santé [1]. »

Le souverain connaissait le désir qu'avait l'évêque de Granier d'obtenir le prévôt pour coadjuteur. Aussi, pendant que l'apôtre de Thonon préparait son peuple aux grâces des quarante-heures, le duc de Savoie avait nommé François de Sales coadjuteur à l'évêché de Genève, par lettres-patentes du 29 août 1598.

XLIXe LETTRE (inédite).

A tous ceux qui ces présentes verront, savoir faisons : Qu'étant dûment informé du saint zèle que très-révérend

---

[1] Edition Migne, tome IV. pag. 14.

père en Dieu, notre cher bien-aimé, féal conseiller et
dévot orateur, messire Claude de Granier, évêque de
Genève, a de faire colloquer en son évêché par coadjutorerie, ou autrement, homme capable de telle charge,
conforme à notre intention, qui a toujours été qu'ès bénéfices dépendant de notre nommination les personnes
méritantes, soient préférées aux autres. A cette cause,
ayant remarqué la doctrine très-exemplaire, et autres
rares qualités qui reluisent en notre très-cher et bien-aimé
docteur messire François de Sales, prévôt de Saint-Pierre
de Genève, *eu d'ailleurs égard aux travaux que ci-devant
il a supportés, et à présent supporte*, à la conversion des
dévoyés de notre religion, rière notre duché du Chablais [1], de quoi nous savons aussi Sa Sainteté être informée ; avons par les présentes, en vertu des concessions et indults que nous avons du Saint-Siége apostolique, icelui nommé et présenté, nommons et présentons
au dit évêché de Genève, suppliant notre Saint-Père le
Pape et le sacré collège des cardinaux, qu'ils veuillent,
à notre nommination, pourvoir le dit messire François
de Sales du dit évêché, soit par coadjutorerie, ou autrement, lui octroyant les dépêches sur ce nécessaires, et
pour meilleure assurance de notre volonté avons signé
les présentes de notre main et y avons fait apposer notre
sceau accoutumé.

Donné au camp de Barreau, ce 29e d'août 1598.

	S : Charles Emmanuel,
et plus bas :	*V :* pour le Grand-Chancelier,
	Rochette.
et plus bas :	Roncas.

[1] Le Chablais fut érigé en duché par l'empereur Frédéric II
en 1238.

L'évêque de Genève et le prince régnant sont d'accord à demander l'épiscopat pour François de Sales, parce qu'il a été l'Apôtre du Chablais. Le souverain dit : *Eu égard aux travaux qu'il a supportés et qu'il supporte encore, rière notre duché du Chablais.* L'évêque est encore plus expressif ; il dit au Pape que *la chose est d'autant fesable, que François de Sales est souhaité, désiré pour évêque par tous ces peuples qui ont été témoins des belles actions qu'il a faites, au milieu des hérétiques, en un grand danger de sa vie.* C'était bien dire au Saint-Père que ce n'était pas seulement lui évêque qui le demandait pour successeur, mais bien le peuple de Thonon et du Chablais.

Il adressait sa supplique au Pape au mois de février, et il avait passé les mois de septembre et d'octobre à Thonon, époque où François de Sales, complétait la conversion de cette ville et du baillage qui l'environne. L'évêque ne disait pas au Saint-Père : *Il est souhaité et désiré par tous ces peuples*, sans avoir entendu plusieurs fois le peuple de Thonon lui insinuer de le faire nommer évêque conjointement avec lui. Nous ne craignons pas d'avancer que ce sont les prédications de François de Sales dans l'église et sur les places publiques de Thonon qui l'ont conduit à l'épiscopat. C'est son séjour de quatre ans à Thonon qui l'a placé pendant vingt ans sur le siége épiscopal à Annecy. Si le prévôt de Sales n'eût jamais quitté la cathédrale pour venir à Thonon en 1594, son zèle et sa réputation d'orateur distingué l'auraient probablement appelé dans les chaires les plus brillantes de France. Le roi Henri IV, qui fut peut-être le plus juste appréciateur de notre Saint, aurait certainement pourvu d'un évêché celui qu'il chercha plus tard à enlever à la Savoie, et qu'il nommait le *Phénix des évêques.* Disons donc hardiment : *François de Sales n'a été évêque à Annecy, que parce qu'il avait été missionnaire à Thonon.*

Dès le lendemain 20 mars, le Pape fit venir François pour lui témoigner la satisfaction que lui causait le choix que l'évêque de Genève avait fait de lui pour coadjuteur et successeur, et il ajouta : « Nous nous réjouissons, mon fils, et nous rendons » grâce à bonté divine de ce qu'elle vous appelle à » l'épiscopat : tenez-vous prêt à subir un examen » en notre présence, lundi prochain 22 mars. »

Au jour désigné par le Souverain Pontife, François se rend au palais pontifical, où une foule immense l'attendait à la salle de l'examen. Il va répondre devant l'auguste assemblée : le successeur de saint Pierre siégeait sur son trône ; autour de lui se trouvaient trois cardinaux, entre lesquels le cardinal-légat, qui avait entendu prêcher le prévôt à Thonon, le cardinal de Borghèse, plus tard Pape, sous le nom de Paul V, le cardinal Baronius, etc...

Les cardinaux Baronius et Borghèse, le père Bellarmin, jésuite, l'interrogèrent tour à tour sur les questions les plus ardues. Et, après une longue séance, l'on entendit le Saint-Père dire à l'assemblée : « Aucun de ceux que nous avons examinés » jusqu'à ce jour ne nous a donné une aussi complète » satisfaction. » Alors, descendant de son trône, il s'approcha de François qui était à genoux, et l'embrassant, lui dit à haute voix ces paroles de la sainte Ecriture : « *Buvez, mon fils, des eaux de votre citerne et de la source de votre puits; que l'abondance de vos eaux s'écoule au dehors, et qu'elle se répande dans les places publiques, afin que tout le monde puisse en boire et s'y désaltérer* [1].

Bientôt on n'entendit qu'éloges du nouvel évêque

---

[1] Proverbe, V, 15 et 16.

dans toute la ville éternelle. Les plus grands dignitaires tinrent à honneur d'avoir des relations avec lui.

Le 24 mars, le Pape expédia à Annecy un bref sous l'anneau du pêcheur, par lequel il accordait à l'évêque de Granier, François pour coadjuteur sous le titre d'évêque de Nicopolis, et avec future succession.

L'humilité de l'évêque élu a subi trop d'épreuves pour qu'elle tarde à exhaler ses plaintes, écoutons-les.

Il écrit à son cousin Louis de Sales, alors missionnaire au pays de Gex.

XXXIIe LETTRE.

Rome, 26 mars 1599.

Je vous confesse ingénument que Dieu n'a pas permis que nous ayons été confus dans l'examen, quoiqu'en ne regardant que moi-même je n'attendisse que cela. Je vous assure que M. le grand-vicaire (de Chissé) est sorti du consistoire plux joyeux que moi ; ce fidèle ami ne s'empressera que trop pour écrire en Savoie les signes de bonté paternelle dont le Pape m'a honoré, qui m'obligent d'être plus que jamais bon enfant et bon serviteur de la sainte Eglise Romaine.

Sur le tombeau des apôtres saint Pierre et saint

Paul, l'Apôtre de Thonon peut-il oublier ses enfants adoptifs ? Avant de quitter la Savoie, il avait soumis à son évêque deux projets concernant l'intérêt des âmes de cette ville et des environs.

Il avait conçu le dessein de demander au Saint-Siége la liberté de transférer à Thonon le siége épiscopal du diocèse et le personnel de la cathédrale de Saint-Pierre. Il était convaincu que la présence de l'évêque à Thonon et du clergé de sa cathédrale, serait une citadelle contre laquelle viendraient s'émousser tous les nouveaux traits lancés par l'hérésie qui chercherait à rentrer dans ses anciennes possessions. Si ce projet devenait irréalisable, il désirait en soumettre un autre à la cour romaine. Nous verrons plus bas quel en était l'objet.

Plus la ville de Thonon lui fit d'abord essuyer de contradictions, plus elle lui coûta de fatigues et de souffrances, plus elle avait acquis de droits à ses affections et à son dévouement. François de Sales a fait de Thonon sa patrie adoptive. Le prévôt de la cathédrale, le futur évêque du diocèse veut venir passer le reste de ses jours dans cette ville.

Il a parlé au Saint Père au nom de son évêque, il a mis sous ses yeux toutes les requêtes dont il l'avait chargé. Mais en voici une dernière que François avait dressée à Annecy avant son départ. Il va lui-même en donner lecture au Saint-Père. En sa qualité de prévôt de la cathédrale et au nom de tout le chapitre de Saint Pierre, il lui dit :

Requête pour les chanoines de l'église cathédrale de Genève présentée par saint François de Sales, au nom de tout le Chapitre [1].

Très-saint Père, les suppliants qui sont tout dévoués à Votre Sainteté, savoir le prévôt, le chapitre et les chanoines de l'église cathédrale de Saint-Pierre de Genève, représentent très-humblement que, depuis soixante ans et plus, étant chassés de la ville de Genève, et retirés avec l'évêque en celle d'Annecy du même diocèse, *où a été jusqu'à cette heure le siége épiscopal* [2], et où ils ont fait leur résidence, et ont célébré les offices. Il est arrivé que depuis quelques mois, par la vertu du Saint-Esprit, et par le moyen des continuelles prédications qui ont été faites dans les baillages du Chablais et de Ternier des Etats de Savoie, autrefois hérétiques, presque tous les habitants de ces contrées se sont convertis à la foi catholique, et principalement la plupart de ceux de la ville de Thonon, capitale de ces baillages, avec soixante-quatre paroisses ; à raison de quoi, pour maintenir ceux qui sont nouvellement convertis dans leur bon propos, et engager

---

[1] Migne, tome IV, pag. 10.
[2] Nous rappellerons plus tard l'aveu que fait ici François de Sales.

les autres à en faire de même, tant le révérendissime évêque que les susdits prévôt et chanoines ont délibéré d'*aller habiter dans la dite ville de Thonon*, et d'y travailler de telle sorte à la vigne du Seigneur, qu'en peu de temps on voie des fleurs et des fruits dans ces nouveaux convertis et dans ceux qui ne le sont pas. Mais parce qu'ils n'ont pas le moyen de se soutenir et de vivre décemment, pour n'avoir pas soixante ducats par an de chaque canonicat, et qu'en la dite ville de Thonon, il y avait anciennement une église, et un couvent de l'ordre des Ermites de saint Augustin qui avait cent écus de rente, et qui fut supprimé et uni à l'ordre militaire de Saint-Maurice et de Saint-Lazare par le pape Grégoire XII, d'heureuse mémoire, sous prétexte que ces peuples étaient bien éloignés de se convertir à l'Église Romaine, et parce que le couvent est ruiné de telle sorte que les frères ermites n'auront jamais de quoi le faire rebâtir.

Pour toutes ces raisons, les chanoines, prévôt et chapitre de Saint-Pierre de Genève, supplient très-humblement Votre Sainteté, qu'en détruisant et annulant cette union, elle daigne la transporter à la mense capitulaire, et lui appliquer les fruits de ce couvent, imposant un perpétuel silence sur cela aux chevaliers, attendu que le sérénissime duc de Savoie y consent, et que les chanoines sont pour la plupart docteurs et bons prédicateurs. Par ce moyen ils pourront *se transporter à Thonon, et rétablir l'église pour résider en cette ville et y faire le fruit que l'on doit attendre de l'effet de la parole divine*, etc........

FRANÇOIS DE SALES,

prévôt de l'église cathédrale de Genève.

Le Souverain Pontife promit à François de réfléchir sur l'objet de sa requête, d'en traiter avec son conseil, et de lui faire donner une réponse par son nonce à Turin. Avant de quitter le Vatican, l'évêque élu parut comprendre que sa demande ne souriait guères au Sacré-Collége. Néanmoins, il confia sa cause à un cardinal, à qui il délégua tous ses pouvoirs pour plaider ses intérêts auprès du Saint-Siége.

Quelque temps après son retour en Savoie, François rendait compte de son voyage à Rome à Mgr l'archevêque de Bourges, et lui disait :

XLIXe LETTRE (inédite).

Quant au remuement de notre cathédrale, il est encore en suspens parce que notre cardinal commissaire ne sut pas dire si Thonon était plus près de Genève qu'Annecy [1]. Néanmoins ni S. S., ni les cardinaux ne le goûtent trop, estimant que ceux d'Annecy désirent notre séjour en leur ville, et qu'ils nous tiennent à tel prix que toutes villes font semblables pièces comme est la personne de l'évêque et de son chapitre, et disent qu'on peut suppléer le fruit de cette mutation autrement. Mais je crois, en un mot, que tout ce qu'il ne nous a pas accordé sera renvoyé à Monseigneur le nonce.

---

[1] La différence est de 9 kilomètres. Thonon est à 34 kilom. de Genève, et Annecy à 43 kilom.

Jamais je ne fus en lieux où la paix fût si grande qu'elle est en cette Cour. S. S. ne ferait pas une grâce pour petite qu'elle ne soit pesée et repesée par le conseil de Messeigneurs les cardinaux.

Pendant son séjour à Rome, François s'occupa du moyen de suppléer à cette mutation de siége épiscopal qu'il n'osait pas espérer avec trop de confiance. Il se lia principalement d'amitié avec l'illustre Baronius. D'après le conseil du pape, il s'entretenait avec lui des intérêts du diocèse de Genève. Le prévôt lui ouvrit le dessein qu'il avait d'établir à Thonon une imprimerie, sous l'autorité du Saint-Siège, pour paralyser l'effet des mauvais livres distribués par les ministres de la population catholique. C'est à Baronius, comme au cardinal Borghèse, plus tard le pape Paul V, que François confia le projet d'ériger à Thonon une congrégation de prêtres qui formeraient une espèce d'université, où l'on enseignerait la grammaire, la Sainte-Écriture, la science sacrée, les belles-lettres, les arts et les métiers. C'est la *Sainte-Maison* instituée quelques mois plus tard par Clément VIII. Il étudia soigneusement à Rome l'institut des prêtres de *l'oratoire romain* fondé par saint Philippe de Néri. Enfin n'ayant plus d'argent pour payer l'expédition de ses bulles d'évêque, il chargea un savoyard d'y pourvoir, quitta la Ville sainte, et arriva à Annecy, vers la fin du mois d'avril 1599.

Au mois de septembre, l'Apôtre de Thonon va voir s'accomplir, sous ses yeux, les vœux que nous lui avons entendu exprimer plusieurs fois au pape et au souverain : les pères jésuites, viennent s'établir à Thonon.

Le nonce apostolique écrit au nouvel évêque pour lui exprimer son étonnement de n'avoir plus reçu de ses nouvelles depuis son passage en Piémont à son retour de Rome : il désire avoir des renseignements sur le progrès des affaires de Thonon; puis il traite de l'arrivée des pères jésuites.

LXIIe LETTRE (inédite).

Mondovi 1er settembre 1599.

Très-révérent Seigneur.

. . . .

N. S. Père le Pape, pour commencer à venir en aide à l'œuvre de Thonon, a résolu d'y entretenir six jésuites à ses frais, et m'a ordonné de leur remettre, aussitôt après leur arrivée, trente-six écus d'or par mois, à raison de six écus d'or pour chacun, à prendre sur les revenus du Piémont [1].

[1] La Communauté, composée de six membres, recevrait

Le père général en conformité de la volonté de N. S. P. le Pape a donné ordre au père provincial de Lyon, d'envoyer ces religieux le plus tôt possible à Thonon. V. S. pourra en écrire aussitôt au dit père provincial, pour faire hâter leur arrivée. Aussitôt qu'ils seront venus, V. S. pourra m'en donner avis. Elle m'indiquera ce que j'aurai à faire pour la remise des susdits écus d'or.

Tandis que François de Sales écrivait de Thonon au duc de Savoie et au nonce du pape : *Il ne saurait rien y avoir de plus utile qu'un collège de jésuite à Thonon*, son illustre ami, le président insérait dans son code Fabrien ces paroles : « Notre âge n'a » jamais rien produit et ne produira rien de plus éru- » dit, de plus religieux, de plus utile à la république » chrétienne, que cette compagnie [1]. »

Vers la fin du mois de septembre, une communauté de jésuites ouvrait un collège à Thonon. L'on n'enseigna d'abord que la grammaire. Selon les vœux du Saint-Siége et de saint François de Sales, les enfants de Saint-Ignace devaient prêcher à la ville et à la campagne.

---

donc 432 écus d'or par année. L'écu d'or valait 3 francs 68 centimes de notre monnaie. La somme donnée par le Pape aux jésuites à Thonon s'élevait à 1589 francs.

[1] Livre IX, titre XII, cité par l'auteur de l'*Histoire du Sénat de la Savoie*, 1864.

Le père Monet de Bonneville, fut l'un des plus ardents organisateurs de cette communauté naissante. Dès que l'évêque coadjuteur eut appris l'arrivée de ces religieux à Thonon, il y vint en toute hâte pour les aider de ses conseils, et pourvoir à leur vie matérielle.

Il écrivit aussitôt au duc de Savoie ;

LETTRE LXIIIe (inédite).

A Thonon, 26 septembre 1599.

. . . . . , ... Je crois que Sa Sainteté n'aura que très-bonne satisfaction du rapport qu'elle aura de l'état de ces affaires : mêmement après ce bon commencement pour le collège des jésuites, la pierre fondamentale de tout ce saint edifice.

Les paroles qui suivent, révèlent assez que le pape Clément VIII et François de Sales, méditaient sérieusement l'érection de la *Maison-de-Refuge* pour les nouveaux convertis.

Il dit encore au souverain :

Seulement serait-il expédient de faire paraître quelque peu d'acheminement pour l'*héberge*, puisque, comme je l'ai aperçu, Sa Sainteté l'affectionne bien autre.

Erection de la Sainte-Maison

Saint François, ayant observé que les peuples du Chablais étaient obligés d'avoir recours à Genève et Lausanne, soit pour le commerce des choses indispensables à la vie, soit pour faire apprendre des métiers à leurs enfants, et même pour en faire élever quelques-uns dans l'étude des sciences sacrées et profanes, avait formé le projet d'établir une université où l'on enseignerait toutes les sciences, où se trouverait un corps de prédicateurs qui se répandraient dans tout le diocèse. Cet établissement surtout devait renfermer une maison de *refuge* où l'on procurerait du travail aux gens de tout sexe et de toute profession, afin de détruire les rapports des catholiques avec les hérétiques. Tel est le projet de *la Sainte-Maison* de Thonon. Elle formait naturellement quatre sections.

La première se composait de sept prêtres séculiers, vivant sous l'autorité d'un huitième, qui porterait le nom de préfet. Ces prêtres étaient chargés de toutes les fonctions pastorales dans la paroisse de Thonon.

La deuxième section comprenait les prédicateurs chargés d'annoncer la parole de Dieu dans toutes les paroisses environnantes.

La troisième embrassait les maîtres destinés à l'instruction publique et à la direction du collége.

La quatrième section devait se composer des convertis, de ceux qui désiraient abjurer l'erreur, et l'on devait leur apprendre les arts et les métiers, leur fournir du travail dans la Maison du Refuge que saint François appelait l'*Héberge*.

Notre Saint voulut que les huit prêtres de la Sainte-Maison vécussent en communauté, et suivissent les statuts de saint Philippe de Néri, dont il avait admiré à Rome la congrégation naissante.

Pour la première fois seulement, François tenait à ce que les huit prêtres fussent nommés par le Saint-Siége. Il envoya un catalogue au pape Clément VIII, où il avait inscrit les prêtres qu'il désirait faire agréer.

Les fonctions du préfet devaient s'étendre principalement à la direction des diverses sections de l'établissement. Un vice-préfet, portant le nom de *Plébain* devenait le curé de la ville de Thonon, et les six autres prêtres administraient les sacrements et prêchaient sous ses ordres. François propose au Saint-Siége, pour préfet, le prêtre Grandis, chanoine de la cathédrale.

Comme tout était à créer et à organiser à Thonon,

il fallait à la tête de la paroisse un curé qui déjà eût donné des preuves de son zèle et de son habileté. François porta ses vues sur son cher Balthazard Maniglier, jusqu'à ce jour curé titulaire d'Annemasse, mais depuis deux ans collaborateur de l'Apôtre de Thonon. Le Saint-Père nomma Balthazard Maniglier plébain et vice-préfet ; mais il rejeta le chanoine Grandis pour placer saint François lui-même à la tête de cette congrégation.

Voici un extrait de la bulle de Clément VIII. Nous donnons le texte français selon la traduction de M. Migne.

CLÉMENT, évêque, serviteur des serviteurs de Dieu.

. . . .
Nous donc voulant pourvoir au salut des personnes qui reconnaissent le véritable chemin du salut, à l'exaltation de la foi catholique, à l'extirpation des hérésies et autres avantages rapportés ci-dessus ; de notre propre mouvement sans y être déterminé par les prières de qui que ce soit, mais de notre certaine science, et de notre pure délibération et de la plénitude de la puissance apostolique nous établissons dans la ville de Thonon et dans le lieu déjà accordé pour cet objet par le duc Charles Emmanuel, et par notre vénérable frère Claude, évêque de Genève, une maison de toutes les sciences et arts qu'on appellera l'*Hospice*, sous l'invocation de Notre-Dame-de-Compassion ou des Sept-Douleurs, pour un préfet et sept prêtres sé-

culiers qui observeront la vie et la règle des prêtres de l'oratoire de Rome, et qui auront la charge de régir et de gouverner cette maison et ses habitants, d'en administrer les biens, d'y recevoir et instruire les nouveaux convertis de quelque naissance, état, ordre et condition qu'ils soient, de les faire instruire de la doctrine chrétienne, des sciences et autres arts et métiers, et enfin de toutes les vertus qui tendent à l'honneur de Dieu et de sa sainte Mère, par des professeurs, des maîtres et d'autres hommes habiles. Nous voulons que tous ceux qui habiteront cette maison y vivent selon ses statuts, et que toutes les sciences et arts y soient enseignés comme dans une université publique.

Nous accordons à cette maison tous les priviléges, immunités, indults, indulgences, concessions et grâces qui ont été accordés aux autres universités publiques, et principalement à celles de Bologne et de Pérouse, et autres d'Italie, pour en jouir ainsi qu'en jouissent, à quelque titre que ce soit, leurs écoliers, élèves, maîtres, professeurs et autres.

En outre, pour cette première fois, nous choisissons et établissons par autorité supérieure, et en vertu des présentes, notre cher fils François de Sales, prévôt de l'église de Genève, pour préfet de cette maison.

Le Saint-Père accorda ensuite une indulgence plénière, aux conditions canoniques, à tous ceux qui visiteront l'église de Notre-Dame-de-Compassion, qui sera l'église de la Sainte-Maison...

Donné à Rome, à Saint Marc, l'an de l'Incarnation 1599,

les ides de septembre, la huitième année de notre Pontificat [1].

Après la réception de cette bulle, François se hâta de dresser des constitutions pour servir de règle de conduite aux prêtres de la Sainte-Maison : elles furent approuvées à Rome, à la fin de l'année 1599.

Ces constitutions, qu'on lit aujourd'hui dans la Vie du Saint par son neveu, dirigèrent les prêtres de la Sainte-Maison jusqu'à la suppression de cette congrégation, en 1793. Mgr Biord, par son règlement du 12 février 1574, y fit les modifications nécessitées par le besoin des temps.

François de Sales proposa au Saint-Siége, pour protecteur de cet établissement, Mgr de Gribaldi, ex-archevêque de Vienne, retiré à Evian, à deux lieues de Thonon. Celui-ci s'empressa d'envoyer à Rome les détails de l'érection de la Sainte-Maison ; ce qu'atteste la lettre du nonce à saint François.

LXIVe LETTRE (inédite).

Mondovi, li 2 novembre 1599.

Sa Sainteté a été agréablement satisfaite de la relation

---

[1] Le texte latin se trouve dans le *Bullaire* de la Sainte-Maison.

de Mgr l'archevêque de Vienne sur la maison de Thonon. A présent j'ai l'espoir qu'on expédiera les bulles pour la réunion de trois prieurés à cette maison.

L'espoir du nonce apostolique fut réalisé : le Saint-Siége unit plusieurs prieurés à la Sainte-Maison, le duc de Savoie donna dix mille écus pour venir en aide à cette congrégation naissante. Un jeune homme de Thonon, nouvellement converti, le seigneur de Raconis, fit don de huit mille écus, pour être employés à l'acquisition des vases sacrés et ornements sacerdotaux.

François revint encore à Thonon au mois de décembre pour inaugurer le culte de l'immaculée-Conception dans l'église de cette ville, comme il en fit part au nonce apostolique en ces termes : « Mais à » l'égard de tout le bien dont il est question, je vous » écris que nous avons déjà célébré solennellement » la fête de la Conception, avec l'octave. »

(Année 1600.)

Le 28 avril, l'an 1600, le duc de Savoie lui écrivit :

LXVIIᵉ LETTRE (inédite).

Nous avons vu par votre lettre du 7 du présent, la dévotion que ce peuple a montrée en ce qui est de sa nouvelle conversion. . . . . Comme aussi l'espérance que vous avez que le reste en fera de même.

Le souverain lui dit aussi qu'il a ordonné au président du souverain-sénat, Charles Rochette, de se rendre à Thonon pour pourvoir en son nom à tous les intérêts de la Sainte-Maison.

Mais l'invasion des troupes du roi très-chrétien ne laissèrent pas à notre compatriote de Rochette le loisir d'obéir à tous les mouvements généreux de son âme envers saint François.

Au mois de septembre, Henri IV occupe la Savoie. Les Bernois et les Genevois s'en réjouissent, espérant qu'il leur prêterait appui pour rentrer en Chablais et l'infecter de nouveau de leurs doctrines. Ils offrirent même des troupes au roi de France à cette intention.

François implora la protection du cardinal de Joyeuse, un prélat des plus distingué du royaume; il le supplie de s'employer auprès du roi Henri IV pour paralyser les efforts des Bernois, ce qu'établit la lettre suivante :

XXXVIIIe LETTRE.

Monseigneur,

Il y a environ soixante cinq ans que les Bernois se saisirent de ces mêmes baillages et de celui de Gex, et ne les eurent pas plutôt qu'à *vive force* ils y plantèrent l'hérésie de laquelle ces pauvres gens demeurèrent empestés, jusqu'à ce qu'après, par la grâce de Dieu, y avoir prêché la foi catholique trois années, les peuples pour la plupart (qui reviennent à quatorze ou quinze mille âmes) ont été ramenés au giron de l'Église......... Sa Sainteté y avait envoyé et entretenu à ses propres dépens une mission de religieux jésuites pour avancer toujours plus ce saint œuvre qu'elle jugeait si digne d'être favorisé, qu'elle avait même dressé une congrégation à Rome pour cet effet, de laquelle Mgr le cardinal Aldobrandino, son neveu, était le chef, et avait fait protecteur particulier de l'œuvre Mgr le cardinal Baronio avec dessein de dresser une université ; si, qu'il semblait que Dieu voulait particulièrement éclairer de son œil de miséricorde cette province, après tant de ténèbres, lesquelles l'avaient obscurcie si long-temps. Or, monseigneur, puisque la Providence de Dieu (sans laquelle rien ne se fait ici bas) ouvre aux armes du roi le passage et le chemin de ces baillages, il me semble que je vous dois supplier très-justement par les entrailles de Jésus-Christ, comme je fais de prendre en singulière protection auprès de Sa Majesté, la conservation de ces nouvelles plantes, lesquelles sont d'autant plus chères à l'Eglise leur mère, à ceux qui les ont plantées, et à Sa Sainteté qui les a arrosées de tant de bienfaits, qu'elles sont encore tendres et exposées à beaucoup de vents. Entre les plus âpres et dangereux pour elle et pour tous les bons, qui leur peuvent arriver, serait celui dont il court déjà certain bruit.......

Le vent le plus âpre aurait été, au dire de François, l'appui donné par Henri IV à l'ambition des Bernois. Il devait arriver à Annecy le 5 octobre. L'évêque de Genève envoya son coadjuteur François auprès du puissant monarque pour le supplier de ne pas permettre que les ministres prêchassent de nouveau en

Chablais. Henri-le-Grand répondit à François:
« Pour l'amour de Dieu et de notre Saint-Père le
» Pape, et à votre considération, qui avez si bien fait
» votre charge et devoir, rien ne sera innové en la
» province du Chablais, contre ce qui a été fait pour
» la foi; je vous le promets au péril de mon sang. »

Plusieurs historiens, pour n'avoir pas tenu compte de cette lettre, ont avancé que saint François avait converti soixante-douze mille hérétiques au Chablais. C'est le chiffre que nous donne la bulle de canonisation du Saint; mais il s'agit de tous les hérétiques qu'il a convertis en France pendant son épiscopat. Le Chablais tout entier ne contenait pas soixante-douze mille âmes. L'Apôtre vient de nous parler de quatorze à quinze mille convertis dans le baillage de Thonon, en 1600. Dans deux ans il dira au Saint-Père que le nombre des hérétiques convertis par l'évêque de Granier ou par ses prêtres s'élève à vingt-cinq mille.

Le traité de Lyon du 7 janvier rendit la Savoie au duc Charles-Emmanuel, mais détacha pour jamais de la couronne de ses ancêtres l'une de ses plus anciennes possessions. La Bresse, le Valromey, le Bugey et le pays de Gex furent annexés au royaume très-chrétien.

Le pays de Gex n'était pas encore rentré dans le sein de l'Eglise catholique ; aussi l'évêque de Granier renvoya son coadjuteur à la cour du roi de France pour traiter du rétablissement du culte dans cette contrée. Ecoutons notre évêque élu, annonçant son prochain voyage.

(Année 1601.)

LXIX⁰ LETTRE (inédite.) — Au Nonce du Pape
à Turin.

Annecy, 21 décembre 1601

. . . . , ...
Actuellement je rends compte à V. S. I. des progrès obtenus dans ce diocèse, en vous disant qu'ils sont très heureux, non-seulement à Thonon et à Ternier, ce qui est actuellement chose ancienne, mais encore récemment, dans les baillages de Gex et de Gaillard, ils s'étendent jusqu'aux portes de Genève. Dans le second de ces baillages, Mgr l'évêque a réconcilié, la semaine passée, huit églises à l'usage de beaucoup d'âmes ramenées à la foi depuis la Pentecôte, comme j'en ai donné avis à V. S. I. Dans le premier baillage, qui est sujet du roi de France, on a créé trois paroisses [1]. . . . .
J'espère que je partirai le jour de la troisième fête de

[1] Il dit que l'exercice catholique n'est encore rétabli que dans trois paroisses, et que le baillage en renferme vingt-six.

Noël pour Paris, à l'effet de ce service [1], me proposant toutefois de revenir bientôt pour le saint Jubilé de Thonon, et surtout s'il est vrai, comme on le dit, que nous jouirons alors du bienfait de la présence de V. S. I,, qui sera si utile et si avantageuse.

Avant de se rendre à Paris, François fera un dernier effort pour la prospérité de la Sainte-Maison de Thonon. Il continue sa lettre au nonce pour lui dire :

A l'égard de la maison de Thonon, pour répondre aux questions touchées par V. S. I., j'espère que, par le moyen de cette maison, la sainte Vierge, à laquelle elle est dédiée, foulera et écrasera la tête empoisonnée du serpent qui s'est relevé à Genève et à Lausanne et qu'elle rétablira la religion dans le pays des Valaisains, si corrompu et si désolé en ce qui concerne l'Eglise ; elle dissipera les ténèbres des Bernois et des autres Suisses ; enfin, il est incroyable le bien qu'un tel dessein peut faire à toutes ces provinces. *Erit mons excelsus cervis : petra refugium herinaceis. Erit in locum munitum et in domum refugii ut innumeri salvi fiant* [2].

Aujourd'hui elle a l'air et la forme d'une maison sortant des mains des soldats et des hérétiques, c'est-à-dire désolée, *et in pomorum custodiam* (et d'une cabane faite pour la garde des fruits). La pauvreté de ce pays et les

---

[1] Pour le rétablissement du culte.

[2] Là sont les nids des oiseaux : là les sapins offrent un asile aux hérons : les sommets des montagnes sont la route des chamois : les trous tortueux des rochers, le refuge des animaux timides. *Ps.* CIII, 18. Elle sera la forte citadelle, la maison de refuge où un grand nombre trouveront le salut. *Ps.* LXX, 3; XXX, 3.

courses des Genevois et des Bernois, s'ils le veulent, peuvent traverser un si beau dessein. Le remède pourrait être que le Saint-Siége prît en singulière protection cet établissement de Thonon, et qu'il engageât les princes catholiques à concourir dans cette vue : ensuite que le seigneur duc fit ceindre cette terre de murailles, ce qui peut se faire, en peu de temps, comme disent les hommes d'expérience ; puis que l'on répandît de larges charités et d'abondantes libéralités ; qu'on lui appliquât avec générosité les revenus de beaucoup d'abbayes et de bénéfices inutiles, *servatis servandis* (en observant ce qui est à observer), et surtout qu'on y mît la main sur-le-champ et franchement. Les bonnes intentions seules aident peu. Si on ne peut pas faire tout à la fois, qu'on fasse peu à peu, en commençant par les parties les plus nécessaires; collége, séminaire, et ainsi de suite.

De votre Seigneurie illustrissime,
le très-dévoué serviteur,

François de Sales,
prévôt de Genève.

Nous voyons que le coadjuteur-évêque n'a rien changé à son ancienne signature. Il ne changera rien non plus dans son costume. Ses amis lui conseillèrent de recevoir la consécration épiscopale avant son départ, afin qu'il pût porter les insignes de sa nouvelle dignité, qui, en rehaussant le caractère de son ambassade, en faciliteraient le succès.

Mais il n'avait point encore ses bulles, qui ne furent

signées à Rome que le 15 juillet suivant, et il préférait au reste à se présenter comme simple prêtre à la cour de France. « Tant que Dieu nous laissera
» monseigneur notre évêque, leur répondit-il hum-
» blement, je ne changerai ni mon rang dans l'église,
» ni la couleur de mes habits [1].

François partit le 3 janvier pour Paris, et, selon ses vœux et ses expressions, pendant son absence, le prince mit *franchement la main à l'œuvre* de la Sainte-Maison de Thonon.

Par lettres patentes du 31 juillet, le duc de Savoie confirma les donations déjà faites à la Sainte-Maison, et en ajouta de nouvelles [2]. Il mit la congrégation des huit prêtres en possession d'une maison qu'il avait fait construire pour leur logement, derrière le chœur de l'église paroissiale, à la place occupée aujourd'hui par l'Orphelinat que dirigent les sœurs de Saint-Vincent-de-Paul. Cette habitation fut la maison presbytérale jusqu'à l'an 1676, époque à laquelle fut bâti le vaste presbytère habité aujourd'hui par le clergé qui dessert la paroisse. Il fit cons-

---

[1] Année de la Visitation, 3 janvier.

[2] Ces lettres patentes sont conservées dans les archives de l'église de Thonon.

truire une maison à l'usage des pères jésuites, leur abandonna l'église des Augustins, fondée par son aïeul, Amédée VIII : elle prit dès lors le titre d'église Saint-Maurice.

L'ancien château, bâti par ses ancêtres en la ville de Thonon, avait été démoli et ruiné par les Genevois et les Bernois, quelques mois avant l'arrivée de saint François de Sales aux Alinges; il restait néanmoins quelques appartements qu'il fit réparer pour loger les pères capucins. Le duc les nomma pour prêcher en Chablais [1]. Ils formaient la deuxième section de la Sainte-Maison, et les pères jésuites la troisième.

Déjà par sa bulle d'érection, le Pape avait uni à la Sainte-Maison les prieurés de Saint-Jeoire, près de Chambéry, et de Contamine, près de Bonneville. Le 1er décembre 1600, à la demande de François de Sales, il annexa encore à cet établissement le prieuré de Bonneguette, près de Rumilly.

Au mois de juin 1601, le Pape, par une bulle que

---

[1] Par lettres patentes du 20 juin 1601, publiées dans tout le Chablais. Le cardinal de Sainte-Sévérine, an nom du Pape, ordonna au père Maurice, capucin, de se rendre à Thonon pour les prédications. Lettre du 17 mars 1601.

nous n'avons pu retrouver, institua, selon les vœux de saint François, la confrérie de Notre-Dame-de-Compassion, à Thonon. Elle avait pour but d'engager les membres à se porter mutuellement à l'extirpation de l'hérésie. Dans le sommaire des priviléges accordés à cette confrérie, donné à Rome, le 20 août 1601, on lit ce qui suit : « Toute espèce de personnes seront
» propres à cette compagnie, pourvu qu'elles veulent
» travailler à favoriser l'œuvre de la sainte foi et la
» destruction de l'hérésie, ce que cette confrérie se
» dispose de faire par des prières, des applications
» de la sainte messe, des pèlerinages, des jeûnes...
» On peut accepter pour membre de cette confrérie
» quiconque voudra se conformer aux règles et cons-
» titutions apostoliques qui seront faites, etc. » Plus tard le pape, Paul V, spécifia les indulgences dont elle est enrichie. Les deux premiers membres associés à la confrérie de Notre-Dame-de-Compassion de Thonon, furent le prince Charles-Emmanuel et saint François de Sales. Nous citerons plus bas leur aggrégation par aete authentique du 3 juillet 1601.

Nous avons déjà entendu François de Sales, il y

a quelques mois, dire au nonce apostolique : « *Me proposant de revenir bientôt pour le saint* » *jubilé de Thonon.* » Mais il n'eut pas le loisir de réaliser son projet ; le jubilé va s'ouvrir, et les affaires du diocèse le retiendront encore quelques mois à Paris.

(Année 1602.)

A cette époque, ce n'était point l'usage encore que le jubilé séculaire, célébré à Rome, fut accordé à toute la chrétienté : certaines villes obtenaient de temps en temps ce privilége. Le père Chérubin se trouvant à Rome en 1600 l'avait demandé et obtenu pour Thonon. Le pape accorda à cette ville un jubilé de deux mois.

Le duc de Savoie fit présent pour cette solennité de douze beaux calices à l'église paroissiale de Thonon, ainsi que de plusieurs riches ornements ;

donna plus de deux mille écus d'or pour le luminaire et les autres dépenses. Il fit publier à Turin le jubilé de Thonon, le 4 mai, au milieu de la foule que l'exposition du Saint-Suaire avait attirée à la capitale des Etats. L'évêque de Granier s'empressa de l'annoncer à son diocèse par un mandement.

A la prière de l'évêque de ce diocèse, le jubilé de Thonon fut publié par un grand nombre d'évêques des nations de l'Europe, tel qu'en France, en Italie, en Espagne et dans la Suisse catholique.

L'évêque fit son entrée à Thonon le 24 mai, veille de la pentecôte : il portait au cou un chapelet qu'il donna le lendemain à un écolier d'Evian, étudiant au collége des jésuites de Thonon. Ce don fut un témoignage de satisfaction pour un discours latin que lui adressa ce jeune élève.

Le 25 mai, jour de la pentecôte, se fit solennellement l'ouverture du jubilé de Thonon. L'évêque se rendit avec M. Bavoz, président du Sénat devant l'église Saint-Hippolyte. Ce dernier fit lire la commission qu'il avait du souverain, de mettre la Sainte-Maison en possession de l'ancien prieuré de Saint-Benoît, dont l'église était sous le vocable de Saint-Hippolyte. L'évêque annonça que l'église

Saint-Hippolyte devenait l'église de Notre-Dame-de-Compassion. Le père Chérubin donna lecture de la bulle par laquelle le Pape accordait l'indulgence du jubilé à tous ceux qui visiteraient l'église Notre-Dame-des-Sept-Douleurs, à Thonon. Il voulut conserver à Thonon les cérémonies qui se pratiquent à Rome en pareil cas. Revêtu de tous les ornements pontificaux il alla ouvrir la porte de l'église avec un petit marteau. Selon qu'il était convenu entre lui et l'Apôtre de Thonon, il consacra le grand autel sous le vocable de Notre-Dame-de-Compassion, à cause de la dévotion très-antique des peuples des bords du lac Léman, à la Mère de douleur. Il bénit un riche tableau représentant la Mère de douleur, au cœur percé de sept glaives. Il consacre encore quatre autels. L'un fut dédié à saint Hippolyte, jusqu'alors patron de l'église, l'autre à saint Benoît, parce que depuis le milieu du 12e siècle, la paroisse de Thonon avait été desservie par trois religieux de l'ordre de Saint-Benoît que les calvinistes vinrent expulser en 1536 : il consacra le troisième autel sous le vocable de son patron saint Claude en qui les peuples avaient une singulière dévotion. Il ne se passait pas de semaines que les habitants de Thonon ne se rendissent quelques-uns auprès des reliques de saint Claude en la ville de ce nom. Enfin il consacra le qnatrième autel sous le vocable de saint François-d'Assise, le patron de saint François de Sales et des pères capucins, qui tous avaient été de dignes collaborateurs de l'Apôtre du Chablais. Ces cérémonies s'accomplissaient sous les yeux du noble d'Albigny, gouverneur de la Savoie, de plusieurs députés du sénat, de la chambre des comptes et d'une affluence de peuple de plus de vingt mille âmes ; au bruit des concerts de musique, des trompettes, des carillons, des décharges de mousqueterie auxquelles se joignait le retentissement de l'artillerie du château des Allinges. Ces bruyantes détonations annoncèrent à Genève et au pays de Vaud les saintes jubilations des papistes.

François de Sales et Claude de Granier ont eu des rapports si intimes dans la conversion du Chablais, que l'on ne peut pas séparer ces deux grands noms. Le premier, le seul de leurs successeurs qui ait réuni les deux mêmes noms, après la canonisation de saint François, fut Mgr Claude-François-de-Thiollaz, évêque d'Annecy en 1823. Aussi s'empressa-t-il d'élever dans sa ville épiscopale une église pour y placer les reliques de son glorieux patron. Il le devait aux deux noms qu'il portait. Claude de Granier et François de Sales, aidés de leur souverain, restaurèrent une église à Thonon qui fut consacrée à la Mère de douleur. Cette église, malgré un léger agrandissement, est complètement insuffisante aujourd'hui ; elle ne peut contenir qu'un cinquième de la population [1]. Qui donc déterminera la construction d'une nouvelle église à l'honneur de Marie-des-Douleurs ? Ce ne sera plus l'évêque Claude de Granier, secondé par François de Sales et par le duc de Savoie ; mais bien Mgr Claude-Marie notre évêque, aidé par saint François de Sales et par son souverain. Mgr Claude-Marie viendra un jour la consacrer aussi solennellement que le fit l'évêque Claude de Granier ; il doit un peu ce concours aux deux noms qu'il porte.

La population d'ailleurs sent le besoin d'une nouvelle église. En 1863, M. le chanoine Trincaz, curé actuel de Thonon, a inauguré, le jour de saint François de Sales, une collecte pour pourvoir aux frais de la construction d'une nouvelle église. Cette collecte

---

[1] L'église de Thonon contient 560 mètres vides, c'est donc l'emplacement pour 1000 à 1200 personnes. Le dernier recensement de la population a été de 5085. Pendant les premières années de l'épiscopat de François, la population de Thonon n'était que de 2000. Des observations faites sur les registres

est faite chaque dimanche à toutes les messes. Le produit s'élève aux grandes solennités à 70 ou 80 fr. et aux dimanches ordinaires à 50 fr. environ.

Pendant que l'apôtre de Thonon sollicitait la réparation de l'église paroissiale, il écrivait à son souverain : *Un grand nombre se va perdant faute de commodité spirituelle.* Espérons que, du haut du ciel, saint François de Sales inspirera la même vérité à l'auguste monarque qui préside à nos destinées.

Nous avons entendu l'Apôtre de Thonon dire plusieurs fois au souverain et au nonce apostolique :
« Il faut au plus tôt pourvoir aux besoins du culte.
» Thonon pour être le rapport de tout le duché a
» besoin d'une église où l'on puisse faire les cérémo-
» nies avec beaucoup de décence. »

Le langage de notre époque traduirait ainsi ces paroles de saint François « Thonon, pour être un
» chef-lieu d'arrondissement de l'Empire français,
» a besoin d'une basilique. »

Après une digression sur l'église de Notre-Dame de Compassion où la cérémonie de sa consécration

paroissiaux, de 1605 à 1609, démontrent qu'à cette époque la population s'élevait à 1960.

nous a conduit, nous reprendrons la suite de l'histoire du jubilé ouvert la veille de la pentecôte.

La description historique du jubilé de 1602 nous est transmise par tous les biographes de notre Saint. Nous allons emprunter les détails suivants aux archives de la Sainte-Maison, et au récit du père Constantin de Magny de la Compagnie de Jésus [1].

Il est difficile de se présenter à la confiance des lecteurs avec plus de loyauté que le fait le père de Magny [2]. Il cite textuellement les dépositions ou relations que lui communiquèrent les témoins oculaires des travaux de saint François et des cérémonies du jubilé de 1602. Il a consulté le père Forier, alors à Thonon, le plébain et vice-préfet de la Sainte-Maison, Balthazard Maniglier, l'aumônier de l'évêque de Granier et notre immortel Bouverat, prêtre de la Sainte-Maison de Thonon.

Tous ou presque tous ceux dont il cite les certificats, ont pu lire l'ouvrage du père Constantin : puisque tous étaient vivants en 1640, époque à laquelle il parut. Ils auraient certainement réclamé si l'auteur avait altéré leurs dépositions. Il nous est donc per-

---

[1] Vie de l'évêque Claude de Granier, Lyon 1640.
[2] Natif de Reignier, près de la Roche.

mis de préférer sa narration à des notes rédigées 60 ans après la conversion du Chablais, et qui, restées manuscrites jusqu'à ce jour, n'ont pas subi la critique de l'histoire.

Le nombre des pèlerins s'éleva à près de trois cent mille, venus de la Savoie, de la Suisse, de la France et de l'Italie. Une centaine de confesseurs siégeaient dans les deux églises de Thonon, dans le coin des rues, pour entendre les confessions dès le matin jusqu'à une heure très-avancée de la nuit. Il y eut jusqu'à cent soixante deux mille communions. Les instructioos étaient données par seize prédicateurs prêchant quatre fois par jour.

Tant de manifestations exaspérèrent la rage des Bernois et des Genevois. Par tous les moyens possibles, ils cherchèrent à éloigner les pèlerins soit en défendant aux suisses d'apporter des vivres au marché du jeudi, à Thonon, voulant ainsi affamer cette immense population, soit en faisant répandre dans la ville et aux environs des matières pestilentielles, capables de répandre l'infection dans l'atmosphère. Mais par les soins du duc de Savoie et du gouverneur, la ville avait été parfaitement approvisionnée.

Il arrivait dans nos murs, jour par jour, de quatre

à cinq mille étrangers pendant deux mois. Il aurait été facile à la perfidie de nos voisins de jeter l'alarme, et de rendre victimes de quelque surprise les indigènes et les pèlerins. Aussi le gouverneur fit mettre des corps de garde aux portes de la ville, dans toutes les places publiques, au bord du lac. Outre ces sentinelles avancées, il en fit placer aux clochers des deux églises, sur le haut des tours de *Charmoysi et de Saint-Bon*.

Des processions très-nombreuses vinrent de tous les pays de l'Europe ; l'on en compta 106. Elles trouvaient à la porte de la ville de Thonon quelques membres de la confrérie des pénitents bleus de Notre-Dame-de-Compassion, chargés de les conduire à l'église. Quarante d'entre elles traversèrent la ville de Genève, citons celles de Nantua, Lyon, Belley, Montluel et Saint-Claude. Cette dernière procession traversa la cité de Calvin, en chantant les litanies de la Vierge, et portant des cierges allumés ; l'on y remarquait 60 prêtres en chape, suivis de la noblesse du lieu. Genève livra des billets de logement à cent mille pèlerins. Des ordres avaient été donnés par l'évêque pour prévenir toute confusion occasionnée par la rencontre de plusieurs processions sur la même route. La procession de Chambéry, diocèse de Grenoble, était destinée à l'ouverture du jubilé le jour de la pentecôte, 25 mai. La capitale de la Savoie envoya à Thonon sa nombreuse confrérie du Saint-Rosaire. La procession des Sœurs du Rosaire d'Evian vint clore la série de tant de processions, le 25 juillet jour de Saint-Christophe.

Au rapport de saint François de Sales, dans la préface de son rituel donné en 1612 [1], l'évêque de Granier avait établi depuis peu la confrérie du Rosaire dans toutes les paroisses de son diocèse ; aussi un grand nombre de paroisses animées d'une sainte rivalité vis à vis les unes des autres, venaient à l'envi prouver à leur évêque qu'il avait bien répondu au besoin de leurs cœurs dévots à Marie, en instituant la confrérie du Chapelet.

Nous trouvons dans les archives de la *Sainte-Maison*, la note suivante que nous citons textuellement sans y changer une seule lettre.

Remarque sur le Jubilé tenu à Thonon, l'an 1602. Il s'ouvrit la veille de pentecôte.

« Le premier jour du jubilé arriva la procession de
» Chambéry, ensuite celles de Lion, de Montluel, de

---

[1] Imprimé à Lyon, chez Charvet, 1612.

» Beley, de Saint-Claude, de Saint-Jean-de-Mo-
» rianne, de Salanche à laquelle se joignirent toutes
» celles du Haut-Fossigny ; puis Annessy, la Roche,
» la Franche-Comté et tous les cantons catholiques. »

Laissons l'évêque du diocèse nous faire le récit des merveilleux effets du jubilé. Voici un fragment de la lettre qu'il écrivit au pape, le dernier jour avant la maladie qui le conduisit au tombeau.

Très saint Père,

. . . .
J'ay tiré les prédicateurs dont je me suis servi en ce temps, des ordres religieux, des pères capucins, de la Compagnie de Jésus, de l'observance, et du clergé de ma cathédrale et du diocèse, entre lesquels j'ai tellement distribué les quatre prédications qu'ils faisaient le tour en quatre jours. . . . . . . Nous n'avons pas fait la guerre aux hérétiques tant seulement, mais encore aux démons, pour les chasser des corps de plusieurs personnes possédeés qui ont été amenées à Tonon. L'on a fait cette remarque, que pendant ce jubilé, personne n'a pu être délivré de ces hostes qu'à Tonon. De sorte que plusieurs ecclésiastiques, qui avaient auparavant le don de chasser les diables des corps, ont esté contraints de venir icy, où Dieu leur a rendu aussi-tost l'autorité première qu'ils avoient sur les démons. C'est une chose admirable, du grand nombre de ces esprits malins qui ont été chassés, l'on en compte plusieurs légions, et cecy a esté fait à la veuë des

hérétiques, qui en grinçaient les dents, et frémissoient de rage, mais non pas tous, car un des principaux, et de la première noblesse, a esté si fort ému de ces objets effroyables, et espouvanté des cris des possédés, qu'il a solennellement abjuré l'hérésie et le diable qui l'a inventée..... Beaucoup de personnes ont été incitées à venir prendre part au bonheur des indulgences; de ce nombre ont été vues plusieurs familles illustres, jusqu'à des princes en habit déguisé pour n'estre pas connus, des marquis, des comtes, des barons et autres gentilshommes, dames et demoiselles à pied, au milieu de l'esté et parmi les grandes chaleurs..... La satisfaction générale que tous les pèlerins ont reçu icy, a esté un charme puissant à plusieurs d'y revenir la seconde fois [1]..... Ce qui suit n'est pas moins admirable. Sur le milieu du jubilé, huictante six personnes de la Franche-Comté venoient de compagnie à Tonon par le lac Léman, poussées du mesme saint désir qui a fait faire ce voyage à un si grand nombre de leurs compatriotes, que sans mentir ils ont paru plus que tous en cette célébrité, tant en leur multitude, qu'en leur dévotion. Comme ils furent bien avant dans le lac, voicy que tout à coup la tempeste se lève, et des vents si furieux, qui battoient les flancs de leur barque, avec des flots si grands, qu'il ne restoit aucune espérance humaine qu'en joignant le port : à quoy un vent contraire s'opposoit, avec tant de violence qu'ils passèrent toute la nuit à lutter contre les flots, les vents, et les dangers de se perdre, enfin ils abordèrent à force de vœux qu'ils firent à Notre-Dame-de-Compassion de Tonon ; et afin qu'ils

---

[1] Dans cinq ans d'ici, les peuples accourront de tous les pays au Jubilé prêché par saint François de Sales.

LE JUBILÉ DE THONON — 1602.

n'eussent pas moyen de douter d'où ils avoient esté secourus en ce danger, les pèlerins ne furent pas plus tost descendus au rivage et à l'orée d'une forest près de cette ville [1] que la barque qui estant chargée avoit tenu bon toute la nuict contre la tempeste, se met en pièces......

....

Pour les fruicts que la Savoye, la Bourgogne, le Dauphiné, la Suisse et les autres provinces voisines et esloignées ont tirés de ce jubilé, ce que je ne saurais ni dire ni escrire, tant ils sont si grands. Je peux assurer une chose, que tous ceux qui sont venus à Tonon avoueront que ce jubilé a esté un *miracle continuel* en son commencement, en son progrès et en sa fin. Nous n'avions rien de prest pour ce jubilé et rien n'a manqué......

De plus, je rends un million de grâces à Vostre Sainteté, au nom de toute la Savoye, des Gaules et de tous ceux qui ont joui d'un si grand trésor de l'Eglise, par le libéralité de Votre Sainteté, c'est de leur part, et pour les obligations particulières que j'ay moy-mesme à Votre Sainteté, que je me prosterne à ses pieds pour les baiser et avouer franchement que nous sommes tous obligés de prier Dieu continuellement qu'il conserve Votre Sainteté au monde chrétien......

Donné à Tonon au mois d'aoust la veille de l'assomption de la Vierge Mère de Dieu, l'an mil six cens et deux.

Constantin de Magny, nous a transcrit cette lettre trouvée dans les papiers de saint François de Sales.

[1] Probablement le bois de Ripaille.

L'auteur de l'ouvrage de *Notre-Dame-de-Savoie*, parle longuement d'un sanctuaire dedié à Notre-Dame-de-la-Visitation, situé à quelques lieues de Thonon dans la direction des Allinges, sur la commune de Vailly, le sanctuaire de Notre-Dame-d'Hermone. Après nous avoir prouvé qu'il existait au 14e et 15e siècle, il ajoute : « On ne sait trop ce que la cha-
» pelle d'Hermone devint pendant l'occupation ber-
» noise, ni comment elle fut rendue à sa glorieuse
» destination [1]. »

Voici donc comment la chapelle d'Hermone fut rendue au culte : C'est la paroisse de Thonon qui rétablit le culte de Marie dans l'ancien sanctuaire d'Hermone, ruiné par les Bernois. Sous l'inspiration de l'évêque de Granier, les prêtres de la Sainte-Maison et les jésuites disposèrent la population de Thonon à faire un pèlerinage sur cette montagne, pendant le jubilé, le 2 juillet, Depuis quelques semaines l'évêque avait fait réparer les ruines de cette chapelle. On pouvait décemment y célébrer la sainte messe. Le matin de la fête de la Visitation, jadis fête patronale de ce sanctuaire, la procession de Thonon se mit en mar-

[1] Notre-Dame de Savoie, par M. le chanoine Grobel, Annecy, 1860.

che pour gravir la colline d'Hermone. Un père jésuite célébra la sainte messe dans cet antique oratoire, où tant de pèlerins venaient autrefois demander des faveurs à *Notre-Dame-d'Hermone.*

Ecoutons le père Constantin à qui des témoins oculaires ont fait le récit suivant : « Une autre fois
» comme l'un des mesmes pères, le jour de la visita-
» tion de Nostre-Dame, l'année mil six cens deux, fut
» allé à la montagne d'Hermone, à deux lieues de
» Tonon, à dessein de restablir la piété ancienne du
» peuple envers la sainte Vierge, il y dit la messe
» en présence d'une procession qu'il y avait amenée.
» La Vierge saincte fut si favorable à une pauvre
» femme qui estoit véritablement possédée du dé-
» mon, qu'elle la délivra de ce meschant hoste, à la
» fin de la messe. Le même ennemy fut chassé de
» quelques autres femmes, après qu'elles eurent ab-
» juré l'hérésie tout de bon, et fait une confession
» générale de leurs péchés. » Voilà donc le prodige qui vint signaler le rétablissement du culte de Marie, au sanctuaire d'Hermone. Les habitants de Thonon ont été les premiers à rendre à ce pèlerinage son antique splendeur ; c'est à eux que l'on doit la conservation du culte, en cette chapelle, pendant les années

de la persécution de 1793. Ils traversaient les bois pour se rendre en corps sur cette montagne où ils allaient demander à Notre-Dame de la Visitation des jours de paix pour l'Eglise. Le pèlerinage d'Hermone est très-fréquenté aujourd'hui, à la fête de la Visitation, et le lendemain des fêtes de l'Assomption et de la Nativité,

La guérison de cette démoniaque, opérée miraculeusement au moment où le culte de Marie était rétabli au sanctuaire d'Hermone, vient appuyer le récit que l'Evêque a fait au Pape des possessions qui désolèrent le pays. Dans le règlement que saint François et le duc de Savoie avaient imposé aux prêtres de la Sainte-Maison, en 1601, on lit les dispositions suivantes :

ARTICLE 69. *L'exercice continuel d'exorciser les malins esprits sera en la dite église, en lieu décent et sequestré, en quoy vacqueront deux ecclésiastiques du dit corps.*

S'il reste un document digne de foi sur la célébration du jubilé de 1602, c'est bien le *Compte-Rendu* adressé au Pape par l'évêque du diocèse qui avait présidé à toutes les cérémonies. Mais voici un monument précieux qui a échappé aux recherches de tous les historiens, aussi bien à celles du neveu de notre Saint, Charles-Auguste de Sales, en 1634, qu'à celles de l'abbé de Baudry, en 1850. Ils n'ont pas interrogé les *feuillets* d'un énorme *in-folio*, ayant pour titre : *Livre de la dévote Confrérie de Notre-Dame-de-Compassion, érigée à Tonon,* 25 *may* 1602 [1].

C'est au mois de juin 1601, comme nous l'avons dit plus haut, que la confrérie fut érigée par le Souverain Pontife; mais elle ne fut organisée à Thonon que le 25 mai, jour de l'ouverture du jubilé. La confrérie de Notre-Dame-des-Sept-Douleurs a traversé les âges et les révolutions, et l'esprit de saint François, qui l'animait, l'a maintenue avec tous ses règlements et ses pratiques de piété. Elle observe en 1865 les statuts donnés en 1606 par le pape Paul V, et que le saint Evêque de Genève lui fit adopter. Les plus honorables citoyens se font gloire de porter l'*habit bleu* désigné par saint François de Sales.

Charles-Auguste de Sales nous dit qu'au jubilé de 1602, les confrères, revêtus du sac bleu, attendaient à la porte de la ville les processions étrangères. A la tête de la procession marchait l'insigne bienfaiteur

---

[1] Cet *in-folio* appartient aux Sœurs de la Visitation de Thonon et à la Confrérie de Notre-Dame-de-Compassion de cette paroisse.

de l'Apôtre de Thonon, le procureur fiscal Claude Marin. Aux grandes solennités, un autre magistrat, nouveau Claude Marin, revêtu du sac bleu, parcourt processionnellement les rues où le procureur fiscal protégea saint François [1]. Cette association fait tout l'ornement des funérailles en cette paroisse. Elle est un monument de l'apostolat de saint François, autrement plus éloquent que les froids piliers de notre église qui ont assisté pendant deux ans à la messe du saint Apôtre, après avoir été, soixante ans, les témoins de la *célébration de la cène calviniste*. Les années de la persécution fermèrent le registre de la confrérie, comme elles avaient fermé les églises. Mais si elles ont démoli les autels, elles ont laissé intact le *Livre de la Confrérie*. En 1805, il put recevoir les noms des membres qui se recrutent chaque année. Depuis le nom de François de Sales, évêque-coadjuteur, inscrit le 3 juillet 1604, jusqu'à celui de Maximine Maure, agrégée le 2 avril 1784. Le livre de la Confrérie contient le nom d'en-

---

[1] M. Fernex, bourgeois de Thonon, ex-intendant sous le régime sarde, quitte chaque année Chambéry pour venir assister aux processions de la Confrérie qui ont lieu à Thonon, le jour de l'Assomption, et le lendemain à l'honneur de saint Roch.

viron trente-mille membres associés. Un très-grand nombre ont appposé eux-mêmes leur signature, d'autres se sont fait inscrire par le prêtre chargé de cet emploi. Plus tard nous pourrions livrer à l'impression ce précieux in-folio. Ce serait une pièce justificative à la suite de tant d'ouvrages composés pour prouver que la dévotion à Marie fit les délices de nos ancêtres pendant le 17e et le 18e siècle. M. Sauceret, dans son traité du *Culte catholique de la Mère de Dieu*, étudie, parcourt successivement les pratiques religieuses des divers peuples, et il établit l'existence du culte catholique de Marie en France, en Italie, en Espagne, en Portugal, en Allemagne, en Corse. Il s'attache surtout à faire admirer la dévotion à Marie chez les personnages historiques qui ont rempli les premières charges de l'Etat. Notre livre précité constate aussi, à sa manière, le culte catholique de Marie chez toutes ces mêmes nations. Il en démontre les traces, non plus en citant des miracles, mais par de simples signatures écrites à la suite de quelques mots à la louange de Marie : signatures apposées par les premiers dignitaires des Etats auxquels ils appartiennent. Nous reproduirons les plus notables pendant le jubilé de 1602, et celui de 1607 présidé par saint François.

Pour prévenir toute difficulté, nous avertisssons que nous transcrivons les noms avec l'orthographe qui les caractérise.

Le duc de Savoie et François de Sales avaient travaillé de concert à l'érection de cette confrérie à Thonon, aussi ont-ils voulu réunir leurs noms sur un même placard, imprimé à Turin, qui figure en tête du catalogue. Charles-Emmanuel fait précéder sa signature d'un acte d'adhésion dont le texte italien a été traduit par M. Migne [1] : nous le reproduisons ici.

« C'est avec beaucoup de joie que nous avons ap-
» pris et connu le bon et saint zèle qui enflamme la
» congrégation et confrérie de Notre-Dame-de-Com-
» passion ou des Sept-Douleurs, fondée à Thonon,
» dont Sa Sainteté a daigné se déclarer le chef et le
» défenseur ou fondateur. C'est pourquoi nous ne
» nous sommes pas contenté de nous y associer, mais
» nous avons jugé convenable que la même chose fût
» faite par les princes, nos bien-aimés enfants, et par
» les autres chevaliers et seigneurs de notre cour et de
» nos Etats, tant en deçà qu'en delà des monts. Car

---

[1] Tome VI, pag. 1297.

» outre que nous n'ignorons pas le devoir qu'ont tous
» les princes et chevaliers de suivre les saintes insti-
» tutions et volontés de Sa Sainteté. Nous savons que
» nous sommes obligés particulièrement de le faire à
» cause des faveurs signalées que nous avons reçues
» du Souverain Pontife, et pour imiter le pieux esprit
» et le zèle de nos ancêtres, lesquels de tout temps,
» comme il est notoire, ont fait de semblables œuvres
» de dévotion.

» En foi de quoi nous avons ici apposé notre signa-
» ture, nous obligeant, autant qu'il sera à propos de
» le faire, de défendre et d'augmenter cette Sainte-
» Maison et ce saint négoce, promettant d'employer
» pour cela, autant qu'il sera en notre pouvoir, jusqu'à
» notre sang s'il en est besoin.

» Donné à Turin, le 3 juillet 1601. »

C. EMMANUEL.

F. Emmanuel.
Vittor Amedeo di Savoia.
F. Em. Filiberto di Savoia.
Mauritio di Savoia.
Tho Fran. di Savoia.

PRINCIPESSE.

Noi Margarita di Savoia.
Ysabella di Savoia.

Maria di Savoia.
Catharina di Savoia.
Donna Matilda di Savoia.
Donna Violante di Savoia.
Donna Margarita della Chiambra.
Donna Mariana di Tarsis da Cuna.
Donna Leonora Madruzza.
Donna Catharina Madruzza.
Donna Margarita Bilia.
Donna Catharina Langoscha.
Donna Chiarlota San Georgio.
Donna Violante Provana.
Donna Paola Costa.

—

Henry di Savoia, duca de Nemours.
Don Amedeo di Savoia, marcheze di Santo-Ramberto.
Bernardino di Savoia, signor di Racconigi.
Pietro, marchese della Chiambra.
Carlo Filiberto, marchese d'Este.
Sigismondo d'Este, marchese di Lanzo.
Carlo di Simeana, signor d'Albigni.
Gaspard di Geneva, marchese di Lullin.
Carlo Emmanuel de Seysel, marchese d'Aix.
Ottavio Conte di Gremiù, gran scudiero di S. A.
Francesco Provana, conte di Colleguo, hora gran cancelliere di Savoia.
Ludovico, conte di Moretta, scudiero di S. A.
Carlo Broglia, arcivescovo di Torino.
Gio-Francesco Berglietto, arcivescovo et conte di Tarantosa.
Carlo Argentero, vescovo del Mondovi

Filiberto Millieto, vescovo et precipe di Moriana.
Henrico di Villars, arcivescovo et conte di Viena.
Giuseppe Ferrero, arcivesco d'Urbino.
H. Lorentio, arcivescovo d'Ambruno.
Gio-Steffano Ayazza, vescovo d'Asti.
Cesare Ferrero, vescovo et conte d'Iurea.
Francescovo, vescovo di Geneva [1].
Frà Francesco Martinengo, vescovo di Nizza.
Bartholomeo Ferrero, vescovo d'Aosta, et conte.
Gio-Steffano Ferrero, vescovo di Vercelli.
Giulio Ottinello, vescovo di Fano.
Luca Allamani, vescovo di Volterra.

On pourra donner plus tard le catalogue de toutes les personnes de nos paroisses qui sont venues s'enrôler à la confrérie de Notre-Dame-de-Compassion à Thonon ; nous nous attachons aujourd'hui à la citation des pèlerins étrangers.

Tous les biographes de notre Saint nous parlent d'un capitaine corse, ardent missionnaire dans le baillage de Gaillard en 1601 et 1602. Un de nos compatriotes, M. l'abbé Fleury d'Annemasse, aujourd'hui recteur de la paroisse de Saint-Germain à Genève, a publié l'an passé, un excellent *Mémoire sur saint François de Sales et les ministres de Genève*. Les documents qu'il cite, sont d'autant plus précieux qu'il

---

[1] François, évêque de Genève.

copie les archives du conseil d'Etat de cette ville. On lit, page 16 : « En 1602, il est un autre homme qui vexe
» Genève par son zèle à retablir la messe à Gaillard et
» ailleurs. Ce singulier personnage se nomme Basterga
» Vitto, capitaine des troupes ducales. Le 21 juillet,
» le sieur du Villard rapporte au Conseil *que se*
» *présente quelqu'un qui ne veut estre nommé,*
» *qui s'offre de tuer le dit capitaine Vitto, s'il n'est*
» *recherché.* Le capitaine tombe plus tard entre les
» mains des Genevois, mais il échappe. Cependant,
» le conseil d'Etat rend sentence contre le guerrier-
» missionnaire Corse ; *croyant que la nécessité et*
» *la raison ont induit M. M. à avoir dessein sur*
» *Vitto qui a troublé l'Eglise et l'Etat.*

Les pages du livre de la confrérie enregistreront le nom du capitaine Corse et d'une compagnie de soldats espagnols : tous viennent signer leur *enrôlements* sous les drapeaux de la *Mère de Douleur.*

Extrait du Livre de la dévote Confrérie de Nostre-Dame de Compassion, de Thonon,

« Du 19ᵉ jour du mois de juin 1602 étant arrivé
» en cette ville de Thonon, avec une grande dé-
» votion et piété, honorable Jacques Teype de
» saint Sarche (illisible) du duché de Savoye, le-

» quel voyant la sanctimonie et le grand zèle du peu-
» ple qui accourt en ce lieu en foule spirituelle, et
» considérant d'ailleurs le très-grand bénéfice qu'ar-
» rivera non en la Savoye seulement mais en toute
» la chrétienneté, s'il plait à la divine Majesté nous
» faire la grâce que la Sainte-Maison de Notre-Dame
» de Compassion de Thonon puisse sortir son plein
» effet, pour l'éversion de l'hérésie de sa bonne et
» propre volonté, a fait don à la dite Confrérie de 50
» écus et 5 florins.

» En foy de quoi j'ay signé, 19 juillet 1602

» Balthazard MANIGLIER,
» *Vicaire de François Préfet.* »

« Le seigneur Françoys de Pingon, Seigneur de
» Prangin ensemble Damoyselle Melchronne de-
» Layrieu, ma mère, et damoyselle Gabrielle de Sa-
» lins ma femme, Jacques de Pingon mon fils, me
» suis inscrit pour tous et fais l'aumosne à la dite
» Confrérie. Ce 28 may 1602.

» Révér. frère François Fontaine chevalier de l'or-
» dre de saint Antoine en Viennois me suis mis de la
» Confrérie. Ce 29 may 1602. »

» Alex. Caza, chanoine de la sainte chapelle de

» Chambéry tous les deux ci-dessus ont fait une
» aumosne. »

Principaux personnages, la plupart des nations étrangères, qui se sont enrôlés dans la dite Confrérie.

Le capitaine Vitto de Basterga, corse, ayant charge d'une Compagnie pour Son Altesse, ai fait un don en entrant dans la Confrérie, ce 27 may 1602.

Valerio, filio de Mersilio, corse.

Noble, Pannot de Celliand de Montluel.

N. Jean de La Roche et Marguerite de Crence, son épouse, (Allier.)

Le capitaine Jean Mugnier de la Compagnie de M. Durfo (en Piémont).

Hia Harci Gilio et Monilia a Nivre Duvelar.

Jaconno de Sabro di Santo Fio di Moriana.

N. Jacques de Banneaulieu en Beauvoisis (Oise).

N. Samonet de l'Ile de Crémieux (Isère).

Li ondici Juigno 1602 di la Compagnia del 8on capitan Vitto. Suivent les noms de 29 soldats de sa Compagnie, écrits de la main du capitaine, en dialecte corse.

N. De Regard, collatéral au Conseil de Grenoble.

N. Seigneur de Beaumont (Isère).

N. De Villard (Ain).

Un très-grand nombre de personnes de Salins et de Poligny (Jura).

N. Jelioz di la Preda Milaneso, lieutenant du baron de Vatteville, en sa Compagnie de cavalerie.

Jagnes Benedicte de Gênes.

Baldo Basso gentilhommo della bocca di S. A. S. à Turin.

Domisela Nicolaide Dacya di santa Pol (Piémont).
Giana Civi Degrangia (Piémont).
Pernetta Luizia de Santa (Piémont).
N. De Mazery di la Prignatiore, près de Paris.
Pierre de Magnaud, chanoine de Montbrison.
Maximo de Balay et dona Matildha et leurs enfants, habitant en Bourgogne.
Pietro della Porto, espagnol.
Mme Catherine de Colomb, du Puy (en Auvergne).
N. Farel de Saint-Chamont (en Forez).
Humbert Colombet et sa nombreuse famille, tous de Saint-Amour.
La famille Fornelli de Gênes et d'Avignon.
Noble André Noar, seigneur de Lagneux, son frère et son épouse.
Ego Joannes Albinus Wirtembergicus conversus ad sanctam fidem catholicam quam hic Thononii professus sum die 22 julii 1602. (Un habitant du Wurtemberg converti.)
Antoine Mey, de Florence.
Paolo Maggislini, presbyter Milaneso (prêtre de Milan).
N. Jean Pena, marquis d'Oro, Milan.
N. Nicolas de la Modière et son épouse à Saint-Cyr, (Lyon).
D^{me} Marguerite de Costa, Grenoble.
N. Rolier, comte de Suze.
Mmes Françoise de Sanert, Marguerite de Cersan et Girarde de la Croix, de la Côte-Saint-André (Isère).
Plusieurs familles nobles du Dauphiné, entre autres celles de Vaufugny et de Foy.
N. Nubot de la ville d'Angers.
Eustachio Stenus de Gênes.

Alexandre de Dermon, seigneur de Saint-Pierre de Suze.
Quatre personnes de la ville de Dieppe, (Normandie).
N. Livron, seigneur de la ville de Bordeaux.
N. De Laval, en Vallais.
N. Jacques Roussin, imprimeur à Lyon, lequel a offert un lampadaire à sept lampes, pour le Maître-autel.
D^sela Grachabe Dema, espagnole.
Humbert Melani, espagnole.
Petrino Precipia, espagnole.
Cosme Ostini, espagnol.
Étienne Dury, espagnol.
D^sela Giana di santo Giure.
D. Maria Pralix, espagnole.
D. Francesa di santo Michel, espagnole.
D. Rene Carlota di Santo Michel, espagnole.
Cleria dua de Montagio, espagnole.
Glodo Geadie de la Boracide, espagnol.
Gloda sua moglie, espagnole.
N. Mau Richeu, du diocèse de Langres.
N. Claude Poncet de Passy, de Dôle.
Jacques de la Roche de la ville de Touraine.
N. J. de Bon Vegères, de Bordeaux.
Baldisuro di Pavia, capucin.
Adriana de Borgogne, Margarita Montagna, Pietro Preyo, Gaspardano, tous de Nice.
N. J^h de Saint-Marcellin, du comtat d'Avignon.
M. et Mme de Spiègle de Martigny en Vallais.
Plusieurs personnes de la famille de Bastergo (en Corse).
N. De Fontagny de Fribourg.
N. Gaspard de la Salle et ses douze enfants du Puy-de-Dôme.

CONFRÉRIE DE N.-D. DE COMPASSION — 1602.

Giovano Deiza, sergent-major, au service du maître de camp de Dom Sanchio de Lune, Sébastien capitaine d'infanterie, espagnols.

Humbert, prévôt de la Capella reale, espagnol. Encore trois nobles espagnols.

Andrea Coudra d'Alexandrie.

Jon apostola di Castille.

Antonio de Melhar et huit autres espagnols.

Gia de Sedon di san Giadol et trois autres portugais.

Domento, corse.

Pernetta Caro de Marèze, espagnole.

Perina, Barde de Via, espagnole.

Franciscus de La Rochelle (Charente-Inférieure).

Christofe Barrido, espagnol.

Bernard Clavorier, seigneur de la Combars en Condornais (dans la Gascogne).

N. Guérin de Cornihac de la Sénéchaussée du Puy en Auvergne.

Seize espagnols et italiens qui écrivent leurs noms.

M. et Mme Durieu.

Henri de Laimoy de Nuvelles en Brabant (Pays-Bas).

Trois personnes de Rocroy (en Ardennes).

Gohannes Remgardus; polonais converti à la foi catholique (prius Bernensis).

Douze nobles fribourgeois.

N. Catherine de Viard, à Bruxelles.

Messire Gabriel de Moade de Bretagne.

Toute la Compagnie des Gardes du capitaine Disco de Prada.

Brigade de Thonon, suivie de plusieurs brigades étrangères.

N. Le Capitaine de la garnison de Besançon.

N. Jacques Voglier de Vérone (en Lombardie).

Diego Diaz et Pedro de Martega, espagnols.

Daichay, seigneur de Touraine, gouverneur de Gray, (en Franche-Comté).

De Sionnaz du Berry.

N. de Ronnat, seigneur de Vaux, (en Auvergne).

N. Tobie de Bettace (Allemand).

Gilles de Picardie, capitaine au service de S. A de Savoie.

N. Anselme de la Porte, seigneur de la forteresse, vice-président des Etats du Dauphiné.

N. Johan de Lysard, seigneur de Saint-Claude.

Messire Jean Brunet, prêtre de Saint-Bonnet-le-Chef, Montbrison.

Mme Edmonde de la Forest, épouse de N. de Brissin, et noble Emmanuel, seigneur de Brissin.

N. Loys de Villette de Jassevon en Bresse.

La famille de Sacconay.

Ce jourd'hui, 11 juillet 1602, ont été inscrits, par l'ordre qu'ils ont envoyé de Lyon exprès, N. seigneur Balthazard de Villars, conseiller du roi Henri IV, et présidial en la cour souveraine de Lyon, et damoyselle Louise de Langes son épouse et ensemblement tous leurs enfants. Signé : Fr. Chérubin, au nom des dits seigneurs et dames. Les dévotes religieuses sœur Gab. d'Arna et sœur J. Guillaume, de Sainte-Claire du Puy-en-Velay, au nom de la communauté.

N. Pierre Haulet, de la cité d'Aoste, son épouse et son fils.

N. Gab. de Sorge, seigneur de Lamotte-Vesdey Bertrand de Morges, son fils, chevalier de Malte.

Paul de Beaumont, dit Carra, de Divonne, son épouse et 7 enfants.

CONFRÉRIE DE N.-D. DE COMPASSION — 1602.

N. Philippe Fluer, conseiller du roi et présidial au Parlement du Dauphiné, son épouse et 4 enfants.

N. Horatio Carminati, de la ville de Pise.

M. le Procureur du Roi, à Grenoble, son épouse et leurs enfants.

Dame de Virieu, fille du seigneur de La Motte, et 6 de ses enfants qui ont signé.

Suivent quelques familles nobles du Piémont entr'autres le marquis de Saint-Valperga, de Turin, inscrit le 21 juillet 1602.

M. le greffier et maire de Dôle s'est inscrit et a donné un ducaton pour faire dire une messe pour un possédé.

N. J.-Baptiste Casbra, de Gênes, et son fils Angela.

N. et puissant seigneur de Pabol, baron de Pierro.

N. Jac de Long de Dieppe (en Normandie), avec 4 enfants.

Messire Jacques de Medio, chanoine de l'église de Saint-Nizier de Lyon, curé d'Evières.

Quelques personnes de Rocroy.

N. J.-B. de Vy, chevalier de Malte.

Mme de Saint-Héram.

N. et puissant seigneur Edmond d'Abot, chevalier de Saint-Jean de Jérusalem, seigneur de etc., etc., etc., conseiller du roi très-chrétien en son Conseil privé et d'Etat, premier président en la souveraine Cour du Dauphiné, et son épouse Anne de Beaumont [1], ensemble Christophile des Avlay, seigneur de etc., etc., conseiller du roi très-chrétien en son Conseil privé, *Ambassadeur*

---

[1] C'est sans doute cette famille de Beaumont, dont saint François fait si souvent l'éloge dans ses lettres.

près Sa Majesté d'Angleterre, gendre du dit seigneur et dame de Beaumont.

N. haut et puissant seigneur Louis de la Barge, son épouse Françoise de Saint-Héram, et 2 de leurs enfants.

N. Syrimby, docteur en droit, procureur de la Sainte-Congrégation au comté de Bourgogne du pays de Flandre, sous la domination espagnole.

N. Clai de Biona, de la ville de Moulins.

N. Jehan Ennemet, allemand, seigneur de La Seprechère me suys mys de la confrérie de Notre-Dame-de-Compassion de Thonon.

Dame Béatrice Du Vernay.

N. J.-Jean Manes de Lille (en Flandre).

N. Claude de Champier de Lyon, le 15 juin 1602.

Grathon, avocat fixal à Salins, sa femme.

Marguerite de..... avec deux fils et quatre siennes filles.

Franç. Duverger, chevalier de l'ordre de Saint-Jean de Jérusalem.

Damoyselle Clémence de Fénelon, de Lyon.

Dame Anne Ducloz, de Bruxelles.

Damoyselle Gabrielle Desprez, épouse de N. de la Salle du Puy en Velay.

Messire Georges. . . . . chanoine de Notre-Dame du Puy en Velay.

N. René Gros, prieur de l'église de St-Georges de Lyon, lequel a offert à l'église de Notre-Dame de Thonon un cyboire doré pour le Saint-Sacrement.

N. de Montegny, près d'Arbois.

N. Nath. Droubleyer, de Saint-Etienne.

La nombreuse famille de la Salle, d'Auvergne.

Benoit Clavel, chanoine de l'église des Maret de Mont-

CONFRÉRIE DE N.-D. DE COMPASSION — 1602.

luel, me suis mis de la confrérie de Notre-Dame à Thonon, ce 3 juin 1602, Clavel, ainsi que son confrère, Gentet, chanoine de la dite église.

Pierre des Portes, de Mondovi (Piémont).

Juste Fassino, gouverneur à Montméliant, espagnol, et sa fille Camille.

Thomas Montpeau de Genève, converti à la foi, et serviteur de la Sainte-Maison de Notre-Dame de Thonon.

N. de Quartery, Anthoine et Franciscus, frères, de Saint-Maurice en Vallais.

N. Guillaume de Touxe (en Picardie).

Neuf personnes nobles de Remont et de Fribourg, (en Suisse).

N. Julioz Vinero de la Precla, demeurant au duché de Milan.

Fr. Sebastiano, capucin de Lorette.

Le seigneur Rose Calcanie de Plaisance.

Guillaume Desprez, docteur en droit et avocat fixal à Lons-le-Saunier.

Voici quelques noms des plus honorables personnages de la Savoie qui figurent sur le Livre de la Confrérie.

N. Gabriel de Saint-Michel de Marclaz de Thonon et plusieurs membres de sa famille qui ont signé.

Pierre Fornier, syndique de la ville de Thonon.

Guy F. et son fils, Gasparde sa fille, Louise-Françoise sa fille et Jeanne Fornier sa petite fille.

La noble famille de Thorent de Thonon, dont deux membres sont religieux d'Abondance.

Marc de la Rue, imprimeur de la Sainte-Maison de Notre-Dame-de-Compassion de Thonon (genevois que François de Sales a converti).

Pierre Bouverat, prêtre-convicaire de Thonon (notre immortel Bouverat qui signera encore les actes mortuaires de Thonon en 1670).

Melchior de Lucinge d'Arenthon.

De Sales de Montpytton, seigneur de Brens.

Messire Louis Chambot de Tarentaise.

Philibert-Emmanuel de Gerbais de Sonnaz [1].

Révérendissime et illustrissime Vespasien de Gribaldi, archevêque de Vienne, demeurant à Evian, a donné 15 écus d'or pour être de la confrérie.

Révérendissime et illustrissime Thomas Pobel, évesque de Saint-Paul, de la Bonneville.

N. Derrides, seigneur de Belletour, de Flumet en Foucigni, huit de ses enfants qui ont signé, trois serviteurs et huit personnes de Flumet.

N. de Flong de Chambéry, commandeur de Malte Alex. Verboux Arcine.

N. Imbard, vidomne de Chaumont et dame de Rossillon, son épouse.

N. Aimé de Montfort, seigneur de Chaumont et Myonnaz.

N. Claude-François de la Fléchère, chevalier de l'ordre de Saint-Maurice et Saint-Lazare.

---

[1] L'honorable famille de Gerbais de Sonnaz n'habitait pas Thonon pendant l'épiscopat de saint François de Sales. Le premier seigneur de Sonnaz, domicilié à Thonon, fut François de Gerbais de Sonnaz d'Habère, juge-mage à Thonon, en 1651.

N. Cl. Beisson, premier huissier en la chambre des comptes de Savoie.

N. Pierre de la Pallu de Crusille, maître d'hôtel du duc de Genevois et Nemours d'Annessy, et dame de Châteauroux, son épouse.

N. François Bertier, conseiller de S. Altesse, auditeur en la chambre des comptes de Savoie.

N. Claudine de Veigy, veuve de Noble Fisau Bertrand de la Perouse.

Le seigneur Batthaz de Mouxi de Necy, (Annecy).

Melchior de Mouxi Traverney (en Bresse).

N. Martin de Ville, N. Humbert de Ville.

Le seigneur de Langin et sa nombreuse famille.

N. P. de Sacconay du Genevois, chevalier de Saint-Jean de Jérusalem.

N. Catherine de Blan, dame de Lescheraine.

N. de Chastelard de Tarentaise.

Dame marquise de la Chambre et de Meximieux.

N. Charles de Menthon, baron de Montratier.

N. Joseph de Menthon du Marest de Sarraval, près Thônes.

N. Pierre Sapin, conseiller à la chambre des comptes.

Damoyselle Stanis de Charmoisy.

N. Guillaume de Belmont, de Savoye.

Dame Marguerite de Pingon, épouse du seigneur de Vilette de Chevron.

N. Nicolas de la Voussière et Claude Le Blanc, son épouse.

Dame Bernardine de Chissé, de Sallanche.

N. Amé de Ruffy, de la Clusa-Lieu-Dieu, (en Genevois), écuyer du duc de Nemours, d'Annessy.

N. dame Jeanne de Chevron, dame de Ballon.

N. Amé de. . . . . seigneur de Charmoisy (l'illustre ami de saint François, auquel il écrivit les nombreuses lettres que nous lisons dans ses œuvres complètes ; mort à Annecy en 1618, époux de madame de Charmoisy, (la Philotée de notre Saint).

N. Nicolas Machet, de Talloire.

N. Jacques de Loche, de Sallanche.

Dame Philiberte de Cordon.

Messire Loys de Perrognant, abbé de Chezerieux, trois familles de Battandier, d'Annessy.

N. Jean de Beyddet, seigneur de Valpilières.

Thomas Peyssaide, chanoine de la collégiale de Notre-Dame-de-Necy, (Annecy).

Pierre Folliet, prêtre de Quége, diocèse de Tarantaise.

Dame Johanna Grenaud et son fils.

Damoiselle Claudine de Menthon, N. Robert de Menthon, Pernette de Menthon, tous habitants à Yenne, sur les bords du Rhône.

N. Pierre de Granier, son épouse et son fils, (la parenté de l'évêque de Granier d'Yenne.)

N. Antoine d'Orlié, seigneur de Saint-Innocent.

La noble famille de la Tournette de Chambéry, avec 23 personnes.

N. Claude Dumont de Thônes (en Genevois).

Le révérend Gabriel de Blonay, prieur de Saint-Paul, en Chablais.

N. seigneur de la Forest de Bellegarde.

N. Philibert Michalet, docteur en médecine.

La noble famille de Villards de Beaufort.

Messire Pierre Biolly, prêtre de Sallanche, et Chapelain

des barons de Montjoy, (Montejoie et Saint-Gervais).

N. Claudine de Jullière, baronne de Montjoy.

Anne de Grammont de Montjoy, Bernard de Mabbride et Galloy de Manesy, tous de Montjoy.

Guillenette Du Crest de Saint-Gervais.

N. Pierre Dénarié et Nicolas son fils de Samoëns, en Fossigny.

Etienne des Clefs, Val-de-Fier.

Marguerite de la Chambre.

Anne de Clermont.

Anne de Choisy.

Françoise de Chastel.

Dame Marguerite de Maresta, abbesse de Bon-Lieu, près d'Annessy.

Cathorin de Reyddel de Chosy, pour lui et ses dix enfants, en l'honneur de la Sacrée Vierge Marie, Mère de Dieu.

César de Montfalcon.

Jeanne de Menthon.

Françoise de Craus d'Annessy.

Françoise de la Pesse d'Annessy. Au mois d'avril 1623, Madame Françoise de la Pesse, entourée de Madame de Craus, invoque saint François de Sales, dont les restes venaient d'arriver à Annecy, et obtint la résurrection de sa fille noyée dans le Thioux.

Anthoine Molliet, chanoine de Sallanche.

N. Loys de Menthon de Sallanche, trois de ses fils et quatre de ses filles, tous habitant à Sallanche.

Jeanne-Aimée de la Fléchère.

Claudine de Monthoux et Philiberte de Monthoux.

Hugnette de Lullin de Genève.

De Borgé de Conflans.
Garparde d'Hostel.
Dame Antoine du Coudray, femme de M. de Buttet, Claudine de Monthoux et Françoise de Beaufort.
M. Jeanne Françoise du Maney, (la bienfaitrice qui logea l'Apôtre de Thonon).
De Montfalcon dame de Chitry.
La famille de la Ravoire en Fossigny.
Dame Fichet de la Roche, en Genevois.
N. Humbert Vibert de Beaufort, habitant à Mostier.
N. Gaspart de Lasignand d'Arenthon.
Damoiselle Pétronille d'Alex.
N. Emmanuel Diany, conseiller de Son Altesse et son trésorier général en de ça les monts.
Bernard de Menthon, de Génève Clémence femme du Seigneur Bernard de Menthon ; (cette dernière légua à l'hospice d'Annecy son patrimoine d'Etrambière en 1606. Voir les journaux de la Savoie, février 1865).
Françoise de Richard des Echelles, Françoise-Planche ma fille de Chambéry, et Antoine Planche mon autre fille,
Plusieurs seigneurs de Bonne en Fossigny.
Noble Claude Dumont, seigneur de Bonne.
Laurence de Grolée, dame de Savigny.
Noble Lucrèce de Mareschal.
Damoyselle de Violat de Sallanches.
Messire André Bonnefoy, prieur du monastère de Saint-Jeoire près Chambéry.
Charles Deprez.
Ferdinand Joly de Vallon, (deux seigneurs de Thonon qui firent le plus d'opposition à François de Sales,

tous les deux exilés à Nyon, et convertis par notre Saint).

La famille Dufresney de Fossigny.

Le famille de Prières de Duingt, en Genevois.

J. Favier, serenissimi principis Sabaudiæ consiliarius, et hujus in Sabaudiâ advocatus generalis.

Philippe Decoëx, recteur de Sainte-Catherine de Talloire (plus tard prêtre de la Sainte-Maison de Thonon ; c'est le prêtre dont nous parlent tous les biographes de saint François, qui fut accompagné de son ange gardien, en l'église cathédrale d'Annecy, venant d'être ordonné prêtre par saint François. (Archives de la Sainte-Maison).

N. Seigneur de Cornillon de Sallanches, demoyselle Claudine, et Nicolas son fils (beau-frère et neveux de saint François de Sales. L'épouse du Seigneur de Cornillon, étant Gasparde de Sales, sœur de notre Apôtre, encore vivante en 1623).

N. Jeanne de Passier.

N. Françoise de la Fléchère, dame de Corman.

Plusieurs membres de la noble famille de Tardi.

Le couvent de Sainte-Claire de la ville de Chambéry, représenté par André Andréry, auditeur prêtre des dites religieuses et par dame Julie Bazan abesse, et Philiberte vicaire.

Le 29 juin, le Chanoine Derrides et plusieurs autres chanoines de la Cathédrale d'Annessy.

Messire Viret, curé de Rumilly, Albanais.

N. Pierre de Grilly, seigneur de Ville-la-Grand et de Voiaz.

Et quelques jours après:

Dame Françoise de Suchet, épouse de seig. Pierre de Grilly, de Ville-la-Grand et de Voiaz. (Cette dame de Grilly, née de Suchet de Veigy, est la demoiselle que le père de saint François voulut faire épouser à son dit fils. Il le conduisit deux fois à Sallanches au mois de mars 1592, auprès de cette demoiselle, alors chez son oncle, Antoine de Bellegarde. François de Sales à son retour, dit à un de ses amis : Cette demoiselle mérite un meilleur parti que le mien. Au mois de décembre de la même année, elle signait son contrat dotal. L'on voit encore la signature des deux époux, dans les minutes de M. le notaire Bonnefoy, à Sallanches).

Nous passons sous silence le nom de tous les prêtres qui se sont enrôlés dans cette confrérie, l'on comprend assez qu'en accompagnant les processions de leurs paroisses au jubilé de Thonon, ils ont eu l'occasion de se faire aggréger.

Voici le tableau approximatif des associés étrangers à la Savoie :

Espagne, 153.   Plaisance, 3.
Portugal, 2.   Pise, 2.
La Castille, 1.   Florence, 1.
La Pologne, 1.   Milan, 12.
La Corse, 39.   Lorette, 1.
Italie, 49.   Pavie, 3.

Le Piémont, 163.
Turin, 8.
Gênes, 18.
La Cité d'Aoste, 42.
Nice, 7.
Suisse, 110.
Le Valais, 35.

FRANCE.

Franche-Comté, 239,
Bourgogne, 298.
Dauphiné, 118.
Paris, 5.
Lyon, 53.
Normandie, 10.

Picardie, 5.
Bretagne, 6.
Lorraine, 3.
La ville du Puy, 34.
Le Forez, 3.
Avignon, 1.
Bordeaux, 2.
Lille, 1.
Dieppe, 9.
La Rochelle, 2.
Bourg en Bresse, 38.
Besançon, 57.

Bruxelles, 4.
Allemagne, 3.

Au chiffre approximatif des associés à la dite confrérie pendant le temps du jubilé, nous avons ajouté celui de quelques centaines de pèlerins étrangers qui ne purent arriver à Thonon avant le 25 juillet, jour de la clôture des saints exercices. En quittant leur pays, ils ne connaissaient ni l'éloignement de Thonon, ni la durée de son jubilé. Depuis le 25 mai jusqu'au mois de septembre, quatre mille personnes ont été inscrites sur le catalogue des associés où on retrouve aujourd'hui leurs noms. Le tableau ci-dessus renferme à peu près quinze cents étrangers. La Savoie figure donc sur l'in-folio pour 2,500 agrégés à la confrérie à l'occasion du jubilé. Ces pèlerins arrivaient de la Tarantaise, de la Maurienne, de la partie de la Savoie propre, située sur le diocèse de Grenoble. Nous estimons que notre diocèse en fournit deux mille. Il était beaucoup plus vaste qu'aujourd'hui ; outre son territoire actuel, il comprenait une portion du pays de Gex, grand nombre de communes au delà du Rhône, en Bugey et Valromey, Rumilly, la Chautagne et Haute-Combe, jusqu'aux portes d'Aix-les-Bains, Albens et les environs, les Bauges [1].

Le père Fidèle Tallissieux qui composait son manuscrit en 1680, nous dit que, pendant le jubilé de 1602, le nombre des associés à la dite confrérie, augmenta de quatre-vingt mille. Entre ce dernier chiffre et celui de quatre mille que nous avons comptés sur le catalogue, se trouve une différence assez en harmonie avec les fréquentes exagérations de cet auteur [2].

[1] Voir les procès-verbaux des visites pastorales de saint François de Sales ; voir encore la carte du diocèse en 1312, éditée par la Société Archéologique de Genève, en 1863.

[2] Le père Tallissieux a inscrit son nom sur ce catalogue en 1671 ; s'il eut daigné parcourir les pages qui précédaient sa signature, en 1680 il n'aurait pas parlé de 80 mille associés, pendant le jubilé de 1602.

Il n'y a pas eu deux catalogues. Le *livre* que nous avons entre les mains, comprend le 17me et le 18me siècles, et il y reste bien des pages *en blanc*. Il n'y a pas eu la moindre lacune depuis 1601 jusqu'en 1784. Chaque mois offre son contingent d'agrégés. Au reste, quel est le pèlerin qui n'aurait pas demandé à être inscrit sur le rôle où figurait le nom de saint François de Sales ?

Les offrandes, faites à l'église pendant le jubilé, s'élevèrent à plus de 20,000 écus d'or, c'est-à-dire environ 73 mille et 600 francs de notre monnaie. Les dépenses du jubilé prélevées, on employa 10,000 écus à racheter de la ville de Fribourg les biens-fonds du prieuré de Saint-Benoit de Thonon, que les syndics de Thonon avaient été forcés d'hypothéquer. Une autre somme fut réservée à racheter des biens ecclésiastiques vendus par les Bernois ; enfin, ce qui restait encore fut destiné aux besoins de la sacristie de l'église de Notre-Dame-de-Compassion.

L'évêque de Granier employa les trois semaines qui suivirent la clôture du jubilé, à régler les intérêts matériels et spirituels de la Congrégation naissante des prêtres de l'Oratoire Romain. Il fut puissamment secondé par le curé de Thonon, soit le vice-préfet B.

Maniglier. Il employa ses derniers jours tout entiers à la gloire de Marie, et à la prospérité de la Confrérie et de la Sainte-Maison de Thonon. En tête du *livre de la confrérie*, on lit le placard suivant imprimé à Thonon.

« Le grand pardon octroyé par Nostre-Saint-Père
» le Pape en l'église de la Sainte Maison, Nostre-
» Dame-de-Compassion, au lieu de Tonon, près Ge-
» nève, à toutes les festes de Nostre-Dame.

» Nostre-Saint-Père le Pape, Clément VIII, a con-
» cédé Indulgence plénière à tous fidelles chrestiens
» de l'un et de l'autre sexe, entrant au nombre des
» confrères de la Maison de Nostre-Dame-de-Com-
» passion lesquels contricts, confessés et communiés
» en chacunes, ou quelqu'unes des festes de Nostre-
» Dame, dès les premières vespres jusqu'aux secon-
» des, visiteroient l'église de la dicte confrérie, au
» lieu de Tonon, près Genêve, où est instituée la dite
» Confrérie, pour la conversion des hérétiques, illec
» priant Dieu pour l'extirpation des hérésies, pour
» l'exaltation de la Sainte-Eglise, et pour la paix et
» union entre les princes chrestiens qu'appert par
» bulle authentique plombée, donnée à Rome, le on-

» ziesme du mois de septembre, mille cinq cens-
» nonante-neuf.

» Pour ce, sont exortés tous fidèles chrestiens,
» principalement ceux qui n'auroyent eu commodité
» de venir au S. Jubilé, dernièrement célébré au
» dict lieu, qu'ils ne perdent à présent un si riche
» trésor et grâce singulière, qu'ils trouveront à la dicte
» église, comme aussi de s'efforcer et par de bonnes
» œuvres, honorer et professer la sainte foy catho-
» lique, au dict lieu, pour la conversion des héréti-
» ques, à l'honneur de la divine Majesté.

» Le jour de Nostre-Dame d'aoust prochain com-
» mencera la première Indulgence.

» *Imprimatur, et publicetur :*

» *Datum Tononii, ultimâ Jullii* 1602.

» C. DE GRANIER, *episcopus Gebennaisis.* »

La veille de l'Assomption, il termina un différent entre les Fribourgeois et les prêtres de la Sainte-Maison, relatif à la possession de quelques terres. Ce même jour il écrit au pape la longue lettre citée plus haut pour lui exposer les heureux fruits du jubilé.

Le 15, jour de la fête de Marie, il tomba gravement malade, et demanda les derniers sacrements qu'il reçut avec la plus grande piété, ainsi que le vice-préfet Maniglier l'a raconté plus tard à la mère de Chantal.

Dans l'espoir qu'il aurait assez de forces pour faire le voyage d'Annecy, il voulut partir pour cette ville, ayant toujours désiré mourir dans sa ville épiscopale, ainsi que nous l'apprend son biographe de Magny.

Il dut se reposer pendant quelques jours au château de son neveu et grand vicaire, à Pollinge, commune de Reignier, près de La Roche. Mais il y rendit le dernier soupir, le 17 septembre, ne laissant pour toute fortune que six sous trouvés dans sa bourse. Constantin de Magny nous dit : « qu'il avait prié
» son neveu de Chissi, *de faire porter son corps à*
» *Annessy, et de luy donner sépulture dans l'église*
» *Saint-François-d'Assise, au devant du throsne*
» *épiscopal.* Il était bien aise que son corps reposast
» jusqu'au dernier jour, auprès du lieu où il avait
» travaillé fidèlement au service de son âme, pour la
» gloire de Dieu, l'espace de 23 ans. » Ses intentions furent accomplies. Bientôt nous entendrons son successeur exprimer le même dessein.

Il est temps maintenant de reprendre le récit des travaux de l'Apôtre de Thonon.

A son retour de Paris, François de Sales apprit à Lyon, la mort de son évêque. Après avoir visité pluques prélats pour prendre leur avis sur la difficulté de sa nouvelle charge, il se rendit au Château de Sales, d'où il s'empressa d'écrire au Saint-Père une lettre, où il lui exprimait en ces termes, ses regrets sur le trépas de son évêque :

XLIIIe LETTRE. — A Sa Sainteté le Pape Clément VIII.

Très-saint-Père.

. . . . , ...
M'étant mis en chemin, j'appris, à mon grand regret, que notre révérendissime évêque avait terminé sa sainte vie, dans le temps même du jubilé de Thonon. Cette province ne pouvait faire une perte plus considérable, ni recevoir un plus grand et plus juste sujet de tristesse. Je ne puis m'empêcher de faire en deux mots l'éloge de cet illustre défunt. . . . .

Il est de notoriété publique que pendant l'espace de vingt ans que ce saint homme a gouverné cette église, . . . il a ramené au bercail du Seigneur vingt cinq mille brebis errantes, soit par son propre zèle et un travail infatigable, soit par le zèle de ses ouvriers évangéliques.

Ce grand homme, peu de temps avant sa mort, m'avait demandé pour son coadjuteur et successeur dans l'épiscopat, quoique je ne lui touchasse aucunement par les liens du sang et de la parenté; il m'avait obtenu, à sa grande satisfaction, de la bonté de Votre Sainteté. J'ai donc reçu les bulles du Saint-Siége, et depuis ce temps là je ne cesse de considérer attentivement devant Dieu l'enchaînement et la suite des événements. . . . .

Si ma bonne volonté, jointe à une parfaite reconnaissance, peut entrer en compensation d'un si grand bienfait, je la soumets toute entière *et sans restriction à Votre Sainteté*, toujours prêt à obéir au moindre signe de la sienne. . . . . Enfin, prosterné humblement aux pieds sacrés de Votre Sainteté, j'attends votre bénédiction apostolique, afin que la consécration que je dois recevoir bientôt, soit plus profitable pour moi et plus consolante pour mon troupeau.

François mande aussitôt le père Jean Forier qui dirigeait la communauté des pères jésuites à Thonon.

Cet enfant de saint Ignace avait conquis au suprême degré la confiance de l'Apôtre de Thonon. Ce fut sous sa direction qu'il commença au château de Sales, une retraite préparatoire à sa consécration épiscopale. Les exercices durèrent du 20 novembre au 8 décembre.

François de Sales avait passé huit mois en France. Il aurait pu inviter à son sacre quelques prélats des sièges les plus éclatants de ce royaume. Mais non ; il n'y convoqua que des prélats auxquels il était attaché par les liens de la reconnaissance et de la patrie. Deux évêques coulaient des jours ignorés dans deux petites villes de son diocèse. Mgr. Vespasien de Gribaldi, natif de Chieri en Piémont [1], depuis bien longtemps était venu habiter Evian. L'Apôtre de Thonon n'avait eu que les rapports les plus gracieux avec lui pendant les années de la conversion du Chablais. Il l'appelle au château de Sales pour être son évêque consécrateur. Au reste, Mgr de Gribaldi était un ancien archevêque de Vienne dont le diocèse d'Annecy était suffragant. Il appelle pour évêque assistant son ami l'évêque Pobel, retiré à Bonneville. Il avait été un bienfaiteur de l'Apôtre du Chablais. Il invita pour son second évêque assistant, Révérendissime Jacques Maistret, ancien évêque de Damas, suffragant de Lyon. Il habitait depuis quelque temps Aix sa patrie, remplissait les fonctions pastorales sous le titre de doyen de cette collégiale. François avait eu des relations trop intimes avec les habitants d'Aix, dès son élévation au sacerdoce, pour

---

[1] Les historiens le font naître à Evian; mais son contemporain, Mgr Camus, évêque de Belley, dit *piémontais d'origine*. Il mourut à Evian en 1623, et fut inhumé dans le sanctuaire de l'église paroissiale; sur son tombeau on lit : *Archiepiscopatu et patriâ relictis, secessit Aquianum :* « Après avoir abandonné » sa dignité et sa patrie, il se retira à Evian. »

mettre en oubli, dans une époque si solennelle, le premier dignitaire écclésiastique, de cette petite ville.

Le 8 décembre, sous les auspices de l'Immaculée Vierge, l'huile sainte de la plénitude du sacerdoce, coulait sur l'auguste front de François, en l'église de Saint-Maurice de Thorens.

Le 18 décembre, il écrivait d'Annecy à M. de Bérulle : « Je suis évêque consacré dès le jour de
» Notre-Dame, 8 de ce mois, qui me fait vous con-
» jurer de m'aider toujours plus chaudement par vos
» prières. J'ai eu le bien de faire un peu de recollec-
» tion et exercice en l'assistance du père Forier, l'un
» des excellents jésuites, que j'aie rencontrés avant
» mon sacre [1]. » Dès lors le père Forier fut le directeur du saint Évêque. Il n'entreprenait rien d'important sans son avis. Sans les sollicitations du père Forier, il n'aurait jamais consenti à livrer au public l'*Introduction à la vie dévote*.

Les divers historiens nous disent que le saint Évêque de Genève venait à Thonon, au moins une fois par année, pendant son épiscopat. Nous devons, à la vérité, d'affirmer que saint François n'ayant pu ob-

[2] Lettre XLVIIIe.

tenir la translation du Siége épiscopal en sa chère ville de Thonon, venait visiter les habitants deux ou trois fois chaque année, et souvent y séjournait une semaine. C'est un point historique qu'établissent et les nombreuses lettres de notre Saint et les archives de la Sainte-Maison. Si ses prédications dans cette ville ont fait éclater l'incomparable habileté de l'Apôtre du Chablais à convaincre et persuader les hérétiques, l'on peut dire que ses fréquentes visites à Thonon furent, pendant les 20 ans de son épiscopat, le plus touchant témoignage de sa douceur et de sa compassion. Rien n'est plus attendrissant que la bonté avec laquelle il reçoit de nouveau dans le sein de l'église, des chrétiens qui avaient abjuré l'erreur une première fois entre ses mains, et que la faiblesse humaine et la violence des passions avaient ramenés au calvinisme.

Sa compassion envers les relaps nous démontre clairement qu'il était le véritable disciple apostolique du Sauveur qui dit à saint Pierre : *Je ne vous dis pas de pardonner jusqu'à sept fois, mais jusqu'à septante fois sept fois.* (Matth. xviii, 22.)

L'histoire de la conversion de Thonon offre des circonstances aussi pénibles à lire qu'à raconter :

ce sont des tentatives d'assassinat, une opiniâtreté révoltante. Mais sa conduite envers Thonon, pendant son épiscopat, est ce qu'il y a de plus capable de révéler toute la clémence de son cœur, aussi bien que l'élévation de son génie organisateur. Des détails sur des faits que ses biographes ont seulement énoncés, ajouteraient quelques pages délicieuses à l'histoire du plus aimable des saints. Nous n'aborderons pas aujourd'hui le récit de son ministère auprès des habitants de Thonon. Bornons-nous à contempler les glorieux traits de son esprit créateur dans l'organisation ecclésiastique d'une paroisse où les Bernois avaient entassé ruines sur ruines.

(Année 1603.)

En 1603, au mois d'août, le nouvel Evêque se rend au pays de Gex où il opère quelques conversions éclatantes. C'était aux yeux des protestants un crime irrémissible qu'ils cherchent à lui faire expier par un empoisonnement. L'on avait mêlé de l'arsenic à ses aliments. En proie aux plus violentes douleurs accompagnées de vomissements, il ne demanda pas sur le champ un miracle à la Providence. Il sait qu'il faut employer les remèdes naturels que Dieu a cachés dans l'art médical. Il confie ses jours à un médecin et fait en même temps un vœu à Celle qui venait d'opérer de si nombreux prodiges à Thonon ; il s'engage à faire un pèlerinage à pieds, à Notre-Dame-de-Compassion.

Il retourne en toute hâte à Annecy, où il devait célébrer les ordinations des quatre-temps de septembre ; mais l'accomplissement de son vœu ne peut souffrir de retard, il convoque les ordinands à Thonon, fait douze lieux de marche à pieds pour venir remercier Notre-Dame-des-Sept-Douleurs. C'était la seule église dans nos contrées dédiée à la Vierge de Compassion ; ce qui explique le grand concours de pèlerins de toutes les nations. Depuis longtemps la ville dn Thonon n'a pas vu son Père et son Apôtre traverser ses rues, visiter son église. Dès lors, le mouvement du jubilé avait attiré dans ses murs des pontifes, des centaines de prêtres, des milliers d'étrangers, mais elle n'avait pas encore pu contempler François de Sales revêtu du caractère et des insignes de l'épiscopat. Aussi lui fit-elle un accueil enthousiaste qu'un écrivain, son contemporain, décrit en ces termes : « La ville de Thonon qui se glorifiait à juste
» titre d'être doublement sa fille, l'attendoit avec
» impatience, preste et appareillée qu'elle étoit de le

» le recevoir à bras ouvert. Et le bruit assuré courant
» qu'il étoit assez proche de ses murailles, et que dans
» peu il seroit à ses portes, elle députa les principaux
» de ses citoyens pour luy faire la révérence et le
» supplier par le mesme moyen de ne point entrer
» chez elle que revêtu pontificalement, que tels étoient
» les vœux de tout le peuple et des lieux circonvoi-
» sins qui devoient fondre chez elle au jour de son
» arrivée. Ce bening Pasteur acquiesça volontiers, et
» fit son entrée dans la dite ville, la mitre en teste et
» revestu de ses habits pontificaux. La joie et le con-
» tentement que sentit le peuple, est inexplicable,
» chacun, s'il eust pu, l'eut voulu prendre dans son
» cœur. On le conduisit solennellement dans l'église,
» où après que les cérémonies accoutumées furent
» révéremment accomplies, il monta en chaire, leur
» prescha très-amoureusement, se congratulant avec
» eux de leur conversion et persévérance, leur dict
» que si pour le passé il avoit eu un devoir envers eux,
» maintenant qu'il étoit leur évesque, il en avoit
» deux : ensuite de quoy il s'offroit tout entier à
» eux. [1] »

Louis de la Rivière, pag. 266. Ces lignes furent impri-
mées dix-huit mois après le décés du saint Evêque.

Les syndics de la ville et tous les administrateurs s'étaient avancés à la rencontre du Pontife ; ils le conduisirent à l'église paroissiale au milieu des cris de joie et des larmes d'attendrissement de toute la population. Après avoir accompli son vœu, il profita de son séjour à Thonon pour triompher de l'opiniâtreté de quelques habitants qui avaient résisté à toutes les grâces du jubilé. Le 20 du mois de septembre, il conféra les saints ordres à quelques lévites dans l'église de Notre-Dame-de-Compassion, et le 21 il signait l'autorisation d'ériger une chapelle dans l'église d'Allinge. La paroisse d'Allinge conserve très-précieusement cette pièce signée par notre Saint, en ces termes : « Donné à Thonon, le vingt-unième de » septembre 1603, dans le lieu de notre habitation » ordinaire. » *Datum Tononii die vigesimâ primâ septembris anno millesimo sexcentesimo tertio, in loco consuetæ habitationis nostræ.* Le lieu de son habitation ordinaire n'était pas la maison des prêtres de la Congrégation, il venait à Thonon pour la première fois depuis que les prêtres de la Sainte-Maison jouissaient de cet édifice. Le saint Evêque logea donc dans son habitation ordinaire, chez sa tante madame Dufoug, née Du Maney. C'est chez elle qu'il choisit toujours son domicile chaque fois qu'il vint à Thonon, pendant les années de son épiscopat [1].

L'évêque de Genève fut heureux de trouver à la Sainte-Maison l'imprimeur Marc de La Rue, qu'il avait si puissamment secondé dans l'espoir qu'une imprimerie à Thonon propagerait les bons livres dans le Chablais. Il lui donna un témoignage sensible de sa satisfaction en lui confiant l'impression de ses constitutions synodales éditées à Thonon en 1603 ou peut-être 1605. C'est dans sa première visite en cette ville qu'il engagea un pieux bourgeois à composer la vie de son illustre parent, saint Bernard de Menthon. En 1505, Nicolas Fernex fit imprimer cette Vie, à Thonon.

Plus heureux que tous les autres habitants de cette paroisse de l'arrivée du saint Évêque, les prêtres de

[1] Le dernier rejeton de cette famille si bienfaisante envers saint François, est Mademoiselle Charlotte Du Maney domiciliée à Margencel. Elle a commencé sa 91° année le 14 juin passé, et jouit de toutes ses facultés intellectuelles. Elle assure que les traditions de famille ont toujours parlé de ce logement accordé à saint François, sans faire connaître dans quelle rue était située la maison de la veuve Du Maney. Cependant elle affirme que ce n'était pas une de leurs habitations sise en face du collège, puisqu'elle appartenait à sa mère, née d'Yvoire.

la Sainte-Maison reçurent de sa part les marques d'une vive tendresse. La pauvreté de cette Congrégation naissante émut le cœur compatissant de son fondateur. Sa pieuse industrie employa tous les moyens canoniques pour venir en aide à ses chers enfants. Lui-même avait perçu pendant plusieurs années les faibles honoraires de prévôt de la cathédrale et de curé du Petit-Bornand. Aussi en choisissant M. Maniglier pour nouveau préfet de la Sainte-Maison, il lui confère le bénéfice-cure de la paroisse de Saint-Maurice de Serraval, en la vallée de Thônes; il remplissait les fonctions curiales par un vicaire.

Le nouvel évêque abdiqua sa dignité de préfet en faveur du plébain Maniglier qui avait si bien répondu à sa confiance en le remplaçant durant quatre années en qualité de vice-préfet. Il laisse aux prêtres la note suivante que son neveu Charles Auguste assure avoir retrouvée parmi les titres de son oncle :

« Le pape Clément VIII avait établi préfet de la
» Sainte-Maison, de Notre-Dame-de-Compassion de
» Thonon François de Sales, prévôt de l'évêque de
» Genève. Mais le même François ayant été fait
» quelque temps après évêque et prince de Genève,
» et par là, déchargé, de la fonction de préfet, s'est

» dévoué et consacré tout entier, de son plein gré et
» de son propre mouvement, à cette congrégation,
» faisant les souhaits les plus sincères et les plus ar-
» dents pour que la dévotion aux très-augustes noms
» de Jésus et de Marie se répande de l'église de
» Thonon, dans toutes celles du diocèse, et surtout
» dans la ville de Genève, et que ces saints noms y
» exhalent une odeur de suavité comme un parfum
» précieux, ou comme le cinnamone, le baume odo-
» riférant et la myrrhe choisie. Ainsi soit il [1]. »

Après un court séjour à Thonon, le saint Evêque se transporte à l'abbaye de Sixt, d'où il revint en cette ville les derniers jours du mois de septembre pour la solennelle inauguration du cimetière. Avant l'invasion des Bernois, le cimetière de Thonon entourait l'église actuelle : les nombreux ossements, extraits tout dernièrement, le prouvent clairement. Ce sont les Bernois qui ont fait choix du cimetière actuel, alors comme aujourd'hui appelé le cimetière *Saint-Bon*. Rendons hommage à leur bon goût ; ils ne pouvaient choisir un local plus silencieux, plus à l'abri de toute profanation. Le cimetière de Thonon est aujourd'hui dans un état qui ne laisse rien à désirer.

---

[1] Cité par M. Perennès, pag. 567.

La culture qui environne les tombes, les riches mausolées qui les surmontent, témoignent assez des religieux souvenirs et du respect que la population professe pour les trépassés.

Il y avait huit ans que l'on inhumait les nouveaux convertis, au cimetière Saint-Bon, et il n'avait pas reçu la bénédiction solennelle de l'Eglise ; le prêtre Bouverat bénissait la fosse chaque fois qu'il accompagnait les restes d'un catholique. Le saint Evêque annonce aux habitants la cérémonie solennelle de la bénédiction du cimetière. Au jour fixé il conduisit les fidèles en procession sur ce cimetière. La procession est à peine entrée à Saint-Bon, qu'elle aperçoit sur le lac une tempête affreuse qui bientôt vint s'abattre sur elle et rompre ses rangs.

La curiosité avait attiré quelques Genevois ; en voyant le saint Evêque faire la cérémonie au milieu de l'orage, de la grêle et des pluies torrentielles, ils furent tout joyeux et s'écrièrent : « Voyez comme » Dieu punit ces papistes, et vient les troubler dans » leurs superstitions. » L'Evêque répliqua : « Vous » vous trompez, c'est plutôt un effet de la colère du » démon qui s'irrite de se voir chassé de ses injustes » possessions, par la puissance du Saint-Esprit. »

Et pour les convaincre, il prononça en leur présence les paroles sacrées des exorcismes contre les orages : la tempête s'apaisa, le ciel redevint serein.

L'on n'entre pas dans le cimetière de Thonon sans un frémissement religieux à la pensée qu'il renferme les ossements d'un mort ressuscité par saint François de Sales, et que ce champ sacré a été sanctifié par les prières et les exorcismes du saint Évêque.

Il présente encore un autre titre à la vénération des fidèles. Le cimetière de Thonon cache dans ses entrailles les dépouilles mortelles de deux martyrs, confesseurs de la foi. Il nous reste quelques vieillards, à qui les impressions si vives de l'enfance effrayée, rappellent l'exécution de deux prêtres sur la place du Château, au temps de la plus affreuse persécution. François Vernat, natif de Chevênoz, canton d'Abondance, vicaire à Fessy, par ordre de la république, fut fusillé à Thonon le 22 février 1794, à l'heure de midi ; le lendemain il fut inhumé au cimetière. Le 15 mai 1794, entre 11 heures et midi, fut également fusillé Joseph Morand, natif et vicaire du Biot; le lendemain il fut inhumé au cimetière Saint-Bon [1].

---

[1] Note fournie par M. Rollier de Thonon, historiographe décoré de la croix des Saint-Maurice et Lazare.

Au jour des dimanches et fêtes, les fidèles de la paroisse de Thonon aiment à aller déposer une prière sur la tombe de leurs parents. Un certain nombre font *un chemin de croix* pour les trépassés, dans la *Chapelle Bouverat*, placée à l'entrée du cimetière. Dans cette pieuse pratique, ils suivent l'exemple de leur Apôtre qui n'oubliait pas les trépassés qui reposent au cimetière Saint-Bon. Voici la lettre qu'il écrivit aux prêtres de la Sainte-Maison en 1609.

Sur la remontrance à nous faite à Thonon, tendante aux fins que les ecclésiastiques de la Congrégation de Notre-Dame-de-Compassion aient à faire célébrer la sainte Messe, et faisant la station accoutumée dans le diocèse, pour les fidèles trépassés dont les corps reposent au cimetière de saint Bon ; nous commettons les sieurs de Blonnay préfet et de Chatillon Plébain pour voir ce qui sera le plus à la gloire de Dieu, et ordonner de notre part ce qui devra être observé.

Chaque mois de la première année de l'épiscopat de François de Sales, fut marqué par des preuves du vif intérêt qu'il portait au peuple de Thonon et à ses institutions religieuses. Le mois de l'Assomption de Marie avait présidé à son vœu à Notre-Dame-de-

---

[1] Lettre CCCXX (édit. Blaise).

Compassion de Thonon, c'est bien encore à la même époque qu'il adressa à son diocèse le Mandement suivant [1].

MANDEMENT sur les grâces et indulgences accordées par le Saint-Siège Apostolique à la Confrérie de Notre-Dame-de-Compassion de Thonon.

François, évêque et prince de Genève, par la grâce de Dieu et du Saint-Siège Apostolique, à tous ceux qui ces présentes verront paix et dilection en Jésus-Christ.

« Notre Saint-Père le Pape Clément VIII ayant
» ouvert le trésor de l'Eglise, et accordé le grand par-
» don ci dessus inséré et déjà publié dans notre Dio-
» cèse, à toutes personnes inscrites en la confrérie
» de Notre-Dame-de-Compassion érigée à Thonon,
» plusieurs néanmoins, à l'occassion des derniers
» troubles des guerres, seraient en doute de la con-
» tinuation de ces grâces et indulgences du dit lieu.
» C'est pourquoi nous avons ordonné que de nou-

---

[1] (Pièces inédites), Migne.

» veau la publication en sera faite par tout notre dio-
» cèse, afin que chacun soit assuré de pouvoir par-
» ticiper à des biens si grands, si excellents;
» suppliant tous les très-révérends ordinaires des
» lieux qui en seront requis, de vouloir permet-
» tre et favoriser une semblable publication, et la
» ceuillette de l'aumône pour l'effet mentionné en
» la concession du dit pardon. Comme aussi nous
» exhortons tous les fidèles de vouloir honorer Dieu
» par leurs bonnes œuvres au dit lieu de Thonon,
» comme vis à vis et en face des principaux sectateurs
» de l'hérésie, afin qu'ils soient émus à glorifier eux-
» mêmes le Père céleste par leur réduction au giron
» maternel de la sainte Mère Eglise.

» Fait à Annecy, au mois d'août 1603.

» François,
» *Evesque de Genève.* »

Une année seulement s'est écoulée depuis qu'il porte le fardeau de l'épiscopat, et déjà il lui tarde de rendre compte au Saint-Père de l'état des affaires religieuses de son diocèse.

LV° LETTRE.

Annecy, 16 Novembre 1603.

Très-saint-Père.

. . . .
Comme dans ce diocèse dont la charge m'a été confiée par le Saint-Siége, il s'est fait de nos jours un très-grand et très-heureux changement dans les affaires de la religion, je ne crois pas pouvoir me dispenser d'en faire à votre Sainteté le récit naïf, exact et particularisé. . . . .
Dans le temps que François 1er, roi de France, s'empara de la Savoie, les suisses du canton de Berne, qui depuis peu étaient infestés du poison de l'hérésie luthérienne et zwinglienne, firent irruption dans les contrées de la Savoie les plus voisines de la Suisse, et engagèrent le peuple de Genève à secouer l'aimable joug de Jésus-Christ et se révolter contre leur légitime souverain, et à changer la forme de leur gouvernement en une malheureuse démocratie. Or cette république, qui est la retraite de tous les brigands et de tous les gens bannis de leur pays, est aujourd'hui le supplice de ses propres citoyens par les séditions qui l'agitent continuellement.

Ne croirait-on pas que le saint Evêque écrit en plein 19me siècle? Les rapports qu'il avait eus avec les Genevois pendant son séjour à Thonon ne vinrent pas modifier le jugement qu'il portait le 1er septembre

1593, dans ses constitutions de Confrérie de la Sainte-Croix d'Annecy. On y lit les lignes suivantes, après avoir parlé de l'invasion de l'hérésie, il ajoute:

Cette misérable cité ne s'est occupée qu'à nourrir des guerres, à fomenter des homicides, à inventer des trahisons, et elle est devenue la sentine et l'égout des embrasements et des rapines, et l'asile des hommes les plus pervers et les plus criminels de l'Europe ; que par conséquent on peut dire à juste titre qu'elle est l'origine de tous les malheurs qui ont affligé jusqu'à présent la France et la Savoie [1].

Reprenons le compte-rendu de l'évêque de Genêve, au pape Clément VIII.

C'est ce qui détermina le prince à se transporter à Thonon, pour traiter lui-même en personne avec ceux qui paraissaient être les principaux et les plus distingués du parti.

Ce fut en l'année 1598 qu'il entreprit ce voyage, et il réussit avec tant de bénédictions, que l'Illustrissime et Révérendissime cardinal de Florence, légat *à latere* du Saint-Siége Apostolique, arrivé quelques jours après, fut témoin de la conversion de plusieurs milliers de personnes. . . . .
. . . .

S'il est juste de rapporter cet événement admirable et

[1] Voir Migne, tome V, page 230.

ce prodigieux changement des cœurs et des esprits à la bonté toute-puissante du Créateur, ... on ne peut au moins dissimuler que le duc de Savoie fut son instrument, et que son zèle fit des miracles. En effet, pendant que Son Altesse travailla à cette conversion, et séjourna à Thonon, son cœur, par une grâce singulière, semblait être entre les mains de Dieu : vu qu'il en suivait tous les mouvements et toutes les impressions. ... Ce prince ne se donna nul repos qu'il n'eût fait replacer de toutes parts l'arbre vivifiant de la Croix, qu'il n'eût entendu retentir les airs du chant des églises. . . . .

. . . .
.... Je puis dire en toute confiance qu'il n'y a point eu de nos jours, en aucun endroit du monde, un si grand nombre de personnes converties à la vraie foi, avec tant de douceur et plus d'efficace. Néanmoins, il y a toujours jusqu'à ce temps quelques hérétiques de l'un et de l'autre sexe mêlés avec les nouveaux catholiques. Ces gens-là, plus obstinés que les autres, croupissent dans leurs erreurs. Or, Son Altesse craignant qu'ils n'infectassent le reste de leurs compatriotes, ne trouva point d'expédient plus propre pour empêcher ces désordres, que de rendre un édit par lequel il leur commanda de sortir du pays. Quelques-uns, redoutant la sévérité de cette ordonnance, se sont enfin reconnus ; et il leur est arrivé la même chose qu'au Prophète-Royal, lorsqu'il disait : *Je me suis converti à Dieu au milieu de mes peines, tandis que les épines me faisaient sentir leurs pointes. En effet,* comme dit Isaïe, *l'affliction donne l'intelligence.*

Quel langage contradictoire à tout ce que les ministres Genevois ont publié dernièrement dans leurs libelles ! Saint François de Sales n'a jamais vu un si grand nombre de conversions *avec autant de douceur et plus d'efficace.* Et l'on a l'audace de dire au public que l'Apôtre *a employé contre les réformés savoisiens l'oppression et l'intimidation militaire* [1]*!*

Le saint Evêque continue :

Il n'y a plus qu'une chose à désirer, très-saint Père, c'est que le Saint-Siége prenne à cœur cette affaire, et y apporte tous ses soins, n'y ayant rien de plus grand, de plus digne, de plus important, et que Votre Sainteté donne toutes sortes de marques de bienveillance et de tendresse à Son Altesse Sérénissime Monseigneur le duc de Savoie qui a été l'instrument de la bonté divine, et qui a travaillé si efficacement au salut de son peuple.

Mais, pour donner une entière créance à ce que j'avance dans cette lettre, comme ne contenant rien que de très-avéré, j'ai souscrit mon nom au bas, et j'y ai fait apposer le sceau de l'évêché de Genève, outre cela, plusieurs chanoines de ma cathédrale et autres personnages d'une probité reconnue, ayant été témoins oculaires des choses que je viens de raconter, et même ayant travaillé à l'instruction des mêmes peuples, avec autant de succès que de gloire j'ai jugé à propos qu'ils signassent aussi.

L'évêque de Genève prodigue les plus pompeux éloges au duc de Savoie, implore des marques de

---

[1] Voir l'ouvrage du pasteur Gaberel, tome II, pag. 529.

bienveillance pour lui auprès du Souverain Pontife, précisément une année après la fameuse tentative de l'escalade du 2 décembre 1602. Aussi, est-ce moins l'Apôtre papiste que le panégyriste de Charles Emmanuel Ier que poursuit aujourd'hui la rancune de nos voisins.

(Années 1603-1607.)

Nous glissons sur des événements peu importants de l'année 1604 pour suivre le saint Évêque au milieu des épreuves qui l'attendaient à une époque peu éloignée.

Il avait prêché le carême à La Roche où l'empressement des fidèles l'avait retenu jour et nuit au confessionnal. Il se disposait à aller passer quelques instants de repos au château de Sales lorsqu'une nouvelle vint déchirer son cœur si tendrement filial envers le Saint-Père : il apprend la mort du pape Clément VIII, qui avait si puissamment secondé ses efforts durant sa mission à Thonon. Ses regrets reçurent quelque adoucissement en voyant monter sur le trône pontifical, le cardinal dont il avait reçu tant de témoignages de bienveillance à l'époque des quarante-heures de Thonon. Alexandre de Médicis est appelé à siéger sur le trône de saint Pierre, et prend le nom de **Léon XI**.

Ce pape avait conçu de l'Apôtre du Chablais une telle estime, en assistant à ses prédications des quarante-heures de Thonon, qu'un de ses premiers soins dès qu'il eut ceint la tiare, fut de l'inscrire au nombre des prélats auxquels il destinait le chapeau de cardinal. L'Evêque de Genève l'apprit par des lettres venues de Rome, et dit en fondant en larmes : « Si Sa
» Sainteté l'ordonne, il faudra bien que j'obéisse,
» mais je vous assure que si le chapeau de cardinal
» n'était éloigné de moi que de trois pas, et que la
» chose fut remise à ma volonté, je ne remuerais pas
» le pied pour aller le prendre. Si je pouvais faire que
» je procurasse la conversion de Genève, en rougis-
» sant toute ma robe de mon sang, ah! voilà une
» pourpre que je serais joyeux de porter. » Mais

Léon XI n'eut pas le temps d'exécuter son dessein. Il ne siégea pas un mois, et la pompe de ses funérailles vint, pour ainsi dire, interrompre les fêtes de son couronnement. Le prédécesseur de François de Sales, Claude de Granier, l'avait demandé pour évêque-coadjuteur et pour successeur en son diocèse, « à cause des travaux qu'il avait supportés à Thonon » et en Chablais, parce que les peuples qu'il avait » ramenés au giron de l'Eglise, désiraient qu'il fut » leur évêque. » Et ici, nous voyons le successeur de saint Pierre préparer le chapeau de cardinal à François de Sales non plus à la demande de son prince et de son évêque, mais parce que lui-même avait apprécié les mérites de l'Apôtre du Chablais, pendant les deux jours qu'il l'entendit prêcher à l'église des Augustins, à Thonon. Si le pape Léon XI eut vécu plus longtemps, l'Evêque de Genève eut revêtu la pourpre romaine, et il n'aurait dû cette nouvelle dignité qu'à sa mission de Thonon. A Léon XI succéda le cardinal Borghèse, sous le nom de Paul V. Ce cardinal avait assisté à l'examen de l'évêque-coadjuteur de Genève. Son estime lui était donc acquise. Le cardinal Borghèse s'était lié d'une étroite amitié avec François de Sales lors du voyage de ce dernier à Rome. Bien plus, il lui avait été très-utile auprès de Clément VIII pour obtenir l'objet de ses requêtes relatives à la conversion du Chablais. Son élévation au trône de Saint-Pierre fut encore providentielle pour l'Evêque de Genève. Aussi François de Sales s'empressa-t-il de lui écrire en ces termes :

LXXXVIe LETTRE.

Annecy le 16 juillet 1605.

Très-Saint-Père,

. . . .
Je dois cette déférence au Saint-Siége Apostolique, en le congratulant du choix qu'il a fait d'un si grand Pape. . . . . . Je la dois en particulier à cette province qui, battue de toutes parts et presque brisée des flots et des orages excités par les hérétiques, a conçu de grandes espérances de Votre Sagesse et de Votre Charité.

Enfin, Très-Saint-Père, je dois me féliciter moi-même, ayant déjà éprouvé les effets merveilleux de votre bonté, lorsque vous n'étiez encore que cardinal. . . . . et que je n'étais que prévôt de cette église ; car vous m'aidâtes puissamment auprès du Saint-Père, votre prédécesseur, pour faire réussir ma négociation touchant la réédification des églises tombées en ruine, et démolies par les hérétiques. . . . . Ce fut alors que j'annonçai à Sa Sainteté la conversion de plusieurs milliers de personnes.

Le pape Paul V avait secondé les saints désirs de l'Apôtre de Thonon, longtemps avant qu'il fut élevé au souverain pontificat. Aussi par un bref, donné sous l'anneau du pêcheur, il s'empresse de confirmer les priviléges accordés à la confrérie de Thonon.

PAULUS PAPA V,

Ad perpetuam rei memoriam.

. . . . . *CLEMENS PAPA VIII*, *prædecessor noster, pro fidei catholicæ, ac sanctæ Romanæ Ecclesiæ exaltatione, hæresum extirpatione, ac hæreticorum conversione, vivæ vocis oraculo approbaverit Societatem beatæ Mariæ Compassionis seu septem Dolorum in domo piâ à prædicto Clemente prædecessore fundatâ Tononii Gebennensi diœcesi. Cumque sicut etiam accepimus ingentes fructus ex hoc pio opere Ecclesia jam perceperit ex animarum conversione, et populorum ad obedientiam hujus Sanctæ Sedis reductione, ac majores in dies, et uberiores fructus sperari possit. Nos, ut ipsius Societatis confratres ad hujus modi pia exercitia magis alliciantur, specialibus favoribus, et gratiis eos prosequi volentes, et à quibus vis excomunicationis, suspensionis et interdicti, aliisque ecclesiasticis sententiis, censuris, et pœnis a jure vel ab homine, quavis occasione, vel causâ latis, si quibus quomodolibet innodati existitis ad effectum præsentium duntaxat consequendum, harum seu absolventes, et absolutos fore censentes ; supplicationibus eorumdem nobis super hoc humiliter porrectis inclinati. Confraternitatem prædictam, ac illius erectionem, nec non decreta et statuta pia regimine et gubernio ipsius Societatis desuper edita, licita tamen et honesta, ac sacris canonibus, et Concilii Tridentini decretis ac constitutionibus apostolicis minimè contraria, auctoritate apostolica, tenorem præsentium perpetuo confirmamus et approbamus, ac illis perpetuæ et inviolabilis apostolicæ firmitatis robur adjicimus . . . .*

Datum Romæ apud sanctum Petrum sub annulo piscatoris die 21 decembris 1606. Pontificatûs nostri Anno secundo [1].

Le saint Evêque, après avoir confié à la sollicitude spéciale du nouveau successeur de saint Pierre, cette province naguère *battue par les flots* de l'hérésie,

---

[1] Extrait d'un placard imprimé que possède la Confrérie de Notre-Dame-de-Compassion.

vient lui-même la consoler par ses visites pastorales; ce qui arriva vers la fin du mois de juillet et au commencement du mois d'août.

Le 30 août il écrivait d'Annecy à madame de Chantal.

LXXXVIIIe LETTRE.

Je reviens du bout de mon diocèse du côté des Suisses, où j'ai achevé l'établissement de trente-trois paroisses, ésquelles il y a onze ans qu'il n'y avait que des ministres; et y fus en ce temps-là trois ans tout seul à prêcher la foi catholique ; et Dieu m'a fait avoir à ce voyage une consolation entière ; car, au lieu que je n'y trouvais que cent catholiques, je n'y ai pas maintenant laissé cent huguenots. . . . . c'était pour des choses temporelles et provisions des églises, j'y ai été fort empêché ; mais Dieu y a mis une très-bonne fin par sa grâce, et encore s'y est-il fait quelque peu de fruit spirituel.

Pendant son séjour à Thonon et dans le baillage, il alla visiter son archevêque-consécrateur à Evian ; toujours, dans ses lettres, il lui donne le titre d'archevêque de Vienne.

Au mois de juillet 1605 il écrivait à madame de Chantal :

LXXXVe LETTRE.

. . . .
Hier j'allais sur le lac, en une petite barquette, pour visiter Mgr l'Archevêque de Vienne ; et j'étais bien aise de n'avoir point d'appui qu'un ais de trois doigts, sur lequel je me pusse assurer, sinon la sainte providence : et si, j'étais encore bien aise d'être là sous l'obéissance du nocher, qui nous faisait asseoir et tenir ferme sans remuer, comme bon lui semblait et vraiment je ne remuai point. . . . . Je me souvins encore hier de sainte Marthe exposée dans une petite barque avec Madeleine. Dieu leur servit de pilote pour les faire aborder *en notre France* [1].

Dans cette visite en Chablais le saint Evêque eut la douleur de ne plus retrouver les pères jésuites à Thonon. Ils avaient quitté le pays depuis quelques semaines. Quelles furent les causes de leur départ ? Les voici :

1° Le Saint-Siége leur déclara ne pouvoir plus continuer à payer chaque année la somme de 436 écus d'or que le pape Clément VIII leur faisait remettre annuellement : ainsi, le trépas de Clément VIII, arrivé au mois de mai de cette année, fut le premier motif qui les força à abandonner Thonon.

---

[1] Au 13e siècle, on découvrit les reliques de sainte Madeleine, à Saint-Maximin, près de Marseille. En ce moment, Mgr Dupanloup érige en ces lieux un sanctuaire à sainte Madeleine.

2° Le souverain leur avait alloué la somme de dix mille écus pour réparer l'église des Augustins et bâtir une maison. Les réparations furent faites à la dite église, mais ils ne purent point construire une maison pour leur collége : la somme promise par le duc de Savoie ne fut jamais payée. Saint François de Sales nous en a donné la raison plus haut : « le prince » est animé de très-bons sentiments, mais il ne peut » être obéi par ses inférieurs, chargés de le représen- » ter en deçà des monts. »

3° La détresse de la communauté ne lui avait pas permis d'appeler un assez grand nombre de pères pour enseigner toutes les sciences. L'enseignement donné par les jésuites se bornait aux belles-lettres et à la grammaire. L'administration civile de Thonon leur demanda l'exécution de la bulle de Clément VIII du 13 septembre 1599. Cette bulle érigeait à Thonon une université, à l'instar de celle de Bologne et de Pérouse, où l'on enseignerait toutes les sciences sacrées et profanes. Les jésuites étaient donc obligés d'enseigner la théologie, l'Ecriture Sainte, les cas de conscience, la jurisprudence et la médecine. Les constitutions de saint Ignace ne leur permettaient l'enseignement de la médecine à quoi tenait spécialement le conseil de ville. Les exigences du conseil municipal de Thonon nécessitaient un plus grand nombre de religieux, et personne ne s'offrait à pourvoir à leur entretien. Selon les vœux du pape clément VIII, les enfants de *Loyola* exerçaient le ministère de la prédication dans les campagnes environnantes. Le conseil de ville obtint du souverain-sénat de Savoie une prohibition intimée aux pères jésuites de s'employer au ministère sacré hors de la ville. Tant d'entraves contraignirent ces religieux à abandonner leur collége et l'église des Augustins. Le conseil essaya de les remplacer par des professeurs laïques. Ceux-ci répondirent si peu aux besoins de la contrée que dans quelques années l'administration locale remettra son collége entre les mains du saint Evêque du diocèse, le sollicitant de le confier à un ordre religieux.

La conduite des bourgeois de Thonon, à l'égard des pères jésuites causa une sensible douleur au saint Evêque. Elle fut adoucie par les sentiments religieux et par un acte de générosité du premier syndic. Pierre Fornier le supplia d'autoriser l'érection d'une chapelle en l'église paroissiale où le saint Apôtre avait reçu son abjuration huit ans plus tôt. Il plaça cet autel sous le vocable de saint Pierre son patron.

L'évêque François n'avait pas oublié la lettre que Pierre Fornier lui fit adresser au successeur de saint Pierre au nom de la ville dont il était le premier magistrat. Il seconda son dessein avec la plus vive satisfaction.

Par acte du 25 octobre 1605, Pierre Fornier fondait la chapelle de Saint-Pierre dont le revenu annuel devait être à perpétuité de 27 florins. Il chargeait le recteur d'icelle de célébrer chaque année 12 messes basses, et une grand'messe le jour de saint Pierre, apôtre. Cette fondation fut augmentée par un autre Pierre Fornier en 1674. Elle subsiste en partie aujourd'hui ; elle est servie par l'honorable famille Fornier, qui depuis 260 ans, jouit du privilége de patronage de la chapelle de Saint-Pierre.

La main cupide et dévastatrice de la révolution française de 93, a sacrilégement pillé toutes les fondations ecclésiastiques de Thonon. Pourquoi celle de Pierre Fornier a-t-elle été respectée ?

Toutes les nobles familles de Thonon ont érigé successivement des autels dans l'église. Elles s'en étaient constituées les bienfaitrices et chacune de ces chapelles a dû disparaître pour faire place à un autre autel voué de nouveau par un des seigneurs du pays.

Pourquoi la chapelle Fornier a-t-elle bravé l'inconstance des hommes, les ruines des âges et des révolutions ? La faible protection de la famille Fornier ne pouvait pas sans doute l'arracher à tant d'éléments destructeurs. Saint-Pierre, dont Pierre Fornier, syndic de Thonon, avait reconnu les glorieuses prérogatives, au nom de toute la population, seul a été le fidèle conservateur de la chapelle qu'on nomme encore aujourd'hui : *la chapelle de la famille Fornier.*

La belle âme de François de Sales ne pouvait pas oublier les soins si généreux dont Madame Du Maney Du Foug l'avait entouré à une époque où ses jours étaient en péril.

Il n'était que simple prêtre, lorsqu'il osa recommander au prince régnant les intérêts de sa tante Du Foug. Par sa lettre, datée de Chambéry, le 28 avril l'an 1600, Charles Emmannuel disait à l'Apôtre de Thonon : « Touchant le sieur d'Avully, de Vallon, et
» dame Du Foug, nous trouvons très-raisonnable ce
» que vous en écrivez, et ne leur sera rien innové
» qu'au préalable ils n'aient leur récompense.
» (LVIIe Lettre inédite.) »

Bientôt 15 ans se sont écoulés depuis que Jeanne Du Maney, arrachait le saint Apôtre aux poursuites nocturnes des hérétiques. Mais le temps ne fait qu'ajouter à la vivacité de la reconnaissance de tous les cœurs sensibles. Le 15 décembre 1610, l'Evêque de Genève écrivait à son illustre ami le président Favre, en lui confiant une affaire délicate que sa bienfaitrice avait à traiter devant le sénat.

CCXXXIII^e LETTRE.

. , , ...
Madame Du Foug, ma tante, et comme je le crois, votre hôtesse de Thonon, me prie par une lettre que je vous recommande l'affaire qu'elle a au sénat, je ne sais qu'elle elle est ; mais elle est certes digne de faveur pour mille raisons, entre lesquelles celle-ci me presse, qu'elle a été notre *Rahab* en Chablais [1].

En 1606, François écrivit au châteu de Marclaz. Thonon, une lettre à madame de Charmoysi, et lui parla de sa tante Du Foug.

---

[1] Selon M. Migne, les derniers mots de cette lettre doivent s'entendre ainsi : « Elle a été notre Rahab en Chablais, elle nous » a reçu et caché comme Rahab avait caché les espions de » Josué. »

A Madame de Charmoisy à Marclaz.

Madame ma cousine,

. . . . . , ...

Allez cependant tout bellement aux exercices de l'extérieur, et ne vous chargez pas d'aller à Saint-Claude à pied, non plus que ma bonne tante Madame Du Foug, laquelle n'est plus de l'aage auquel ell'y alla quand je l'accompagnay. Portés-y vostre cœur bien fervent, et soit à pied ou à cheval, ne doutés point que Dieu ne le regarde, et que saint Claude ne le favorise.

Nostre Sauveur soit à jamais vostre protection, et je suis,

Madame ma Cousine,

Votre cousin et serviteur plus humble,

Le 20 Mars 1606.

FRANÇOIS DE SALES,
Evesque de Genève [1].

---

[1] Selon MM. Vivès et Migne, l'autographe de cette lettre appartient à Mgr l'Evêque d'Annecy; nous dirons qu'il n'a jamais cessé d'appartenir à Mme Baurain de Thonon, née de Seyssel. Cette lettre avait été envoyée à Mme de Charmoysi, à Marclaz, elle est restée en ce château jusqu'à ce que Mme Baurain, cohéritière des seigneurs de Charmoysi, en ait fait sa propriété.

En 1715, Falcaz, vicaire-général d'Annecy, apposa un certificat à cette lettre pour attester qu'elle est bien écrite par le saint Evêque. Cette mesure était assez inutile; car elle porte

Le Saint Evêque va annoncer à madame de Chantal ses visites pastorales.

CXIXᵉ LETTRE.

Annecy, 8 juin 1606.

Madame,

. . . . , ...
Je partirai d'ici à dix jours pour continuer ma visite cinq mois entiers, parmi toutes nos montagnes, où les bonnes gens m'attendent avec bien de l'affection. . . . .
. . . . . . Mon frère le chanoine pourra se reprendre pour un peu, auprès de sa mère pendant que *je sauterai de rochers en rochers sur nos montagnes.*

En effet, l'illustre prélat passa du Crest-Voland à la Giettaz; de Notre-Dame de la Gorge à Chamonix.

l'empreinte de son sceau. Le blason se compose d'un croissant, de deux étoiles, le tout séparé par des bandes horizontales; autour de l'écusson on lit : *Franciscus episcopus gebenensis.*
Le fief de Charmoisy était situé à six kilomètres de Thonon, dans la direction du sanctuaire des Allinges : c'est aujourd'hui le village Charmoysi, commune d'Orcier La carte de ce fief démontre assez qu'il renfermait la moitié de la dite commune. Ces terres dépendaient de la seigneurie de Marclaz-Thonon. En 1747, l'intendant Vignet des Etoles acheta le fief de Charmoysi. Nous avons trouvé quelque part une portion des archives du baron Vignet, elles contiennent un grand nombre de *titres Charmoysi.* C'est dans ces archives que nous avons découvert l'autographe d'une lettre de Mᵐᵉ de Charmoysi, la Philotée de saint François; elle porte la date du 5 février, 1620.

Etant à Vallorsine, d'un bond joyeusement apostolique, il tomba à Passy où il resta deux jours soit pour y célébrer la fête de saint Pierre-ès-liens, patron de sa cathédrale, soit aussi pour passer quelques instants chez sa sœur Gasparde.

A Passy, se trouvait l'un des fiefs de ceux qu'il appelle dans ses lettres : *Mon frère et ma sœur de Cornillon*. C'était bien sauter de rochers en rochers sur nos montagnes, que de visiter le même jour les paroisses d'Arache, de Saint-Sigismond et de Nancy-sur-Cluses où il arriva le 4 août, ayant les pieds tout ensanglantés, tellement que dix jours après il ne marchait encore qu'avec peine et souffrance. Cependant dans cet état, *il sautera de rochers en rochers sur les montagnes de* Morzine et de Samoëns ; le 16 août il visitait l'église de Morillon, et le 17, celle de l'abbaye de Notre-Dame-de-Sixt [1].

Plus tard nous le verrons traverser de la Forclaz à Chevenoz. Enfin, le 14 septembre, jour anniversaire de son arrivée au château des Allinges. il visitera l'église de Notre-Dame de Féterne et Massilier. De Féterne, l'un des plus vastes et des plus gracieux

---

[1] Extrait des procès-verbaux cités par son neveu Charles-Auguste, tome I, pag. 431.

points de vue du Chablais, l'Apôtre de Thonon voyait se dérouler sous ses yeux le grand nombre de paroisses qu'il avait conquises à Jésus-Christ, les années précédentes. Quelle émotion dut agiter son âme à la vue de la forteresse des Allinges où il était arrivé 12 ans auparavant à pareil jour ¹ ! C'est encore de Féterne qu'il adressa une lettre à madame de Chantal. L'exaltation de la Sainte-Croix était un jour gravé dans ses souvenirs ; aussi il a bien soin de dater ainsi sa lettre :

CXVIII^e LETTRE.

Le jour de l'Exaltation de la Sainte-Croix,
14 septembre, 1606.

Madame,

. . . .

Je vous dirai ces deux mots de moi. Depuis quelques jours je me suis vu à moitié malade, un jour de repos m'a guéri.

Au mois d'août précédent il avait annoncé à madame de Chantal la célébration d'un jubilé de 15 jours, accordé à l'occasion du couronnement du pape Paul V

---

² Féterne est situé au Sud-Est, et à neuf kilomètres de Thonon.

et de la guerre de Hongrie. Voici ses expressions :
« Nous avons eu ces quinze jours un très-grand jubilé
» qui sera par tout le monde, sur le commencement
» de l'administration du Pape et de la guerre de
» Hongrie. » Notons bien que ce jubilé n'était pas celui
que le saint Evèque alla célébrer à Thonon l'année
suivante, et dont nous allons narrer les fruits prodigieux.

(Années 1607—1608.)

Le père Chérubin avait obtenu pour la seconde fois un jubilé, en Cour de Rome. Le saint Evêque écrivait d'Annecy, le 12 mars 1607.

XXIXe LETTRE.

. . . . Le père Chérubin nous apporte un jubilé pour Thonon de deux mois entiers.

Le vendredi de Pâques, 20 avril 1607, le saint Evêque écrivait d'Annecy à mademoiselle de Villers.

CXXXIII^e LETTRE.

. . . . Pressé de mille sortes d'empêchements sur ce départ que je fais pour aller célébrer un grand jubilé à Thonon.

Je vous salue etc., etc.

Tous les biographes de Saint-François ont renfermé dans une demi page l'histoire du grand jubilé de Thonon dirigé par le saint Evêque en 1607. Tous les historiens des diverses époques ont copié Charles Auguste sans y ajouter de nouveaux détails. Depuis le neveu de notre Saint qui écrivait en 1633, jusqu'à M. Pérennès en 1861, tous réduisent l'histoire de ce jubilé aux deux faits suivants. Citons M. Pérennès qui résume tous les autres : « Une confrérie du Saint-
» Sacrement et de la sainte Vierge qui y (à Thonon)
» avait été érigée, était tombée dans un oubli presque
» total. François en la rétablissant inscrivit son nom
» en tête de ceux des nouveaux confrères. (*p*. 643.) »

Il était inutile pour saint François d'inscrire son nom en tête des nouveaux confrères. Nous avons reproduit plus haut un placard, imprimé à Turin, où figure le nom de François, évêque de Genève, agrégé à cette confrérie le 3 juillet 1601. La confrérie n'était pas tombée *dans un oubli presque total*, puisqu'à l'occasion du jubilé de 1602, elle enrôla quatre mille personnes. Le *Livre de la Confrérie* nous prouve qu'elle ne tomba pas en désuétude pendant les cinq ans qui séparèrent le premier jubilé de celui que dirigea le saint Evêque. Les feuilles de cet *in folio* enregistrèrent 1602 nouveaux associés, du 8 septembre 1602 jusqu'au 1er mai 1607.

Les historiens signalent ensuite un pèlerinage à Saint-Claude où François de Sales conduisit processionnellement 400 personnes de Thonon. Nous établirons plus bas l'impossibilité de ce voyage pendant le jubilé. Les exercices du jubilé de Thonon, dirigés par saint François, peuvent fournir à l'histoire de notre diocèse une page aussi glorieuse qu'intéressante pour chacune de nos paroisses. Nous avons trouvé aux archives ecclésiastiques de Thonon, des feuilles en lambeaux qui ont échappé aux recherches scrupuleuses et si multipliées de M. l'abbé de Baudry. Nous allons les reproduire textuellement. Mais avant tout, entendons François de Sales publier les indulgences du jubilé.

Avant de quitter Annecy, il avait envoyé un mandement à son diocèse, pour inviter les fidèles à se rendre à Thonon. Bien plus, il avait conseillé aux pasteurs et aux fidèles de venir en procession gagner les indulgences du jubilé. Cette circonstance est assez démontrée par les pièces que nous citerons plus bas.

Nous avons entendu l'Évêque de Genève, le 20 avril, se dire très embarrassé des préparatifs de son départ pour le jubilé de Thonon. Il quitte sa ville épiscopale les derniers jours du mois, et arrive à Thonon deux jours avant l'ouverture du jubilé, fixée au premier mai. Il avait à s'entendre avec le conseil de ville et le procureur fiscal sur des moyens de sécurité publique, qui garantiraient les intérêts des citoyens et des nombreux étrangers qu'on attendait. Rien n'échappa à la sage prévoyance du saint Evêque.

De concert avec B. Maniglier, le préfet de la Sainte-Maison, il dressa le catalogue des confrères de Notre-Dame-de-Compassion, destinés à se remplacer d'heure en heure, aux différentes avenues, pour y recevoir les processions du diocèse, et les introduire à l'église paroissiale. Il assigna à chaque prêtre de la congrégation son emploi pendant les exercices du jubilé. Les uns devaient se trouver à la porte de l'église et y introduire les processions, d'autres étaient chargés d'agréger les pèlerins qui le désireraient. Un autre enfin, n'était occupé qu'à inscrire le nom des associés, ou à mettre sous leurs yeux *le livre de la Confrérie* où un si grand nombre le faisaient de leur propre main. Heureusement pour notre histoire, les prêtres, chargés de ces divers emplois, nous ont laissé quelques notes, attestant la fidélité avec laquelle ils les remplissaient.

Dès le premier jour du jubilé on voyait affiché à la porte de l'église, et sur les murs des maisons les plus ostensibles, le placard où saint François énumérait les nombreuses indulgences du jubilé et les conditions à remplir pour les gagner. Il apportait à la connaissance du public les priviléges que le Saint-Siége avait accordés à la confrérie de Notre-Dame-de-Compassion de Thonon. Il a fait observer qu'une condition pour gagner les indulgences de la confrérie est d'avoir près de soi, une image de Notre-Dame des Sept-Douleurs [1].

Ce sommaire des indulgences est terminé par ces mots :

[1] L'on ne trouvait ces petites images que chez l'imprimeur de la Sainte-Maison. Nous en avons découvert quelques unes au château de Marclaz-Thonon. Au bas on lit : *Societas S. Domus B. Mariæ Compassionis Tononii.*

Nous exprimons ici nos sincères remerciments à M. le comte Edouard de Ville, pour son obligeance à nous laisser fouiller les archives de son château de Marclaz.

« Lesquelles indulgences, dureront à perpétuité
» comme appert par le bref de Sa Sainteté donné à
» Rome, décembre 1606. »

Nous retrouvons en tête du *livre de la confrérie*, ce placard imprimé à Thonon, reproduisant les quelques lignes placées au bas du sommaire des indulgences :

« FRANÇOIS DE SALES, par la grâce de Dieu et du
» Saint-Siége Apostolique, Evesque et Prince de
» Genève.

» Nous exortons donques tous fidelles chrestiens
» mais spécialement ceux de nostre diocèse de se
» prévaloir de l'occasion qui leur est présentée par
» la concession de ces sainctes indulgences s'enro-
» lant à la dicte confrérie, et pratiquant soigneuse-
» ment les exercices d'icelle.

» A Tonon, le premier may 1607.

» FRANÇOIS.
» *Evesque de Genève.*

» Par Mandement de Monseigneur :

» BALTHAZARD MANIGLIER.

» A Thonon, en la Saincte-Maison de Nostre-
» Dame-de-Compassion, 1607. »

Pendant que la ville de Thonon et son saint Evêque arrêtaient en conseil les plus sages mesures pour sauvegarder la santé et la sécurité des pèlerins, la secte de Calvin répandait le bruit que la peste exerçait de grands ravages à Thonon et aux lieux circonvoisins. L'hérésie désespérée n'avait pas des moyens plus propres à éloigner l'étranger des exercices du jubilé. Ce fut pour paralyser les funestes effets de cette calomnie que François de Sales, dès la première semaine, adressa un second mandement à son diocèse et aux évêques voisins.

CVIII^e LETTRE (inédite).

Thonon, le 8 mai 1607.

François de Sales, par la grâce de Dieu et du Saint-Siége Apostolique, évêque et prince de Genève, au R. R. curés et austres ayant charge des églises de notre diocèse.

Afin que les peuples qui nous sont commis ne perdent point la favorable occasion de prendre les grâces du saint jubilé qui se célèbre saintement dans cette ville de Tonon, ainsi que ci-devant il a été publié ; nous ordonnons par ces présentes que vous ayez à répéter les publications d'icelui, exhortant de rechef un chacun d'implorer cette bénédiction au profit et salut de son âme, assurant, de notre part, qu'en la dite ville de Tonon, ni ès lieux circonvoisins, il n'y a aucune sorte, pas même de soupçon de maladies contagieuses, ni incommodité qui puisse empêcher le libre et désirable accès à cette dévotion. Si supplions tous les seigneurs révérendissimes ordinaires des autres lieux, de vouloir prendre la même assurance sur ce témoignage que nous en faisons, et la faire donner aux peuples de leurs diocèses, afin que ceux qui auraient l'intention désirable de venir puiser en cette pleine source, les saintes indulgences, ne soient point divertis par les faux bruits que l'ennemi des âmes fidèles a répandus à cette intention.

FRANÇOIS
Evesque de Genève.

Par commandement de mon dit Seigneur :
MANIGLIER.

Ce mandement du saint Evêque révèle tout l'intérêt qu'il prenait au succès du saint jubilé, et son grand désir d'y voir affluer ses diocésains ainsi que les étrangers. Mais déjà la protection de Notre-Dame de Compassion l'avait rendu inutile. Celle en qui l'Église reconnaît le privilége de ruiner toutes les hérésies [1] avait étouffé aux portes de Berne et de Genève la calomnie qui faisait de Thonon, un pays infecté par la

---

[1] Cunctas hæreses interemisti in universo mundo. (*Of fic. B. M. V.*)

peste. Le mandement que saint François avait envoyé aux ordinaires des royaumes voisins avait ému les populations. L'ébranlement était général, et se communiquait comme un courant électrique, en Savoie, en Piémont, en Italie, en France, en Espagne et en Suisse. Dès la première semaine du jubilé, les barques qui portaient des pèlerins couvraient le Léman du matin au soir. Et les routes du Chablais étaient encombrées de voyageurs se rendant à Thonon.

Le premier du mois de mai était le jour fixé pour l'ouverture du jubilé. Le saint Evêque avait tout disposé pour que cette cérémonie se fît avec une pompe qui rappelât aux habitants du Chablais le souvenir des exercices des quarante-heures, honorés par la présence du souverain, d'un cardinal et de plusieurs pontifes. Lui-même procéda solennellement à l'ouverture du jubilé dans l'église de Notre-Dame de Compassion. Cette église lui était familière, il y avait prêché pendant quatre ans : elle n'avait été agrandie que de la petite chapelle de Saint-Pierre. Déjà aux exercices des quarante-heures de l'an 1598, saint François avait eu à gémir sur les trop petites dimensions de l'église paroissiale. L'exiguité de l'église de Notre-Dame de Compassion fut encore un véritable fléau pour le saint

Evêque et pour la foule de pèlerins que chaque jour amenait dans cette ville. Chaque heure du jour et d'une partie de la nuit voyait cette église s'emplir et désemplir successivement pour recevoir de nouveaux pèlerins qui venaient visiter le sanctuaire de Notre-Dame-des-Sept-Douleurs, pour y gagner les indulgences concédées par le Saint-Père. Quatre prédications par jour se succédaient dans l'intervalle de trois heures. Le saint Evêque voulut supporter la plus grande fatigue de la prédication; il fut secondé par quelques chanoines de sa cathédrale, et surtout par deux de ses collaborateurs dans la dernière année de son apostolat, à Thonon : le père Chérubin et le préfet Maniglier. C'étaient deux prédicateurs qu'aimaient à entendre de nouveau les étrangers que le mouvement des quarante-heures avait amenés à Thonon, neuf ans plus tôt.

Avant de signaler l'arrivée des processions de notre diocèse, nous éprouvons le besoin de consacrer une page à celle de Chambéry. Déjà au premier jubilé de 1602, la procession du rosaire de Chambéry arriva pour l'ouverture des exercices. Aujourd'hui nous la voyons déjà circuler dans les rues de Thonon, la veille du jour où le saint Evêque allait inaugurer les pratiques de ce temps de salut, que les évêques avaient annoncé partout, au gré des vœux de l'Evêque François de Sales.

Chambéry comprit une seconde fois que la qualité de capitale de tout le duché, lui imposait une glorieuse initiative dont l'effet fut d'ébranler toute la Savoie, et de couvrir les chemins et les sentiers de nombreuses processions, le chapelet à la main.

Copie du feuillet 87 du Livre de la Dévote confrérie de Nostre-Dame-de-Compassion, *érigée à Thonon.*

« S'ensuivent ceux qui se sont inscrips en la dé-
» vote confrérie de Nostre-Dame-de-Compassion au
» temps du saint jubilé donné et commencé le pre-
» mier de mai l'an 1607.
» La procession des femmes de la confrairie de
» Nostre-Dame-du-Chapelet ou du Rosaire au nom-
» bre de trente-un, le confallon de cette confrairie et
» leur croix, conduite par frère Nicolas Fillion, reli-
» gieux de Saint-Dominique de Chambéry, et maître
» Jacques Peyssard, clerc juré au sénat de Savoye,
» et secrétaire de la grand'confrairie du dict Rosaire,
» et Marbo Janin, est partie du dict Chambéry, ven-
» dredy dernier 27 avril 1607, est arrivée en cette

» ville de Tonon ce jourd'huy lundy, dernier du dict
» mois, à trois heures après midy pour l'ouverture du
» saint jubilé, et participer aux indulgences concédées
» pour iceluy.

» Et premièrement :

Philiberte Brunet ; — Nicolarde de La Porte femme de maître Peyssard ; — Jeanne Crétin ; — Jeanne Dupra ; — Catherine la Grave ; — Pernette Vueillelmox ; — Bartholomée Morent ; — Jeanne Baud ; Antoyne Miége ; — Jeanne D... (illisible). *— Antoyne de Bellegarde ; — Catherine Desprez ; — Pernette de Laye ; — Pernette Duchesne ; — Jeanne Nourrier ; — Louyse Genevois ; — Bonne Roland ; — Jeanne Richard ; — Janine Trinquet ; — Marguerite de La France ; — Laurence Favergeon ; — Jeanne de La Mayson ; — Pernette Charpin ; — Jeanne Verboux ; — Clauda Vidal ; — Trois autres dont on n'a pas pu savoir les noms ; — Jean de La Croix de Chambéry ; — Franç. Dominique Duport, secrétaire de S. A. au sénat de Savoye et Véronique sa femme.*

» Signé au registre : Félix de la Balme,
» prêtre de la Sainte-Maison. »

Saint François de Sales avait engagé toutes les paroisses de son diocèse à venir en procession, gagner les indulgences du jubilé de Thonon. Ni les neiges qui couvraient encore les hautes montagnes, au premier jour du mois de mai, ni les travaux de l'agriculture pour le grand nombre, ne furent capables d'arrêter l'élan de la piété de nos ancêtres. Dès les premiers jours des saints exercices, chaque paroisse arriva à Thonon au temps et à l'heure qui lui avaient été fixés. Fidèles aux ordres de leur évêque, les pasteurs avaient compté le nombre de pèlerins dont se formait leur procession. Les prêtres de la Sainte-Maison de Thonon, chargés de recevoir chacune des processions à la porte de l'église, observaient ponctuellement l'ordonnance de saint François : ils prenaient note du jour, de l'heure de l'arrivée de chaque procession, et surtout du nombre de fidèles dont chacune se composait. Ils dressèrent un catalogue détaillé où figuraient toutes les paroisses du diocèse. Hélas ! un seul feuillet d'un si précieux monument a échappé aux ravages des siècles et des révolutions. Nous nous empressons de le placer ici textuellement ; c'est peut-être la page la plus intéressante de cette histoire. Nous laisserons *en*

JUBILÉ DE THONON — 1607.

blanc les noms qui ont été lacérés et que des lambeaux rendent illisibles.

S'ensuivent les processions qui sont arrivées à Tonon durant le saint jubilé de l'année 1607.

Premièrement (1ʳᵉ page).

Le premier de May est arrivée la procession de Notre-Dame-du-Chapelet de Chambéry, trente femmes et cinq hommes.

Le 3 du dict mois est arrivée la procession des Allinges avec septante personnes, tant hommes que femmes.

Le 4 est arrivée la procession de Margencé, accompagnée de deux prêtres avec cent et huit personnes, et pour la seconde fois le 16 de juin.

Le 7 est arrivée la procession d'Armoy avec son prestre et huitante-six personnes.

. . . . Du dict mois sont arrivées les processions de Parny, Draillan et Cervan avec . . . . prestres et cent et septante-deux personnes.

. . . . Du dict mois sont arrivées les processions de Brentonna et Fessy avec . . . . prestres et un nombre de cent neuf personnes.

. . . . Du dict mois sont arrivées les processions de Sincergues et Maxillier avec . . . . . . prestres et cent dix-huit personnes.

. . . . Du dict mois sont arrivées les processions de Loysin, Douvayne et Massougier avec quatre prestres et deux cents personnes,

Le 13 du dict mois sont arrivées les processions de

Bonne, de Ville-Grand, avec deux prestres et environ quatre cents personnes.

Le 14 sont arrivées les processions d'Annemasse, Cranve et Vétraz. Annemasse avait deux prestres et septante-six personnes; Cranve son prestre et deux personnes ; Vetraz son prestre tout-seul.

Le 15 sont arrivées les processions de Contamines, Peillonnay et Fossigny, avec huitante-six personnes. La paroisse des Contamines avait deux prestres, Peillonnay deux, Fossigny un.

Le 16 est arrivée la procession de Publy avec son prestre et soixante personnes.

Le 17 sont arrivées les processions de Marcelaz et Filinge avec trois prestres et deux cent et deux personnes [1].

(2ᵐᵉ Page.)

Le 22 may est arrivée la procession de Cy en Chablais (Sciez), entre huit et neuf heures du matin, avec deux prestres et nonante personnes.

Le même jour, à midy, est arrivée la procession d'Armence avec un prestre et nonante-cinq personnes.

Le 24 à onze heures, sont arrivées les processions de Veigier, Conzier, avec trois prestres et cent et soixante personnes.

Le 25 sont arrivées les processions de Boége, Saint-André, le Villard, Bourdignin, Abère, à une heure après midy, avec cinq hommes d'église [2] et quelques trois cents personnes.

---

[1] Le bas de la page a été déchiré.

[2] Souvent saint François employait le mot *homme d'église* pour celui de prêtre.

Le 26, à une heure après midy, sont arrivées les processions de Viu, Villa et Bogiva avec . . . . hommes d'église et deux cent soixante-quatre personnes.

Le mesme jour, à cinq heures du soir, sont arrivées les processions de Saint-Paul et de Bernex, avec trois hommes d'église et cent et soixante personnes.

Aux mesmes jours et heures sont arrivées les processions de Marny et Thy avec deux hommes d'église et cent et quarante personnes.

Le 29 est arrivée la procession de Saint-Jean-d'Aux avec un prestre et cent et vingt-quatre personnes, c'est à une heure après midy.

Le 29 sont arrivées les processions de Saint-Simon, de Cluzes, Araches, Chastillon, Sonsy, Nessy-sur-Cluses, avec six prestres et environ trois cent personnes, et c'est à quatre heures.

Le mesme jour sont arrivées les processions de Mornay, de Monety, Estrambières avec trois hommes d'église et cent et cinquante-six personnes.

Le mesme jour sont arrivées les processions d'Egets et de Morzina avec deux prestres et . . . . . . , ... Morzina n'avait que cinquante-deux personnes.

Le 31 sont arrivées les processions de Vailly et Lullin, avec trois cent huitante personnes et deux prestres, et c'est à neuf heures du matin.

Le mesme jour, à midy, est arrivée la procession de Bellevaux, avec un prestre et cent cinquante personnes.

Le mesme jour, à deux heures après midy, sont arrivées les processions de Miussy et de Megevette, avec trois prestres et deux cent vingt-huit personnes.

La compagnie des religieux de l'église Cathédrale de

Pavie en Italie, est arrivée . . . . de pentecôte, 3 juin 1607, avec une douzaine d'autres personnes, à six heures du soir [1].

Le mesme jour les processions de Cholex, Meignier, de Colonge et de Bellerive, avec . . . . . prestres . . . . . et trois cent.

Le 4 juin . . . . prestres . . . . . trois cent [2].

Sur le fragment d'une autre feuille on lit :

Le 5 juing est arrivée pour la seconde fois la procession de Cy avec un prestre et huitante personnes, et c'est à une heure après midy.

Le 9 du mois de juing est arrivée la procession de Six (Sixt) avec cent quarante personnes et trois prestres.

Le mesme jour, à six heues, sont arrivées les processions d'Arboussigny et de Regny, avec cinq prestres et quatre cents personnes.

Le 15 juing, sont arrivées les processions d'Abondance et de La Chapelle, entre deux et troix heures après midy, avec trois prêtres et quatre cents personnes.

Dès le premier jour du jubilé on vit arriver à la suite de la procession de Chambéry, une foule de pèlerins des divers pays de la Savoie. Tous ont inscrit leur nom au livre de la confrérie.

---

[1] Nous donnons plus bas le nombre exact de ces religieux qui tous ont inscrit leur nom au *Livre de la Confrérie*.

[2] Les lambeaux indiquent qu'il manque environ trois centimètres du feuillet.

L'on y trouve des gens de la vallée de Faverges, de la Tarentaise, de la Maurienne, du Pont-de-Beauvoisin, de Thorens, d'Annecy et de Morzine.

Rouvrons de nouveau notre *livre de la Confrérie*, rentrons encore dans cette vaste prairie, nous la trouverons émaillée de fleurs fraîches et nombreuses que nos aïeux, et presque l'Europe entière viennent offrir à pleines mains à Notre-Dame-de-Compassion, de Thonon.

Aujourd'hui encore, comme au premier jubilé, pas une seule paroisse du diocèse de François de Sales ne manquera d'envoyer quelques pèlerins entendre sa voix sacrée à Thonon, et s'agréger à la Confrérie qu'il a tant recommandée dans ses mandements.

Quand on parcourt les pages du *livre de la Confrérie* on se figure, en quelque sorte, entendre sur la route nos religieux ancêtres, tantôt *devisant*, tantôt récitant le chapelet. L'on ne verra pas un pèlerin venir seul de l'extrémité du diocèse. Il sera toujours accompagné d'un voisin [1].

---

[1] Ainsi Joseph Adam de Talloires choisit pour compagnon François Tournafol de Menthon; Pierre Veyrat de Manigod rejoindra Amédée Masson de la Clusaz. Mais ce qu'on ne peut voir sans attendrissement, c'est le pèlerinage de trois filles des hautes

Quand on trouve inscrit, durant le mois de mai, au catalogue des membres de la Confrérie de Notre-Dame de Compassion, un grand nombre de personnes du sexe des vallées de Taninge, Samoëns et du Haut-Faucigny, des vallées des Bauges, de Thônes et de Beaufort, l'on n'est plus étonné de leur courage à braver les menaces et les châtiments de la persécution de 93. On comprend cette vérité si bien exprimée par l'auteur de *Notre-Dame-de-Savoie* : « Les armes
» de la république française furent impuissantes
» à faire tomber le chapelet des mains des femmes
» et des filles de la Savoie. »

Les trois villes du diocèse dont les habitants vinrent en plus grand nombre s'enrôler à la Confrérie, à Thonon, paraissent être Annecy, Rumilly et la Roche. Cependant le Haut-Faucigny est la partie du diocèse qui semble avoir envoyé un plus grand nombre de pèlerins s'inscrire sur le catalogue des confrères de Notre-Dame-de-Compassion, c'est-à-dire, les vallées de Sallanches [1], Megève, Saint-Gervais et Chamonix.

---

montagnes : Marie Molliet du Villard de Beaufort traverse des fondrières de neige pour trouver des compagnes dans Catherine Bal de Haute-Luce, et Marguerite Grosset de Mégève.

[1] Y compris Magland.

Vu la population, les communes qui l'emportent pour le nombre, sont Flumet et Servoz ; comme aussi Mieussy et Peillonex sont, dans le Bas-Faucigny, les deux paroisses dont on trouve le plus souvent le nom des habitants agrégés.

Il est à remarquer que les villes et les vallées, qui déjà renfermaient dans leur sein des lieux de pèlerinages en l'honneur de Marie, se sont montrées les plus empressées à venir participer aux priviléges de la Confrérie de Notre-Dame-des-Sept-Douleurs. Nous savons qu'Annecy avait sa *Notre-Dame-de-Liesse*, Rumilly sa chapelle de Notre-Dame-de-l'Aumône, et la Roche son antique oratoire de Notre-Dame-de-la-Bénite-Fontaine. Le Haut-Faucigny recevait de nombreux pèlerins à Notre-Dame-de-la-Gorge. Il comptait aussi plusieurs pèlerinages secondaires : Notre-Dame-de-Servoz, Notre-Dame-des-Crettets de Megève, Notre-Dame-de-la-Sainte-Fontaine de Flumet. L'on allait déjà en pèlerinage à Talloires, auprès des reliques de saint-Germain : aussi Talloires est de toutes les paroisses du Bas-Genevois, celle dont le nom se lit le plus souvent dans *notre Livre*.

Le pays qui avait vu naître François de Sales ne devait pas rester en arrière. Thorens-Sales et toutes les communes qui s'étendent de la Roche au pont de Brogny, ont fait enregistrer leurs dévots serviteurs à Notre-Dame-de-Compassion. Trois paroisses méritent une mention spéciale : la Chapelle-Rambaud, Groisy, et surtout Evires.

Les hautes vallées du Chablais, telles que celles de Bellevaux, d'Abondance et de Saint-Jean-d'Aulps rivalisèrent avec les montagnes de la Tarentaise, du Faucigny et du Genevois. Les communes du Bas-Chablais affluèrent aux exercices du jubilé, et se firent inscrire dans la confrérie. Néanmoins la proximité des lieux paraît leur avoir fourni quelque prétexte de retard. Il est certain que les feuillets du *Livre de la Confrérie* renferment un plus grand nombre d'*agrégés* descendus du Haut-Faucigny, que de fidèles des paroisses depuis Douvaine à Saint-Gingolph. Evian fait cependant une très-honorable exception. Au reste, depuis le 11e siècle, cette paroisse avait sa Notre-Dame-de-l'Assomption en vénération dans tout le district et même à l'étranger. Saint François était de nouveau à Thonon, la population d'Evian avait à lui prouver qu'elle continuait à mériter la réputation que l'Apôtre du Chablais lui avait faite dix ans plus tôt, en disant : *Évian, terre voisine, catholique autant qu'on peut le dire.*

Deux paroisses de notre diocèse ont le bonheur d'avoir séparément trois glorieuses pages dans notre *énorme in-folio* de la confrérie. Ce sont les paroisses de Servoz et de Megève. Déjà un grand nombre de leurs habitants étaient venus au saint jubilé : ceux que les travaux de l'agriculture avaient retenus dans les champs se concertèrent pour se rendre en corps à Thonon, au mois d'août. Donnons un extrait (130e feuillet).

« S'ensuivent les noms des membres de la Confré-
» rie de Notre-Dame-de-Compassion, qui sont parois-
» siens de Notre-Dame de Cervoz, en Haut-Fossigny,
» en tout 41 tant hommes que femmes, arrivés le
» 15 aoust jour de la feste de l'Assomption, l'an
» 1607 [1]. »

» Confrères de Notre-Dame-de-Compassion, à
» Thonon, des paroissiens de Megève, en tout, hom-
» mes et femmes 67, au mois d'aoust 1607 [2]. »

---

[1] Les noms dominants sont Despraz, Descomba, Paccard Moret.

[2] Les noms principaux sont : Conseil, Brêche, Muffat, Fatibol, Guédon, Tissot, Morand.

A la suite de la société de Megève, se groupèrent 58 personnes de Sallanches et de Magland [1].

Une lettre du 25 mai, datée de Paris, était venue arracher le saint Evêque aux exercices du jubilé de Thonon. Le duc de Nemours-Genevois lui annonçait la mort de sa mère Anne d'Est, décédée à Paris. Il le priait de vouloir bien célébrer les obsèques aussitôt que le corps serait arrivé à Annecy. L'éloquent prédicateur du saint jubilé se rend en toute hâte à Annecy, les premiers jours du mois de juin; la dépouille mortelle de la duchesse n'arriva que le sept du dit mois. François ne fut de retour à Thonon que trois jours après.

Pendant son absence, la plus dévote des filles de Marie, vint écrire son nom sur le catalogue des membres de la Confrérie. La baronne de Chantal suivait les conseils du saint Evêque de Genève depuis trois ans. Elle connaissait tous les prodiges que Notre-Dame-de-Compassion opérait à Thonon, par le ministère de son saint directeur. Elle quitte Dijon, et vint confier à la Mère de douleur ses grands desseins pour l'avenir, en même

---

[1] Les noms dominants sont : Fabri, Métral, Perrolaz, de Coudrey, de Marin, Curral, Pissar, Mabou, Croptet (Crottet), Provence.

temps que toutes les peines d'un cœur si tendrement maternel. Jeanne de Chantal trouva le saint Evêque à Annecy, où les funérailles de la duchesse de Nemours le retenaient. François confia la future fondatrice de la Visitation à l'une des plus honorables familles d'Annecy, dont chacun des membres était si dévoué au saint Évêque. Les frères Chappat furent donc chargés par l'Evêque d'escorter la Mère de Chantal à Thonon. Voici du reste les noms dans lesquels celui de sainte de Chantal se trouve si glorieusement encadré (feuillet 113).

Michel de La Mouille de la Chapelle-Rambaud.
Georges Fornier d'Essert.
André Chappat d'Annessy.
J. FRANÇOISE FRÉMIOT, baronne de CHANTAL, du duché de Bourgogne.
François Mermillod, habitant à Saint-Julien, et sa femme Jeanne Galley.
Messire Jean Chappat, prestre d'Annessy.

La baronne de Chantal en voulant enrichir le *Livre de la Confrérie* de son nom si cher à l'Europe entière, ne pensait guère que vingt ans plus tard, elle conduirait à Thonon les sœurs de la visitation, destinées à conserver comme des reliques, *le Livre de la Con-*

frérie, où leur saint Fondateur et leur sainte Fondatrice avaient successivement inscrit leur nom [1].

Ce monument authentique de la catholicité du culte de Marie dans l'Europe entière, peut être appelé un *Livre d'or* pour l'histoire sacrée de notre diocèse.

Pendant les deux mois du jubilé présidé par saint François, les immortelles colonnes de ce catalogue ont inséré les noms de 2,900 nouveaux membres de la confrérie, dont 1,800 de notre diocèse, 250 des autres parties de la Savoie, et 850 étrangers.

Thonon reçut dans ses murs trois cent mille pèlerins au premier jubilé. Tout annonce que le jubilé publié et prêché par Saint François, compte presque le même nombre d'étrangers. Le livre de la confrérie fut augmenté de 4,000 *membres associés* au premier jubilé, et le second en inscrivit seulement 2,900. L'on comprend aisément la raison de cette différence. Beaucoup des pèlerins du second jubilé venaient à Thonon pour une deuxième fois et se trouvaient déjà enrôlés dans la confrérie de Notre-Dame-des-Sept-Douleurs.

[1] La baronne de Chantal a inscrit de sa propre main son nom sur notre *in-folio*. Il paraît qu'elle se trouva à Thonon vers le 8 juin.

Lorsqu'on voit toutes les paroisses de notre diocèse dociles à la voix du premier pasteur qui les convoque au jubilé de Thonon ; quand on contemple les fidèles de chaque paroisse, interrompant les plus urgents travaux de la campagne, organisant une procession, faisant un voyage de plusieurs jours, non pas à travers de pénibles routes, mais souvent le long d'impraticables sentiers, n'est-il pas permis de s'écrier : « SAINT
» FRANÇOIS DE SALES AVAIT UN DIOCÈSE
» DIGNE DE LUI ! Le serviteur le plus dévot à la
» Vierge Immaculée n'avait pour diocésain, que de
» vrais enfants de la Mère de douleur, qu'ils venaient
» invoquer à Thonon ! »

Comme déjà nous l'avons fait au compte-rendu du premier jubilé, plaçons sous les yeux de nos lecteurs quelques-uns des noms des pèlerins qu'on lit au *Livre de la Confrérie.*

Voici la signature des personnes qui paraissent être de la Savoie.

Bonaventure Favre des Charmettes ; — Joseph-Philibert des Charmettes [1] *; — Noble Martin-d'Hermil-*

---

[1] Philibert des Charmettes était le cinquième fils du Président Favre. En 1605, le duc de Savoie investit le président Favre de la Seigneurie des Charmettes, près Chambéry. (Voir au *Courrier*

lon en Maurienne ; — la famille de Crans d'Annecy ; — N. de Lambert ; — N. de Cerisier ; — N. Dominique Duvert, sénateur de Savoie ;— Antoine de Coudré ; — N. Nicolas Fichet de la Roche ;— N. de Baudry ; — Juste Fossino, gouverneur de Montmélian, sa femme et sa fille ; — les religieuses de Sainte-Claire d'Evian ; — les religieuses de Sainte-Claire d'Annecy, représentées par leur confesseur et Jeanne de Valence, mère abbesse ; — N. Charlot de la Ravoire de Sallanches ; — un grand nombre de signatures posées par les nobles familles de Menthon, de Beaufort, de Vilette d'Outrechaise, des Clefs-du-Val-de-Fier ; — N. Claude de Vidomne de Charmoysi ; — N. Salomé Forestier d'Yvoire ; — N. Philibert, baron d'Orglier ; — messire Dufour, curé de Saint-Sigismond ; — messire Fr. Deschamps de Saint-Gervais, curé de Notre-Dame de Servoz ;—messire Nicodier, curé d'Essert ; — Maurice Testu, prêtre de la Sainte-Maison ; — plusieurs membres de la famille de Chissé de Sallanches ; — le 3 juillet 1607, Charles de Rossillon, marquis de Bernex, baillage de Ter-

des Alpes les notes de M. Chapperon dans la séance académique de Chambéry, le 12 janvier 1865.)

mes, chevalier du Grand-Ordre de l'Annonciade, premier capitaine des gardes-du-corps de S. Altesse, prosterné aux pieds de Notre-Dame-de-Compassion de Thonon, a demandé à être inscrit à la confrérie d'icelle. (Grand-père de l'évêque de Rossillon de Bernex.)

Etrangers à la Savoie.

Le jubilé, prêché par saint François de Sales, touche presque à l'heureuse époque où le roi Louis XIII va consacrer solennellement la France à la Vierge. Bientôt le royaume très-chrétien va prendre le glorieux titre de *royaume de Marie.* Aussi la France sera-t-elle, de toutes les nations de l'Europe, celle qui comptera un plus grand nombre de pèlerins dévots à Notre-Dame-de-Compassion de Thonon.

En France, comme dans notre diocèse, les villes depuis longtemps consacrées à Marie se montreront les plus ferventes envers la Mère de douleur qu'on vient honorer à Thonon. Depuis le 4e siècle, Notre-Dame-de-Fourvières protége la cité des martyrs, aussi avons-nous vu la ville de Lyon envoyer une procession pour porter ses vœux à Notre-Dame-de-Compassion de Thonon. Lyon qui professait déjà une espèce de culte pour l'Evêque de Genève, sera représenté par un grand nombre de ses enfants, aux saints exercices du jubilé dirigé par celui qui plus tard, lui léguera son cœur.

La ville du Puy-en-Velay de temps immémorial fut la ville privilégiée de Marie. Le saint empressement qui conduisit un si grand nombre de ses habitants au pèlerinage de Notre-Dame-de-Compassion, prouve assez qu'elle méritait d'avoir à ses portes la statue monumentale de Notre-Dame-de-France, érigée en 1860. De 1602 à 1608, cinquante-sept personnes très-notables vinrent du Puy invoquer Notre-Dame-des-Sept-Douleurs à Thonon.

Dès le premier jour du jubilé, au moment où la procession de Chambéry se trouve devant l'autel de Notre-Dame-de-Compassion, six pèlerins arrivent de la ville du Puy, à savoir : messire André Jacquier, et messire Jehan Grailly, tous les deux chanoines de l'église de Notre-Dame-du-Puy, le portier de la cathédrale de cette ville, deux négociants et un écrivain public. Ne dirait-on pas que les deux chanoines de la cathédrale du Puy viennent étudier les traits et les vertus de saint François dont l'évêque du Puy doit plus tard retracer la beauté en composant sa vie?

Voici le nom des villes et bourgs des départements français dont les habitants vinrent en plus grand nombre au jubilé de 1607 : Bourg, Salins, Poligny, Pontarlier, Pont-d'Ain, Montluel, Saint-Rambert, Meximieux.

Les cantons catholiques de la Suisse bravèrent toutes les menaces de leurs voisins, pour venir confier leurs intérêts à la Vierge-de-Compassion de Thonon. Toute la noblesse du Valais se fait inscrire sur le *Livre de la Confrérie*. Déjà le capitaine de Quarteri de Saint-Maurice, y figurait depuis le premier jubilé [1]. Nous voyons arriver à celui-ci, dame son épouse à la tête des notabilités de Saint-Maurice et de Martigny.

Nous devons ici un hommage à Fribourg, nous osons avancer, sans crainte de blesser la vérité, qu'il n'est pas un seul pays dans toute l'Europe, qui compte un si grand nombre de pèlerins à Notre-Dame-de-Compassion, que la ville, le canton de Fribourg, et le comté de Romont.

---

[1] Le saint Evêque écrivit une lettre très-flatteuse au capitaine de Quarteri, en date du 21 avril 1621.

Un grand serviteur de Marie, le bienheureux Canisius, avait évangélisé ces contrées pendant 17 ans ; depuis 10 ans ses reliques, conservées à Fribourg, exhalaient le suave parfum de toutes les vertus [1]. Les cantons catholiques de la Suisse fournirent à notre Confrérie 364 associés, l'Italie 198, l'Espagne 35, l'Allemagne 4, le Piémont 26, la France environ 370.

*Voici les noms de quelques notables agrégés
à la Confrérie.*

Plusieurs chanoines de l'église cathédrale de Sion.
Quatre chanoines de la cité d'Aoste, plusieurs notaires et quelques curés des paroisses du duché d'Aoste.
N. Chaperon, natif de La Rochelle.
Les Dames Religieuses de Saint-Pierre de Lyon, au nombre de 28, présentées par la Mère-Abbesse de Bouviliers.
Pierre Antoine Rigaud, imprimeur à Lyon [2].
Une famille du Charollais, Paray-le-Monial, composée de dix personnes.

[1] Le bienheureux Canisius avait fondé le collége des Jésuites à Fribourg. On remarque un latin élégant dans les quelques lignes que les habitants de Fribourg tracent à l'honneur de Marie, sur le *Livre de la Confrérie.*

[2] Pierre Rigaud, en 1617, chargé d'éditer la vie du père Lefèvre, plaça en tête de l'ouvrage une épître dédicatoire à saint François de Sales.

Les religieuses Hyéronimites d'Iddio, cinquante personnes.

Les religieux de la cathédrale de Pavie, qui tous ont écrit leur nom avec ces mots : *tutti cittadini di Pavia*, au nombre de trente-quatre, accompagnés de douze personnes de leur parenté.

Les religieuses capucines de Milan, représentées par leur prêtre auditeur et la mère abbesse Pallavicini.

Les religieuses du Puy-d'Orbe, en Bourgogne, (réformées par saint François de Sales).

Quelques religieux capucins d'Alexandrie et d'Asti ; quelques Barnabites de Milan.

Un seigneur de Milan, un autre de Plaisance.

Les religieuses de Gênes, au nombre de dix-neuf.

Anne de Ruffin, Janus de Gray [1].

Le saint prédicateur du jubilé voulut terminer les exercices par une cérémonie qui rappelât aux habitants de Thonon et du Chablais, les années de son apostolat au milieu d'eux. Le dernier jour de juin, il reçut les abjurations solennelles de l'erreur, que firent entre ses mains quelques personnes de Genève et de Lausanne.

Au feuillet 135 du livre de la confrérie on lit les noms suivants :

---

[1] Le duc de Savoie, par lettre patente du 9 avril, avait accordé un ample sauf-conduit à toutes sortes de personnes étrangères devant passer sur ces terres pour se rendre à Thonon.

Jean Clément de Genève, Paul Clément son frère, Marie et Suzanne leurs sœurs, ont été convertis à la foi catholique [1].

Jeanne Desprez, de Lauzanne, environnée de ses onze enfants, a abjuré l'erreur à la fin du saint jubilé.

En donnant des détails trop minutieux sur le jubilé, prêché par saint François à Thonon, nous avons cru trouver une excuse dans le silence absolu que les historiens de notre Saint ont tous gardé sur des faits aussi honorables à François de Sales qu'importants pour l'histoire ecclésiastique de notre pays.

Tous les biographes nous ont parlé d'un pèlerinage à Saint-Claude, pendant le jubilé de 1607, où saint François conduisit quatre cents personnes de Thonon. Nous laissons au lecteur le soin d'examiner comment le saint Evêque et tous les prêtres, ses collaborateurs, ont pu interrompre les prédications du jubilé pendant plusieurs jours. N'oublions pas que chaque jour amenait des milliers de pèlerins, et que l'Evêque avait indiqué à chaque pasteur des paroisses, le jour où ils devaient conduire leur procession à Thonon.

François de Sales passa dix jours à Thonon, après

[1] Isti omnes fidei catholicæ nomen dederunt.

la clôture du jubilé, pour régler les rapports spirituels et temporels des prêtres de la Sainte-Maison avec les chevaliers de Saint-Maurice, de résidence à Ripaille. L'on y remarque la clause que les prêtres de la Sainte-Maison resteront toujours *sous la juridiction des évêques du diocèse.*

La sacrée religion des Saints Maurice et Lazare possédait encore une grande partie des biens ecclésiastiques du Chablais. Ni les ordres du Prince, ni les plaintes de François de Sales n'avaient pu déterminer le trop fameux Thomas Berghera à s'en dessaisir. Enfin, un contrat passé entre l'Evêque de Genève et Thomas Berghera, va terminer tous les différents. Voici la teneur de ce contrat [1].

Comme ainsi soit qu'il aye plu à la divine Majesté par son infinie miséricorde, de rappeler les peuples du Chablais à la connaissance de la vraie foy, bénissant la sainte et très-louable entreprise de S. A. R. d'une si heureuse issue, par l'entremise des illustrissimes et révérendissimes évesques, doctes, graves et pieux prédicateurs, et autres ouvriers . . . . étant nécessaire de pourvoir en d'autres églises au duché du Chablais, outre celles qui avaient été pourvues de curés et vicaires en l'année 1598, par feu le révérendissime évesque Claude de Granier, au-

---

[1] Aucun historien ne fait mention de cet acte inédit dans les écrits relatifs à saint François de Sales.

raient été admises par l'illustrissime et révérendissime Mgr FRANÇOIS DE SALES, moderne évesque de Genève, en l'année 1603 et le 25 aoust, et du consentement de Dom Thomas Berghera, seigneur de Villard, chevalier délégué de la sacrée religion des Saints Maurice et Lazare, deça les monts . . . . Lequel dit chevalier, en sa qualité et au nom de la sacrée religion, relascherait au dit Evesque, pour l'entretennement des dits curés et vicaires, les biens ci-dessus désignés . . . . Ensuite de quoy, ce jourd'huy, septième juillet, mil six cent et sept, par devant moy, Pierre Rolaz, notaire ducal soussigné, en la présence des susnommés témoingts s'est en personne propre établi et constitué le susdit Berghera . . . . cédé, quitté, remis et relasché purement et perpétuellement à Illustrissime et Révérendissime seigneur, Mgr FRANÇOIS DE SALES, évesque de Genève, et aux révérends curés et vicaires. . . . . S'est aussi établi le prénommé révérend seigneur, Mgr FRANÇOIS DE SALES, évesque de Genève, lequel a cédé, quitté déchargé le dit sieur Dom Berghera de tout ce en quoy la dite sacrée religion se trouverait astreinte et redevable en vertu des Bulles du pape Grégoire treizième . . . . promesses respectivement faites par les dites parties de faire approuver, ratifier le présent acte par Sa Sainteté et Son Altesse sérénissime . . . . les parties voulant deux actes d'une mesme teneur. . . . . Fait et passé à Thonon, entre les parties qui ont signé, dans la maison des hoirs de noble François Du Foug, son vivant, procureur fiscal du Chablais, habitation de damoyselle Jeanne Du Maney, veuve d'icelui. Présent à ce, révérend Seigneur Mgr Louys de Sales, prévost en l'église cathédrale de Saint-Pierre-de-Genève, noble et spectable

Charles d'Orly, docteur ès-droits, conseiller de S. A. R. et son juge-mage en cette province; et M^tre Jean Baud, du dit Thonon, notaire ducal, témoingts connus et requis [1].

[1] Cet acte, passé et signé par saint François de Sales, renferme des détails très-intéressants pour les habitants du canton de Thonon, dans la désignation des propriétés et des noms qu'on leur donnait : ainsi l'on parle aujourd'hui des moulins Pinget, de Margencel ; or, François de Sales se réservait les muyds de blé à prendre sur les moulins Pinget, possédés par le marquis de Coudré.

(Années 1608 — 1612.)

La correspondance de François de Sales n'offre rien de bien important pour Thonon dans les années qui suivirent le jubilé. Souvent il vint visiter son troupeau primitif, répandre des largesses dans le sein du pauvre et faire naître la joie dans le cœur des petits enfants qui le suivaient avec empressement à travers les rues. Les saintes caresses dont saint François comblait les enfants de Thonon semblent resplendir encore sur le front des enfants de nos jours. Il est peut-être peu de grandes paroisses où l'on rencontre une jeunesse qui paraisse conserver aussi longtemps l'innocence baptismale. Les enfants de Thonon, quoique très-légers, aiment les pratiques religieuses. Ils sont affectueux, confiants, pleins de reconnaissance pour les bienveillantes attentions dont ils deviennent l'objet.

Au mois de mai 1608, le préfet Maniglier abdique sa charge, pour aller remplir les fonctions de curé effectif à Serraval. François de Sales le remplaça par un prêtre de l'une des familles de la Savoie qui lui avaient rendu le plus de services. Claude de Blonay, curé de Sciez, devint préfet de la Sainte-Maison et en exerça l'emploi pendant tout l'épiscopat du saint Evêque [1].

Dès l'année 1607 à 1612, la confrérie de Notre-Dame-de-Compassion enrôla quelques communautés religieuses qui vinrent de l'intérieur de l'Italie, entr'autres 25 religieuses de la ville de Macérata ; plusieurs notables Savoisiens s'inscrivirent aussi dans le catalogue, tels que : Etienne de la Fléchère, Hector Millet, baron de Challes, Charles de Forax, noble et

---

[1] Le révérend préfet de Blonay mourut au mois de novembre 1622. Selon les ordres qu'il avait donnés, son corps fut transporté au tombeau de ses ancêtres, dans l'église Saint-Paul, en dessus d'Evian.

puissant seigneur Albert de Lullin de Genève. Nous verrons le saint Evêque de Genève venir dix ans plus tard à Thonon, pour bénir le mariage de ce gentilhomme le plus insigne bienfaiteur de Thonon, sa patrie.

L'an 1610, les *actes mortuaires* enregistrent le décés d'un musicien ou organiste dans l'église de Thonon (*cymbalista in ecclesiâ*). Les vœux que nous avons tant de fois entendu exprimer à son prince par l'Apôtre du Chablais, avaient donc été exaucés : l'église paroissiale de Thonon avait un orgue [1]. Le 9 novembre 1610 François de Sales écrit au sieur Pioton de Thonon, alors avocat au sénat de Chambéry pour lui confier les intérêts des prêtres de la Sainte-Maison. L'avocat Pioton fut le protecteur des prêtres de Thonon, comme il le sera plus tard de tous les monastères de la Visitation en Savoie [2].

Deux villes étaient principalement chères à l'Évêque de Genève. Les plus honorables citoyens de Lyon

---

[1] L'orgue actuel de l'église de Thonon a été acheté par les prêtres de la Sainte-Maison, pour le prix de 700 écus, l'an 1672. Cl. Tavernier prêtre de la Sainte-Maison, fit construire à ses frais le jubé où l'orgue est placé. (*Archives eccl.*)

[2] L'avocat Pioton devenu prêtre, fut le confesseur des religieuses de la Visitation à Annecy.

et de Chambéry vinrent toujours à son secours pendant les années de son apostolat à Thonon. Les processions de Lyon et de Chambéry traversèrent la Savoie et même les pays hérétiques pour être témoins à Thonon des prodiges opérés par les prédications de François de Sales, et se consacrer à la Mère de douleur. Aussi le cœur reconnaissant du saint Evêque éprouvait le besoin d'obliger ces deux religieuses populations.

Ecoutons ses sentiments envers la ville de Lyon ; il les exprime au duc de Savoie en lui demandant l'agrément de prêcher un carême à Lyon :

CLXII^e LETTRE (inédite).

Annecy, 26 mai 1612.

Monseigneur,

Je suis conjuré de la part de MM. les doyens et comtes de Saint-Jean de Lyon, de leur accorder mes prédications pour le carême prochain : la qualité de cette église-là, qui est si honorable entre toutes celles de France, le voisinage et perpétuel commerce de ceux de ce pays-ci avec les Lyonnais, l'honneur que ces seigneurs m'ont fait. . . qui me fait très-humblement supplier, etc.

Le 26 juin, même année, il disait aux chanoines de Saint-Jean : « En vérité j'ai le cœur tout plein d'a-
» mour et de révérence pour vous, et d'ardeur et de
» zèle pour l'avancement de la piété en votre ville. »

CCLXXIVᵉ LETTRE. — Au Souverain Pontife PAUL V.

Il le supplie d'ériger un évêché à Chambéry, et lui expose les raisons qui motivent cette érection [1].

Avant le 7 mars 1612.

La ville de Chambéry ayant été de tout temps la capitale de la Savoie, où réside le souverain-sénat et le conseil d'Etat, et étant ornée d'un grand collége et de plusieurs églises, tant séculières que régulières : d'ailleurs, comme il y a en cette ville un très-grand concours de Français, d'Anglais et d'Allemands qui y passent pour aller en Italie, il est non-seulement convenable, mais encore nécessaire qu'il y ait un évêque qui y fasse sa résidence ordinaire. . . . . . . il semble que nul effort légitime ne doit être épargné pour l'établissement d'un évêché à Chambéry [1].

---

[1] C'est du diocèse et de la cathédrale de Saint-François de Sales, que doivent sortir le premier évêque de Chambéry et le premier archevêque savoisien de l'église métropolitaine de cette ville. Mgr Michel Conseil, de Megève, fut le premier évêque de Chambéry en 1781. Mgr Bigex, de la Balme au canton de Thônes fut en 1824, le premier anneau de cette chaîne d'archevêques savoisiens qui se sont succédés sur le siége archiépiscopal de

Hélas ! les vœux et les efforts de saint François de Sales demeurèrent infructueux pendant presque deux siècles.

Chambéry, aujourd'hui glorieusement occupé par S. E. le cardinal-archevêque Billet. En 1597, le saint Prévôt de la cathédrale de Saint-Pierre, à Annecy, disait à son prince : « l'église cathé- » drale de Genève qui est une des principales de vos Etats et, en- » tre les principales, la plus illustre. » Ces pauvres chanoines sont contraints de célébrer leur office dans une église mandiée, que toutefois ils font si bien par la grâce de Dieu, qu'il n'y a point d'église en Europe (que ceci soit dit sans envie) où les divins offices soient célébrés avec plus de solennité. » (Voir *Discours*, Migne. tom. V.)

Au moment où la persécution de 93 dispersa le chapitre de la cathédrale de Saint-François-de-Sales, il comptait trois chanoines et vicaires-généraux qui devinrent trois grands évêques : Mgr Bigex, archevêque de Chambéry, Mgr de Thiollaz, évêque d'Annecy, et Mgr Besson, évêque de Metz en Lorraine.

(Années 1609—1616.)

L'Évêque de Genêve consacrera une suite d'années à plaider auprès de la Cour de Rome et de Turin, les plus chers intérêts de la ville et des environs de Thonon. Il avait été témoin de tout le bien que les clercs de Saint Paul, connus sous le nom de Barnabites, opéraient dans le diocèse de Milan. Il les crut seuls capables de remplacer les pères jésuites à Thonon. Il sollicite leur introduction en cette ville.

En traversant les rues de Thonon, en célébrant les saints mystéres dans ses églises, François de Sales avait souvent invoqué un Bienheureux né et élevé à

Thonon, et que l'Eglise n'avait pas encore placé dans le catalogue des saints. Il supplie le Saint-Siége et le duc de Savoie, de ne pas retarder la canonisation du prince Amédée IX né au château de la ville de Thonon, le 1er février 1435.

Les *lettres* suivantes nous révèleront les saints et impatients désirs avec lesquels François de Sales, appelait la canonisation du duc Amédée IX, et l'introduction des Barnabites à Thonon.

CXV^e LETTRE (inédite) [1]. — A S. A. Charles Emmanuel Ier, duc de Savoie.

<small>Saint François de Sales envoie l'attestation de l'état de deux images du B. Amé le Glorieux ; il lui annonce que, dans la ville de Seurre (Duché de Bourgogne), il y a une chapelle à lui dédiée.</small>

Annecy, 16 septembre 1609.

Monseigneur,

. . . .
. . . .

J'envoie à Votre Altesse l'attestation de l'état de deux images et de quelques autres particularités qui regardent l'estime que l'on a ici de la sainteté du sérénissime et glorieux Amé.

---

[1] L'original est conservé aux Archives de Turin.

Dans peu de jours, j'en enverrai une autre de l'image que j'ai trouvée à Seyssel, revenant de Gex, où j'étais allé pour rétablir l'exercice catholique en quelques paroisses. J'ai aussi su qu'au duché de Bourgogne, en la ville de Seurre, il y a une église de Sainte-Claire, où il se trouve une chapelle sous l'invocation de ce B. prince, avec son image et l'abrégé de toute sa vie écrite en un placard affigé.

C'est pourquoi, devant aller bientôt en ce pays-là pour le mariage de l'un de mes frères avec la fille du baron de Chantal, selon la déclaration que Votre Altesse a faite de l'avoir agréable, j'enverrai exprès sur le lieu pour avoir de tout cela une attestation authentique, laquelle, s'il est vrai ce qu'on m'a dit, sera une des plus belles marques de la sainteté de ce glorieux prince que l'on ait recouvrée jusqu'à présent.

. . . .
. . . .

CXXIV^e LETTRE [1] (6e volume). — A M. François Kanzo, gentilhomme et conseiller de S. A., à Turin.

Saint François l'entretient de la canonisation du bienheureux Amé, duc de Savoie, et de l'idée qu'il a de mettre sous sa protection une congrégation de dames.

Annessi, alli 6 maggio 1610.

Très-illustre Seigneur,

La lettre que Votre Seigneurie très-illustre m'a écrite

[1] Tirée de la copie authentique conservée aux Archives de la Cour de Turin.

pour faire donner commencement à quelque sorte de solennité pour le jour du passage du bienheureux Amé, est arrivée entre mes mains le jour qui a suivi la fête ; ainsi on n'a pas pu faire ce que j'aurais vivement désiré, mais on le fera, s'il plaît à Dieu, l'année prochaine.

On ne sait rien autre de Mantoue ni de Borgio, parce que les fondations qui y ont été faites sont du Comte-Vert, et non pas de notre Bienheureux.

Je remercie Votre Seigneurie très-illustre de l'image, et je désire beaucoup voir la vie et que l'affaire de la canonisation aille en avant.

Il m'est venu dans la pensée une chose, si Votre Seigneurie la trouve à propos, qui pourra bien contribuer à l'honneur du Bienheureux. On commencera à établir à la fête prochaine de la pentecôte une congrégation de dames nobles douées d'un grand esprit et de grandes qualités, dans laquelle on pratiquera beaucoup d'œuvres de charité envers les pauvres et les malades, au service desquels ces bonnes âmes se veulent dédier suivant ce que pratiquent les femmes en ces pays ultramontains ; elles auront une maison dans laquelle elles vivront en commun, et un oratoire de grande dévotion. Actuellement il dépend de moi de faire dédier cet oratoire et cette maison au Saint qui me paraîtra plus à propos ; et voyant que la dévotion de ces dames nobles se dirige vers les pauvres et les malades, auxquels notre Bienheureux fut si affectionné, que son exemple est publié dans toutes les chaires, je voudrais bien que cette maison fût mise sous l'invocation de ce Bienheureux. *Il serait convenable, puisqu'il est né dans ce diocèse, qu'il eut dans le même diocèse sa première maison et son premier oratoire.*

Afin que je puisse faire cela, il serait convenable que Son Altesse l'approuvât, et fît en sorte que Sa Sainteté l'eût pour agréable.

Il me semble, d'après ce que je pense, que ce serait chose très-facile à Son Altesse, si elle ordonnait qu'à Rome on en fît la demande, *d'autant plus que depuis longtemps ce Bienheureux est si honoré dans ce diocèse.*

Votre Seigneurie très-illustre y pensera, et si elle me fait part de la volonté de Son Altesse, je ne manquerai pas de faire, de mon côté, tout ce qui sera convenable. Je vous prie de tâcher que cela s'obtienne le plus tôt possible pour ma satisfaction.

Je supplie le Seigneur qu'il donne tout vrai contentement à Votre Seigneurie très-illustre.

Votre très-affectionné serviteur,

FRANÇOIS, *évesque de Genève.*

NOTA. — Françoise Kanzo a écrit la vie du bienheureux Amé; saint François entretenait avec lui une correspondance relative à la canonisation du prince.

CCLXXV^e LETTRE. (5e volume.) A Sa Sainteté le pape PAUL V.

Il lui représente qu'il est de la justice de canoniser le bienheureux Amédée IX, 3e duc de Savoie.

Annecy, le 7 mars 1612.

Très-Saint Père,

Il a toujours été à propos que ceux qui ont servi Dieu plus fidèlement, et dont la sainteté a éclaté davantage pendant leur vie, fussent mis après leur mort au nombre des saints, et honorés d'un culte solennel par l'autorité publique de l'Eglise. Par ce moyen Dieu est plus glorifié dans ses Saints, les peuples racontent plus librement leurs glorieuses actions, et l'Eglise publie plus magnifiquement leurs louanges ; nous ressentons aussi les effets de leur intercession, à proportion de la confiance avec laquelle nous les honorons ; enfin les exemples de ceux sur la sainteté desquels il ne peut venir aucun doute, nous excitent plus puissamment et plus efficacement à la vertu.

Or, très-saint Père, ce qui a été juste et louable dans tous les temps et dans tous les lieux, semble, au temps où nous sommes, non-seulement utile, mais nécessaire, parce que l'iniquité ayant été grande, la charité de plusieurs, et même de la plupart des chrétiens, s'est refroidie. Puis donc qu'il n'y a plus de Saints sur la terre, il faut, parmi ceux qui en ont été rachetés, rappeler à notre mémoire, et faire revenir ici-bas, pour ainsi dire, quelques-uns de ceux qui s'y sont distingués jusqu'à présent par une plus grande sainteté, afin qu'ils soient, comme l'un d'entre eux s'est exprimé, le miroir, l'exemple et comme l'assaisonnement de la vie des hommes sur la terre ; en sorte qu'ils vivent au milieu de nous après leur mort, et qu'ils ressuscitent à la vraie vie beaucoup de chrétiens qui sont morts, quoique vivants.

Sachant donc, très-saint Père, qu'un nombre considérable de personnes de différents états ont demandé avec instance à Votre Sainteté qu'il lui plût écrire au catalogue des Saints le bienheureux Amédée, troisième duc de Savoie, je n'ai ni voulu ni dû manquer de lui faire la même supplication. Il me semble que tout m'invite à le faire et le fait avec moi.

La majesté de Dieu tout-puissant, qui doit éclater plus évidemment par les miracles de ce bienheureux prince, le demande, non par des prières, mais par un droit qui ne peut lui être contesté.

La Jérusalem céleste, notre mère, le désire aussi, à cause de la part qu'elle prend à la gloire de son citoyen, et de la joie qu'elle aura des honneurs que nous lui rendrons.

Notre Jérusalem inférieure, à laquelle vous présidez, très-saint Père, en fait de même, et sera charmée de glorifier sur la terre le nom d'un tel fils, déjà écrit dans le ciel.

La suite des belles actions que Votre Sainteté a faites jusqu'à présent, exige qu'ayant canonisé depuis peu un prince de l'Eglise, qui est saint Charles Borromée, elle tienne la même conduite à l'égard d'un prince du siècle; afin que les personnes de l'une et de l'autre condition aient un modèle à imiter.

Vous en êtes encore sollicité, très-saint Père, par la famille des sérénissimes ducs de Savoie; laquelle, par sa constance dans la foi et par ses glorieux exploits, a autrefois et dans toute la suite des temps, apporté, comme elle apportera encore, de grands avantages à l'Eglise.

Ajoutez à cela toute la Savoie et ses dépendances, mais principalement le diocèse de Genève, qui *ennobli par la naissance d'un si grand prince*, mettra avec raison une grande partie de son espérance dans son intercession.

Enfin, c'est ce que réclament avec force les mérites et les miracles du bienheureux Amédée, qui sont très-considérables, tant par leur qualité que par leur grand nombre.

Laissez-vous donc gagner, très-saint Père; ne souffrez pas que cette lampe embrasée d'un feu tout divin demeure plus longtemps cachée sous le boisseau ; mais placez-la sur le chandelier, afin qu'elle éclaire tous ceux qui sont dans la maison de l'Eglise ; exaltez le nom de celui qui a sanctifié le nom de Dieu par le zèle si actif de sa charité, et qui en a étendu la gloire par une multitude de miracles ; annoncez à toute l'assemblée des fidèles qui sont sur la terre que le Seigleur a glorifié son Saint dans le ciel, pour nous exaucer lorsque nous réclamerons son assistance.

Ce sont là les vœux de celui qui désire de tout son cœur que Votre Sainteté préside longtemps et heureusement à l'Eglise chrétienne, pour le bien de tous ses enfants.

Je suis avec le plus profond respect, très-saint Père, etc.

CCLXXIII^e LETTRE. (5e volume.) — A Son Altesse le duc de Savoie.

Il lui représente l'obligation où il est de procurer la canonisation du bienheureux Amédée IX, 3e duc de Savoie.

Mars 1612.

Monseigneur,

Il y a quelque temps que j'envoyai à Votre Altesse sérénissime plusieurs mémoires touchant l'estime et véritable opinion que tout ce pays de deçà avait toujours eue de la sainteté du B. duc troisième Amédée IX ; et je croyais que Votre Altesse, considérant ces honorables témoignages de l'éminente sainteté d'un prince auquel elle appartient de si près, serait suffisamment incitée à en désirer la canonisation.

Mais, attendant de jour à autre qu'on fît quelque bon dessein pour cela, et n'ayant point de telles nouvelles, je supplie très-humblement Votre Altesse de pardonner si, avec un peu de chaleur, je lui représente ma pensée sur ce sujet; car en une grande affection on ne se peut pas bien retenir.

Ce grand Saint et Votre Altesse avez un devait mutuel l'un à l'autre; car Votre Altesse lui succédant, et selon le même sang, et selon le même sceptre, elle lui appartient comme fils à son père. Votre Altesse donc le doit honorer en tout ce qu'elle peut, comme sa charité l'oblige de protéger, secourir et élever Votre Altesse; ni ces liens réciproques ne sont point rompus par la mort; car ce sont des liens de l'amour sacré, qui est aussi fort pour les conserver que la mort pour les dissoudre.

Or, les miracles que Dieu a faits en faveur de ce grand prince, la grande estime de la sainteté d'icelui que sa divine providence a nourrie dans le cœur des peuples qui ont le bonheur d'être sous sa couronne et de plusieurs autres circonvoisins, les histoires qui célèbrent si hautement la piété de sa vie; ce sont, Monseigneur, tout autant de sommations que ce saint prince vous fait de lui faire les honneurs qui sont dus à son excellente sainteté. Nul ne lui a ce devoir en pareil degré avec Votre Altesse; nul n'a le pouvoir si grand de le lui rendre, ni par conséquent nul n'en doit avoir un vouloir si ardent.

Je prie Dieu qu'il comble de célestes bénédictions Votre Altesse, de laquelle je suis infiniment, Monseigneur, etc.

CCLXXXIVe LETTRE (5e volume.) — A Messeigneurs de la Congrégation des rites.

Il les supplie de se rendre favorables à la canonisation du bienheureux Amédée, 3e duc de Savoie.

Annecy, 2 juin 1612.

Messeigneurs,

Le mépris des Saints qui règnent avec Jésus-Christ dans le ciel, fut une de ces maudites et détestables opinions que l'impie Calvin enseigna dans la malheureuse ville de Genève avec plus de force et d'impudence. Ce perdu mit tout en œuvre pour effacer jusqu'au souvenir de leurs noms, pour profaner leurs reliques, et pour tourner en ridicule leur intercession ; et il vomissait mille blasphèmes contre les mérites et le culte que nous leur rendons.

C'est pourquoi les peuples catholiques qui sont restés dans ce diocèse, par une conduite tout opposée, s'unissent avec une ferveur admirable pour célébrer et invoquer les Saints, entre lesquels nos prédécesseurs ont eu une très-grande dévotion au bienheureux Amédée, troisième duc de Savoie. Nous en avons des preuves par ses images que l'on voit dans plusieurs églises avec les attributs qui désignent la béatitude.

Mais, parce qu'il n'est pas encore canonisé, on ne lui rend pas encore l'honneur public et solennel qui est dû à la grandeur et à la certitude de sa sainteté ; et, bien qu'un grand nombre de personnes, ayant eu recours à ses prières avec une vraie confiance en Dieu, éprouvent journellement en diverses occurrences quel est le pouvoir de son intercession, il y en a d'autres néanmoins qui ne l'invoquent pas, parce que le Saint-Siége ne l'a pas mis au nombre des Saints. Voyant donc avec quel empressement et quelle affection le demandent les Etats du sérénissime duc de Savoie, et principalement les révérendissimes prélats, l'archevêque de Turin et l'évêque de Verceil, j'ai supplié de tout mon pouvoir le Saint-Siége Apostolique qu'il daignât faire cette grâce à tous les peuples circonvoisins. Or, comme il n'est point d'usage que Sa Sainteté fasse aucune démarche en de semblables occasions sans la participation et le consentement de la sacrée congrégation de vos seigneuries illustrissimes et révérendissimes, je lui présente ma très-humble requête à ce qu'elle veuille bien favoriser une œuvre si sainte. Il n'en faudra pas davantage pour rendre confus les ennemis des Saints, pour donner une grande consolation aux personnes dévotes, pour exciter puissamment les princes à imiter les exemples de vertu, et pour fournir à toute l'Eglise une matière de joie et de bénédiction. Ce diocèse surtout, qui a été réduit à une si grande désolation, se sentira de cette joie, *puisque c'est dans son sein que naquit et que fut élevé* (à Thonon) *ce grand prince, qui, selon l'étymologie de son nom, aima si fort son Dieu, et fut tant aimé de lui.*

Que s'il a exalté et béni le saint nom de Dieu, aussi la divine Majesté l'a si fort honoré par une multitude de miracles, que, quand les informations s'en feront, on verra clairement que la Providence a voulu que sa canonisation fût différée jusqu'à ce temps, où le mépris des Saints est porté à son comble par les hérétiques de ces contrées.

Il sera donc fort à propos que cette lampe soit mise sur le chandelier pour éclairer leurs yeux ; cette lampe, dis-je, qui fut allumée au milieu de leurs prédécesseurs, et qui attira leur admiration sur une vie pleine d'une piété toute divine et d'une éminente charité.

Ainsi, ne doutant nullement que Vos Seigneuries illustrissimes et révérendissimes ne soient portées d'inclination à faire réussir un projet si désirable, je leur fais ma très-humble révérence, et prie Notre-Seigneur et notre Dieu de les combler de ses grâces.

XXXII° LETTRE inédite [1]. (complément.)

A Mgr le cardinal Maurice, fils du duc Emmanuel Ier, de Savoie.

Le Saint s'excuse du retard qu'ont éprouvées pour lui parvenir, les pièces dont il s'était chargé, et reçoit avec surprise cet avis de la part de S. A.

Annecy, 17 février 1615.

J'envoyai au seigneur Kanzo, il y a fort longtemps, tout ce que j'avais pu recueillir, non-seulement en ce diocèse de Genève, mais encore ailleurs, pour l'avancement de la canonisation du très-heureux prince Amé troisième, et suis assuré que le tout a été reçu, ce qui me rendit d'autant plus étonné, il y a quelque temps, quand je reçus une lettre de Votre Altesse sérénissime, par laquelle elle té-

---

[1] Communiquée par M. le professeur Baggiolini Christophe, ordonnateur des Archives, et historiographe de la ville de Verceil.

moignait d'être ébahie elle-même de quoi il tardait tant à rendre ce devoir d'obéissance envers elle et de piété envers ce Saint ; mais j'ai jugé que le trépas du dit seigneur Kanzo avait été cause de l'égarement de ces pièces, et de l'apparence par conséquent de la négligence de laquelle je n'avais pas commis la vérité. Or, voilà donc de rechef, Monseigneur, des authentiques attestations de l'honneur religieux qui a été porté à ce bienheureux prince en divers endroits, avec un petit mémorial pour la correction de ce que le P. Maleto en a écrit en désordre, faute d'avoir entendu les actes que j'avais envoyés en langue française.

Au demeurant. . . . .
. . . . etc., etc.

CCCXCVIe LETTRE [1]. (5e volume.)

Au Père en Notre-Seigneur, le père Dom Juste Guérini, barnabite à San-Dalmazo.

Il l'assure qu'il sollicitera, en faveur des Barnabites, la protection des princes de Savoie.

Annecy, 10 mars 1616.

Mon révérend Père,

Nos bons pères d'ici ont été d'avis que je fisse une recharge à Son Altesse et à mes seigneuries les princes, pour les affaires de Thonon ; ce que je fais fort à propos, ce me semble, sur l'occasion que monseigneur le prince cardinal m'a donnée de le remercier de l'avis qu'il m'a envoyé du bon commencement qu'il y a en la négociation,

---

[1] Communiquée par les dames de Miramion.

faite pour la canonisation du bienheureux Amé ; car d'autant que ce bienheureux prince naquit à Thonon, je prends sujet de recommander l'introduction des pères en ce lieu là.

J'en fais de même avec Son Altesse et monseigneur le prince, me trouvant obligé de leur témoigner la joie que j'ai en l'espérance de cette canonisation.

Que si vous-même donnez les lettres, vous pourrez ajouter que l'an passé, sur l'éminent danger auquel Thonon fut de la contagion, quand je dis à ce peuple la confiance qu'il doit avoir aux prières du bienheureux prince, de la naissance duquel leur ville avait été honorée, ils en témoignèrent tous un ressentiment et une espérance extrêmes. *Fratanto*, me recommandant à vos oraisons et bonnes grâces, je suis sans fin de tout mon cœur, mon révérend Père, votre, etc.

CCCXCVII^e LETTRE. (5e volume.) — A Son Eminence Le cardinal de Savoie.

Il lui témoigne la joie de la nouvelle dignité de ce prince, et lui recommande les Barnabites.

Annecy, 10 mars 1616.

Monseigneur,

Je loue Dieu et bénis son saint nom du bon acheminement qu'on a donné à la canonisation du glorieux et bienheureux Amé. Nul, comme je pense, ne saurait désirer la perfection de ce saint projet avec plus d'affection que moi, qui prévois que tout ce peuple de deçà en recevra une extrême consolation et un grand accroissement de dévotion, spécialement à Thonon, lieu de la naissance de ce grand prince, où l'année passée, lors des premières appréhensions de la peste de Genève, je remarquai un mouvement universel de confiance és-intercessions de ce bienheureux ami de Dieu, lorsque je leur représentai le juste sujet qu'ils en avaient pour l'honneur que *leur air avait eu d'avoir servi à la première respiration de ce grand prince.*

Et plût à Dieu que le très-saint Père eût été supplié d'accorder une troisième messe solennelle avec indulgence plénière pour ce lieu-là ; car je m'assure qu'en cette contemplation Sa Sainteté l'eût volontiers accordée. Mais, puisque cela n'a été fait, je veux espérer en la bonté et équité de Votre Altesse ; que nous ne serons pas laissés en oubli pour la distribution des médailles ; et cependant, Monseigneur, je la supplie très-humblement d'embrasser fermement la protection de l'introduction en ce lieu-là des pères barnabites en la Sainte-Maison de Thonon et au prieuré de Contamine. Votre Altesse fera sans doute en cela une œuvre grandement agréable à la divine Majesté, et laquelle il me semble que le bienheureux esprit du glorieux prince Amé lui recommande dès le ciel très-saintement ; estimant que comme par ses prières, Dieu fortifia le cœur de Son Altesse pour établir la sainte dévotion par le moyen de ces bons religieux qui assisteront et arroseront les vieux arbres afin qu'ils multiplient en fruits de piété, et élèveront les enfants comme jeunes plantes, à ce que la postérité devance, s'il se peut, les prédécesseurs, et sachent tant mieux *révérer leur saint prince Amé*, et obéir en toute soumission au sceptre et à la couronne qu'il a laissés en sa sérénissime maison, que Dieu veuille faire à jamais prospérer, Monseigneur, selon les souhaits continuels du très-humble, etc.

CCCXCVIII⁰ LETTRE. (5ᵉ volume.) — A Son Altesse le duc de Savoie.

Il lui recommande les affaires des Barnabites, et parle de la canonisation du bienheureux Amédée.

Annecy, 12 mars 1616.

Monseigneur,

Votre Altesse aime sans doute chèrement son pauvre Thonon, et elle a raison ; car il est doublement sien, puisqu'il la doit reconnaître pour son souverain prince comme fait tout cet État ; pour son très-honoré et très-aimable parrain, puisque c'est entre ses bras paternels que ce peuple, perdu par l'hérésie, a fait une nouvelle naissance dans le giron de la très-sainte Eglise [1]. Obligation non-seulement immortelle, mais éternelle, puisqu'elle prend son origine d'un bienfait qui demeure ès-siècles des siècles.

Or, Monseigneur, pour la perfection de cette bonne œuvre, Votre Altesse me commande de procurer l'introduction des pères barnabites en ce lieu-là. . . . .
. . . .

Mais depuis sont survenues les difficultés que nul ne

---

[1] Il aurait pu dire : j'en suis le père et vous en êtes le parrain.

peut vaincre, que la piété et le cœur invincible de Votre Altesse, laquelle je supplie en toute humilité de faire réussir ce très-bon et pieux projet, et même en considération du glorieux et bienheureux duc Amé, duquel la canonisation, que tout ce pays attend en grande dévotion, comblera bientôt de consolation et bénédiction toute la sérénissime maison de Votre Altesse, *et lequel prit naissance et fut élevé en ce lieu-là.*

Ainsi, prié-je la divine Majesté qu'elle protége votre couronne, de laquelle je suis infiniment,

Monseigneur, très, etc.

CLXXXIII^e LETTRE (inédite). — A S. A. Charles-Emmanuel Ier, duc de Savoie.

Saint François recommande à S. A. les Barnabites de Thonon, et parle de la canonisation du bienheureux duc Amédée.

Annecy, 12 mars 1616.

Monseigneur,

Je sais que la charité et piété de V. A. est bien ferme au projet qu'elle a, pour l'introduction des pères Barnabites à Thonon, à laquelle est attachée la conservation du prieuré de Contamine à la Sainte-Maison de ce lieu-là, pour l'usage et entretennement des dits pères et de leur collége. Néanmoins, puisque c'est mon devoir, je fais de rechef ma très-humble supplication à V. A. pour ces mêmes fins, lui ramentevant seulement, que *Thonon est le lieu de la naissance du Bienheureux Amé*, de la prochaine canonisation duquel je me réjouis infiniment, présageant en icelle beaucoup de très-saintes bénédictions sur la couronne qu'il porta en ce monde, et sous laquelle il a si heureusement mérité d'être couronné en l'autre.

Je fais très-humblement la révérence à V. A, et suis immortellement, Monseigneur,

FRANÇOIS,
Evesque de Genève.

CLXXXIV^e LETTRE [1]. — A S. A. Charles Emmanuel 1er, duc de Savoie.

Saint François recommande à S. A. les habitants de la Savoie, et lui témoigne sa reconnaissance pour l'introduction de l'industrie de la soie.

Annecy, le Vendredi-Saint, 29 mars 1616.

Monseigneur,

La charité et bonté que V. A. a témoignées envers ces bons peuples de deçà, par le soin qu'elle a eu de faire réussir les projets de l'introduction de l'art de la soie en ces pays, et des PP. Barnabites à Tonon, ne peut jamais être assez dignement remerciée, mais, à la faveur de la sainteté de ce jour, j'en fais néanmoins très humblement la révérence et l'action de grâces à V. A., la suppliant de continuer sa dilection et protection sur cette province, en laquelle l'avancement de la gloire de Dieu est

---

[1] L'original est conservé aux Archives de la Cour de Turin.

de si grande conséquence et plein de mérite pour V. A., que sa divine Majesté fasse à jamais prospérer ès bénédictions que lui souhaite,

>Monseigneur,

>Votre très-humble et très-obéissant orateur et serviteur,

>>François,
>>*Evesque de Genève.*

A cause des sages lenteurs du Saint-Siége, les intentions de François ne furent remplies qu'après un délai de 60 ans. Un évêque de Genève viendra bien un jour célébrer à Thonon, les fêtes de la Béatification d'Amédé IX, mais seulement douze ans après avoir promené dans la ville d'Annecy et placé sur les autels les reliques de saint François de Sales. Amédée IX fut béatifié par un décret du pape Innocent XI, en date du 3 mars de l'année 1677. Ses reliques reposent dans l'église Saint-Eusèbe de Verceil où il mourut le 30 mars 1472. L'année même de sa béatification les prêtres de la Sainte-Maison de Thonon, lui érigèrent l'autel qui subsiste encore aujourd'hui dans l'église paroissiale. Applaudissons à la sainte pensée qu'ils eurent d'élever cet autel à côté des fonts baptismaux [1]

---

[1] L'histoire nous dit que le duc Amédée fut baptisé à Tho-

où le Bienheureux fut inscrit au livre des enfants de Dieu et de l'Église, pour figurer plus tard au catalogue des saints.

Le duc Amédée IX fit placer dans la sainte chapelle de Chambéry le Saint-Suaire. La dévotion à cette précieuse relique de la Passion, le porta à faire à pied, un pèlerinage à Chambéry, pour la vénérer de nouveau.

Il fut moins difficile à François de Sales d'obtenir l'introduction des pères Barnabites à Thonon que la canonisation du plus illustre citoyen de cette ville.

Par ordre du duc Charles-Emmanuel, le collége de Thonon, fut remis aux pères Barnabites, le 10 avril 1616.

Aux archives de Turin, paquet 12, n° 7, comme aussi dans les archives de la Sainte-Maison de Thonon, on lit l'acte suivant :

---

non, trois jours après sa naissance (1er février). Nous en concluons qu'il fut porté vers les fonts sacrés actuels, puisqu'il n'y eut jamais dans cette paroisse que les fonts baptismaux de l'église Saint-Hippolyte.

Acte de rémission faite par ordre du duc Charles Emmanuel Ier aux Religieux de l'Ordre des Clercs Réguliers de Saint-Paul, vulgairement appelés Barnabites.

Au nom de Dieu éternel, etc., etc.

A tous soit notoire et manifeste, comme du 10° du présent mois d'avril, an du salut courant 1616, le R. P. dom Juste Guérin, religieux de l'Ordre des Clercs-Réguliers, ... ait présenté et exhibé à l'illustre conseil de la Sainte-Maison de Tonon, assemblé en la maison de haut et puissant seigneur messire Gaspard de Genève, marquis de Lullin, etc. . . . . . . a iceluy présenté les articles cy-après ténorisés, contenant la bonne volonté de Son Al. R. pour l'union des R. Pères Barnabites au corps de la dite Sainte-Maison, et remise du collége entre les mains . . . . des dits Pères, les articles contenant ce qui suit. (Suivent les conditions spécifiées.)

A cet effet donc S. A. R. remet et assigne aux dits Pères Barnabites l'église de Saint-Augustin, dite à présent SS. Maurice et Lazare, avec toutes les places, cimetières, jardins, maisonnements, afin qu'en icelle il soit officié à la façon d'église collégiale, mais toutefois selon les constitutions des dits Pères.

De plus, leur établir et assigner pour leur entretennement mille ducatons de sept florins [1], monnoye de Savoye. (Suivent de nombreux articles.)

Lesquels articles ayant été lus et entendus par les dits seigneurs du conseil de la Sainte-Maison, comme la procuration passée au père dom Juste Guérin, au bas du pré-

---

[1] Le florin valait 46 centimes de notre monnaie.

sent ténorisé, faite au dit père, le 4 janvier, à Milan 1616, ayant été lue en présence du susnommé Conseil, comme en la présence de *Monseigneur le révérendissime évêque, prince de Genève* (saint François), du dit magnifique seigneur marquis de Lullin et noble et puissant seigneur Claude de Vidomne, seigneur de Charmoysi [1] . . . . Ensuite de quoy et pour accomplisse de . . . . . . Ainsi est que ce jourd'huy 10 avril 1616, par devant nous Pierre Rolaz de la ville de Tonon et Gaspard Girod, secrétaire de la Sainte-Maison, tous deux notaires soussignés, en présence des susnommés témoins ; le tout en leur personne, établis et contitués très-illustre et révérendissime seigneur messire Vespasien Gribaldy, archevêque de Vienne, en qualité de surintendant de la Sainte-Maison, illustre et très révé. mes. Vespasien Ayazza, abbé et commandataire de l'abbaye de Notre-Dame-d'Abondance, R. mess. Claude de Blonay, préfet de la dite Sainte-Maison, R. mes. Jean de Chatillon, plébain, mes. Pierre Bouverat, mes. Claude Bottard, mes. Thomas Maupan [2], mes. Claude Magnin, mes. Maurice Avrillon, prêtres, noble Claude Marin, procureur fiscal pour S. A, R., assisté du R. P. Vincent, gardien du vénérable couvent des Pères Capucins de Thonon et du R. P. Collomban de Talloires, capucin de la mission de Tonon . . . .

Fait à Tonon, au palais du dit seigneur marquis de

---

[1] L'illustre époux de la Philotée ; François de Sales lui donnait le titre de cousin et lui écrivit un très-grand nombre de lettres que nous lisons dans ses OEuvres complètes.

[2] Genevois converti par saint François de Sales, et devenu prêtre.

Lullin, appelé la petite Bâtie, présent R. mes. Jean-François de Blonay, prieur de Saint-Paul ; R. mes. Jean Mayer, curé de Bons; mes. Bernard Moccand, curé d'Yvoire ; mes. François Delachaz, curé de Vailly, et noble J. de Compois, témoins à ce requis.

Une convention moins solennelle fut passée par devant le secrétaire de la Sainte-Maison, entre l'évêque de Genève François de Sales, les principaux membres du Conseil de la Sainte-Maison, et le procureur des Barnabites Juste Guérin. La première signature est celle de l'archevêque Gribaldy, domicilié à Evian, la seconde celle de saint François. Nous avons constaté cet acte d'humilité de Fançois de Sales, chaque fois que nous avons rencontré dans les archives ecclésiastiques de Thonon, la signature de ces deux évêques.

Voici donc les vœux de saint François exaucés : les pères Barnabites se rendront à Thonon, en assez grand nombre pour ouvrir le collége, en novembre 1616. Il viendra lui-même les mettre en possession du collége de Thonon, d'où il écrit au souverain la lettre suivante.

CCCLXXVIIᵉ LETTRE — A Monseigneur le Prince de Piémont (Victor-Emmanuel).

3 septembre 1616 [1].

Monseigneur, suivant le commandement de Votre Altesse, je suis venu ici pour procurer l'introduction des pères barnabites en la Sainte-Maison de Notre-Dame-de-Compassion, et enfin le traité de cette affaire est parvenu jusqu'à l'arrêté ci-joint. Or, il ne se peut dire combien l'avancement des pères Barnabites en ces contrées de deçà sera utile pour celui de la gloire de Dieu, non seulement pour la confirmation de la foi, *parmi ces bons peuples*, qui, à la faveur de l'incomparable courage et rare piété de Monseigneur, père de Votre Altesse, ont été remis dans le giron de la sainte Église catholique : mais aussi pour la confusion des ennemis de la foi qui environnent de toute part cette province, de laquelle il ne se peut faire que le bien spirituel ne s'écoule petit à petit sur le voisinage, qui par ce moyen pourra recevoir insensiblement de grandes dispositions pour se convertir et réduire au devoir.

Mais encore, Monseigneur, je ne puis me retenir que je ne témoigne la joie que je sens de quoi, par la vertu de ces bons pères en cette ville, nous verrons refleurir le saint service divin dans l'église de Saint-Augustin, fondée par le fameux Amédée, grand aïeul de Votre Al-

---

[1] Quelques auteurs donnent à cette lettre la date de 3 septembre 1615 ; mais le contexte et les pièces authentiques, relatées plus haut, prouvent qu'elle fut écrite en septembre 1616.

tesse, et en une *ville honorée de la naissance de cet excellent serviteur de Dieu le bienheureux Amédée*, duquel nous espérons la canonisation avec des désirs non pareils ; espérant que par la publique invocation de son secours, nous obtiendrons la fin de tant d'afflictions, de pestes et de tempêtes, desquelles, depuis quelques années, il a plu à Dieu de visiter ce peuple.

Votre Altesse, Monseigneur, a pour le partage de la splendeur héréditaire et toujours croissante de sa sérénissime origine, la gloire des œuvres de sa douce et immortelle piété, et comme cela, comme elle est un des fleurons de la couronne de Monseigneur son père, elle est aussi l'une des plus précieuses colonnes du temple de Dieu, le Père éternel.

Le saint Evêque ne voulut pas quitter Thonon, avant d'avoir célébré avec ses chers enfants la fête patronale de la paroisse, la Nativité de la sainte Vierge. Au reste, c'est lui-même qui avait laissé la liberté aux prêtres de la Sainte-Maison, au moment de leur première organisation de choisir la Nativité de Marie, pour la fête patronale de leur congrégation et de la paroisse [1]. Il n'avait pu leur fixer la fête de Notre-Dame-de-Compassion, ni celle de Notre-Dame-des-Sept-Douleurs, l'Eglise ne les célébrait pas encore. Le saint Evêque écrivit de Thonon, le 8 septembre, à

---

[1] La fête de la Nativité de Marie est encore aujourd'hui la fête patronale de Thonon.

son frère le chanoine J, F. de Sales, et lui dit *que la contagion ne fait nul progrès, si non dans Genève, où elle moissonne rudement.*

Le 12 du même mois, il date encore une autre lettre de Thonon. (Lettres 378 et 379.)

Le saint Evêque de Genève disait à Son Eminence le cardinal de Savoie, en parlant des Barnabites à Thonon. « Par le moyen de ces bons re-
» ligieux qui assisteront et arroseront les vieux
» arbres afin qu'ils multiplient en fruits de piété, et
» élèveront les enfants comme jeunes plantes, *à ce*
» *que la postérité devance, s'il se peut ses prédéces-*
» *seurs.* »

Prouvons que saint François a été heureux dans sa prédiction et *que la postérité a devancé les prédécesseurs.*

Le collége des Barnabites de Thonon, organisé par saint François, en 1616, fut peut-être jusqu'à la révolution de 93, le collége le plus brillant de la Savoie [1].
L'on y enseignait la théologie, la philosophie, la physique, les belles-lettres, la grammaire, la latinité et toutes les langues étrangères. Le collége de Thonon était surtout très-renommé pour l'enseignement de la

---

[1] Malheureusement ce collége est fermé depuis 1860.

théologie dogmatique et pour celui de la langue grecque. L'on venait y étudier de l'Allemagne, de la Suisse, de la France et de l'Italie. Quatre élèves, descendus des montagnes du Chablais, du Faucigny et du Genevois, semblent s'être concertés pour réaliser la prophétie de leur saint protecteur : en *ce que la postérité devance les prédécesseurs*. Hâtons-nous de nommer le cardinal Gerdil et Mgr Biord, évêque de Genève, tous les deux natifs de Samoëns, Mgr Bigex, archevêque de Chambéry, natif de la Balme de Thuy (Thônes), et Mgr Rey, évêque d'Annecy, natif de Bellevaux (Thonon).

1º *Le cardinal Gerdil.*

Vers les années 1728 et 30, le jeune Hyacinthe Gerdil vint étudier la grammaire et les langues au collége de Thonon. La réputation colossale du cardinal Gerdil est devenue le domaine de l'histoire qui nous montre en lui un des plus grands hommes du 18e siècle.

C'est sous la direction des Barnabites, à Thonon, que le Seigneur lui fit connaître qu'il l'appelait dans cette congrégation dont il fut plus tard l'inébranlable soutien. Créé provincial de son Ordre pour le Piémont et la Savoie, il fut toujours le protecteur du collége de Thonon, où il avait puisé les premiers éléments des sciences. Il entretint assez fréquemment des correspondances avec l'administration municipale, relativement à la direction du collége de cette ville. L'impartialialité de l'histoire nous force à dire que le Barnabite n'eut pas toujours à se flatter des bons procédés du conseil de Thonon.

Disons que c'est Gerdil, élève du collége de Thonon, que le savant pape Benoît XIV choisit pour collaborateur dans la composition de son immortel ouvrage *de la Canonisation des Saints*. C'est encore l'élève du collége de Thonon que le premier scrutin du Sacré-Collége, tenu à Venise en 1800, appelait sur le trône de saint Pierre.

2° *Monseigneur Biord.*

C'est à l'école de théologie dogmatique de Thonon que Jean-Pierre Biord puisa cette doctrine claire et solide qui fait tout le mérite de son catéchisme, admiré par l'épiscopat français, et encore très-recherché aujourd'hui par les prêtres et les fidèles de notre diocèse.

C'est bien l'élève du collége de Thonon qui fut l'un des premiers à découvrir le venin des écrits de Voltaire à qui il osa reprocher l'abus indigne qu'il faisait de son talent.

3º *Mgr François-Marie Bigex, évêque de Pignerol, décédé archevêque de Chambéry, le 19 février 1827.*

Le jeune Bigex étudia pendant trois ans la théologie au collége de Thonon d'où il se rendit à Paris, pour suivre les cours de la Sorbonne. La profondeur de ses conceptions intellectuelles n'échappa point aux maîtres de la première École théologique de France. On s'empressa de lui confier l'enseignement de la philosophie et ensuite de la théologie. Au moment de conquérir ses grades, il osa disputer la première place, elle lui échappa; la seconde qui lui échut, était encore assez honorable, si l'on se rappelle que Bossuet dans la même circonstance ne parvint qu'à la seconde [1].

Nommé vicaire-général de notre diocèse, il se retira à Lausanne pendant les années de la terreur, d'où il pourvoyait aux besoins des prêtres et des fidèles de nos contrées. C'est en assistant à la sainte messe

---

[1] Voir son éloge funèbre prononcé devant l'Académie de Savoie le 19 mars 1827, ou bien : *Etrennes religieuses* par M. Vuarin, année 1827.

dans l'église du collége sanctifié par les prières de saint François et du bienheureux Amé, que M. Bigex avait médité la doctrine de son *Missionnaire catholique* dont les premiers journaux de Paris faisaient de pompeux éloges au moment où la convention nationale proscrivait cet ouvrage.

C'est l'ancien élève du collége de Thonon qui depuis Lausanne, n'étant que simple prêtre, gouvernait dix-neuf diocèses de la France [1]. Laissons l'un des plus célèbres confesseurs de la foi juger des vertus de l'élève du collége de Thonon. M. Vuarin, curé de Genève, s'exprime ainsi : « nous l'invoquons, nous qui
» avons eu le bonheur d'être témoin de ses éminen-
» tes vertus tous les jours pendant plusieurs années,
» et nous offrons à sa mémoire l'hommage de
» notre vénération et le tribut de notre reconnais-
» sance [2]. »

4º *Mgr Pierre Joseph Rey, évêque de Pignerol et d'Annecy.*

Son précieux souvenir est trop fraichement conservé dans nos contrées pour que nous soyons obligés de signaler ici le mérite de l'ancien élève et pro-

---

[1] *Etrennes religieuses*, 1821, pag. 99.
[2] *Ibidem*.

fesseur au collége de Thonon. Son Eminence le cardinal Matthieu, archevêque de Besançon, publia la biographie de son ami, l'évêque d'Annecy, l'année 1842. Il l'appelle l'*Apôtre du clergé de France*, et justifie ce titre par le récit des triomphes que l'éloquence de l'évêque Rey remporta dans un grand nombre de retraites ecclésiastiques des premiers diocèses de cette nation. Les peuples et le clergé du diocèse d'Annecy n'ont pas laissé à la France seule l'avantage d'apprécier le mérite de leur évêque. Pour répondre aux vœux publics, l'un de ses anciens aumôniers [1] composa sa vie, et cet ouvrage fait aujourd'hui l'ornement de toutes les bibliothéques ecclésiastiques de notre pays.

A côté de ces élèves du collége de Thonon, quatre grands pontifes de l'Église catholique, plaçons un vicaire-général de notre diocèse, M. Dubouloz, professeur de morale à Chambéry, au commencement du siècle présent. En nommant le chanoine Dubouloz, on cite l'une des gloires les plus pures de la ville de Thonon. Détenu dans les fers pour la cause de la foi il n'oubliait pas les deux Saints de Thonon. Des prisons de Chambéry il écrivait à ses confréres, le 8

---

[1] M. l'abbé Ruffin, chanoine de la cathédrale d'Annecy.

janvier 1798. « Par les prières de saint François de
» Sales et du Bienheureux Amédée, bientôt le glaive
» tombera des mains irritées de la justice divine. »

Parmi les plus célèbres élèves du collége de Thonon, fut M. Bouvet, natif du Biot, mort curé de Saint-Maurice d'Annecy. Pendant les années de la terreur, sous le nom d'*oncle Jacques* il fut le *nouvel apôtre* du Chablais.

Les deux prêtres fusillés en cette ville, l'an 1794, apprirent au collége de Thonon à braver les horreurs du supplice [1].

Nous avons entendu François de Sales dire au prince de Piémont : « Par l'arrivée de ces bons pères » nous verrons refleurir le saint service divin en l'é- » glise de Saint-Augustin, fondée par le *fameux* » *Amédée*. » C'est effectivement pendant son séjour à Ripaille, le 13 mars 1429, qu'Amédée VIII fonda à Thonon cette église sous le vocable de Saint-Sébastien, le 28 juin suivant en confie la desservance aux chanoines réguliers de Saint-Augustin. Cette église, quoique bien déchue de son ancienne splendeur, sub-

---

[1] Le collége des Barnabites de Thonon a fourni à l'ordre judiciaire civil et militaire, plusieurs personnages distingués. Nous ne connaissons pas assez leur histoire pour pouvoir en parler ici.

siste aujourd'hui. Si ce n'est pas l'une des plus anciennes de la Savoie, c'est au moins l'une de celle où se sont accomplis les événements ecclésiastiques les plus mémorables. C'est dans l'église actuelle du collége que le bienheureux Amédée allait, pendant son enfance, entendre la sainte messe avec cette piété que tous les auteurs de sa vie offrent pour modèle.

La cérémonie des quarante-heures prêchées par saint François de Sales et présidées par le cardinal, plus tard successeur de saint Pierre, ne suffirait-elle pas pour immortaliser cette église? Hélas! depuis cinq ans elle est habitée par une perpétuelle et affreuse solitude. Un jour, espérons-le, elle se rouvrira cette église du collége, devant quelque corporation religieuse, et nous pourrons répéter après saint François de Sales : « Par l'arrivée de ces bons pères, nous ver» rons refleurir le service divin dans l'église de Saint» Augustin, *fondée par le fameux Amédée.* »

Les historiens de nos jours ne portent pas sur Amédée VIII un jugement aussi favorable que saint François de Sales. C'est dix ans après avoir fondé l'église des Augustins que le duc Amédée fut élu pape au concile de Bâle sous le nom de Félix V (1439). Neuf ans plus tard, il déposa la tiare au concile de

Lausanne. Pour rendre la paix à l'Eglise, il reconnut Nicolas V pour successeur de saint Pierre [1]. Ripaille (*Ripa laci*) devenu le séjour du Pape Félix V ne réveille dans toute l'Europe que l'idée d'une vie oisive, molle et presque épicurienne. Nous avons entendu bien souvent l'Apôtre de Thonon parler de Ripaille, voyons ce qu'il pensait à cet égard.

Le saint Évêque écrivait au duc de Savoie :

CCCXXXIV^e LETTRE.

Annecy, 12 juin 1614.

. . . .

Ayant su que Votre Altesse avait jeté les yeux et son désir sur Ripaille pour le même effet (l'introduction des pères Chartreux), je m'en suis infiniment réjoui ; et en toute humilité je la supplie d'en ordonner au plus tôt l'exécution afin que nous voyions de nos jours *la piété rétablie*

---

[1] L'histoire a jugé très-sévèrement deux évêques de la Savoie, qui exercèrent une grande influence au Concile de Bâle où fut élu Amédée VIII, pour le chef de l'Eglise. Ce sont Aimon de Chissé de Sallanches, évêque de Nice, et ensuite de Grenoble, et Louis Allamand de Saint-Jeoire en Faucigny, archevêque d'Arles. En qualité de président du Concile, le cardinal Allamand eut une grande part à l'elévation d'Amédée VIII au suprême pontificat, ainsi qu'à son abdication. Nous n'avons rien de plus précieux à opposer aux diatribes de certains historiens de nos jours, que la bulle du 9 avril 1527, par laquelle Clément VII béatifia le cardinal Allamand. Grillet et de Costa nous disent qu'on célébra sa fête dans plusieurs églises de Savoie.

en un lieu qui a été rendu tant signalé par celle que *messeigneurs* les prédécesseurs mêmes de Votre Altesse y ont si *saintement* et honorablement pratiqué.

Voici le jugement de saint François sur Félix V :

CLI^e LETTRE (inédite). — Au cardinal de Savoie.

Il le félicite de sa promotion.

En novembre 1607.

. . . .

Mais ce diocèse de Genève doit en ressentir une joie toute particulière ; car le voilà, Monseigneur, doublement assuré de la protection de Votre Altesse, par le sang duquel elle est extraite et par celui qui teint son sacré chapeau, puisque la couleur de pourpre n'y tient nulle place que pour présenter le sang du Sauveur.....
Si Votre Altesse l'a agréable, j'ajouterai que je n'ai encore su rencontrer en l'histoire un seul des cardinaux de sa sérénissime maison qui n'ait eu en sa main cet évêché de Genève, pas même le grand Félix.

Dans un discours du saint Prévôt de la cathédrale de Genève, au duc de Savoie, dont nous avons déjà cité un fragment, on lit le passage suivant :

« S'il plaisait à Votre Altesse de faire faire des ha-
» bits à l'usage de l'église (la cathédrale de Genève)

» elle imiterait généreusement la piété et la libéralité
» de ses sérénissimes ancêtres, spécialement de ce
» *très-sage prince Amédée, duc premier*, lequel après
» avoir cédé la papauté pour la tranquillité de tout le
» christianisme, se contenta de demeurer évêque de
» Genève et mourut sous l'auguste mitre de cette
» église [1]. »

Il est un historien Savoisien de notre siècle dont il est permis de rapprocher le glorieux nom de celui du *Saint de la Savoie*, nommons le marquis de Costa de Beauregard. En fait de documents historico-savoisiens, le nom de *Costa* est devenu presque synonyme de *vérité*. Ouvrons ses *Mémoires historiques sur la Maison royale de Savoie*, et nous lirons ce qui suit :

---

[1] V*e* discours vers l'an 1577. — Nous préférons ce témoignage à celui de certains écrivains qui semblent n'être arrivés au milieu de nous que pour verser le ridicule sur nos annales historiques. Avant de parler des vertus de Félix V, François de Sales avait sans doute consulté les archives de Rome et de Genève. Nous savons qu'il ne craignait pas d'étudier l'histoire de son diocèse au greffe de l'ancien évêché de Genève. Il soutint un procès devant le Sénat de Savoie contre les religieux de l'abbaye de Sixt. Il leur prouva que les évêques de Genève avaient exercé la juridiction sur les chanoines de cette abbaye dès le 12e siècle, et établit sa proposition par des pièces authentiques extraites du greffe de l'évêché de Genève.

« Amédée VIII perdit Marie de Bourgogne, sa
» femme, à laquelle il était tendrement attaché. Dans
» sa douleur, il prit un parti dont l'histoire n'offre
» aucun exemple : celui le quitter le monde sans dé-
» poser la couronne, et d'allier les austérités de la vie
» cénobitique avec les soins du gouvernement. Il fit
» construire dans l'un des plus beaux sites des bords
» du lac Léman un hermitage dans lequel il se retira
» à l'âge de 51 ans...... C'est là qu'Enéas Silvius,
» pape depuis sous le nom de Pie II, vit Amédée en
» 1436 [1]....... Deux jours de la semaine étaient con-
» sacrés par lui à la mortification, au jeûne et à la
» prière, les autres étaient employés aux affaires du
» gouvernement.

» Ceux qui ne sauraient concevoir un souverain
» sans ambition, ni un prince pieux sans hypocrisie,
» ont prétendu qu'Amédée, en s'enfermant à Ri-
» paille, n'avait songé qu'à s'ouvrir les avenues du
» trône pontifical, d'autres ont ajouté qu'une chère
» délicate, une vie molle et sensuelle s'alliait dans

[1] Felix V tint chapelle papale dans l'église paroissiale actuelle de Thonon, le 24 décembre 1439. Derrière le café Deruaz
Grande-Rue, on voit encore ses armoiries sur un mur : on remarque la couronne ducale surmontée de la tiare, l'écusson est
entouré du collier de l'Annonciade.

» cette solitude aux actes équivoques d'une rigidité
» monastique. Mais il est bon d'observer que les écri-
» vains de ce siècle ont été les premiers à calomnier
» la mémoire d'Amédée VIII, et que ses contempo-
» rains, au contraire, n'en ont parlé qu'avec respect
» et éloge. Pasquier, Poggio lui-même, et Monstrelet
» n'en disent que du bien. »

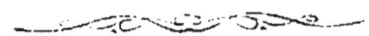

(Années 1617-1820.)

Au mois de juillet 1617, l'Evêque de Genève arrive à Thonon pour y consacrer l'église des enfants de saint François-d'Assise et deux autres chapelles [1].

Par la libéralité du prince et la générosité du marquis de Lullin, les pères capucins avaient construit à Thonon une maison selon les constitutions de leur ordre. Ils l'avaient élevée en partie sur les ruines de

[1] Felicia, fils du président Favre, était alors juge-mage à Thonon ; il fit une fondation pour faire porter cinq cierges devant le Saint-Viatique.

l'ancien château de la *Maison de Savoie* : c'est la maison possédée aujourd'hui par M. Anthoinôz, et qui a subi quelques modifications. L'on y reconnaît cependant bien facilement l'église que saint François de Sales consacra le 9 juillet 1617. Il dressa lui-même le procès-verbal de cette cérémonie et l'envoya à Turin. A l'aide d'un document aussi précieux qu'authentique, le pape Benoît XIV nous a laissé les détails de cette glorieuse circonstance. Dans son traité de la *Canonisation des saints* [1], Benoît XIV signale comme très-digne de remarque que saint François de Sales ait consacré un autel à Thonon en l'honneur du bienheureux Amédée. Il consacra cet autel, nous dit-il, dans *l'église des frères capucins de Thonon*. Nous avons entendu saint François dire que le *bienheureux Amédée étant né dans ce diocèse, il convenait que ce fût dans ce diocèse qu'on érigeât la première chapelle en son honneur.*

Le saint Evêque fut assez heureux pour pouvoir dédier un autel au bienheureux Amédée, non-seulement dans la ville où il vit le jour, mais peut-être même précisément à d'endroit de sa naissance. Le duc

---

[1] *Opera omnia, liber 2, caput. XXIV. De beato Amedeo.*

Amedée IX était né au château de Thonon. Le procès-verbal atteste que le même jour François de Sales dédia cette église à saint François-d'Assise et au bienheureux Amédée, duc de Savoie. De plus, il consacra dans la dite église un autel à l'honneur de la Conception de la Vierge, et un autre à l'honneur de saint Charles Borromée. Dans ces autels, François de Sales plaça des reliques des saints martyrs de la légion thébéenne et des dix mille martyrs, ainsi qu'une éponge qui avait été imprégnée du sang de saint Charles. Benoît XIV cite textuellement le procès-verbal de cette consécration. Le voici :

Anno Dominicæ Incarnationis, 1618, 9 mensis julii, Reverendissimus Dominus Franciscus de Sales episcopus Gebenensis consecravit ecclesiam fratrum capuccinorum Tononii, dicavitque beato Francisco et beato Amedeo; eodemque die, duo altaria consecravit et dedicavit Beatæ Mariæ Conceptionis ac beato Carolo, in quibus reliquias condidit BB. Martyrum legionis Thebæorum ac decem millium Martyrum et spongiam aspersam sanguine sancti Caroli. Præsentibus R. P. Dominico Camberiensi commissario generali provinciæ missionis ac R. P. Dominico guardiano conventus Tononii [1].

Le même jour le saint Evêque consacra, près du couvent des révérends pères Capucins, la chapelle actuelle du cimetière. Le prêtre Bouverat l'avait érigée en mémoire de l'enfant qui fut ressucité en ce même lieu ; aussi pria-t-il l'Évêque de la dédier à la résurrection de la sainte Vierge ; il la consacra à l'honneur de l'Assomption de Marie. François de Sales fit un long séjour à Thonon, car le 23 du même mois, il consacra l'autel de la chapelle que le marquis de Lullin fit construire à côté de l'église des Barnabites dont il avait été le bienfaiteur.

Nous sommes dispensé d'aller chercher le procès-verbal aux archives de Turin ou bien dans les œuvres complètes du pape Benoît XIV. Nous le trouvons sur un énorme marbre placé aujourd'hui dans la chapelle de l'hospice, l'on y lit : *Anno MDCXVII, 23 julii, Franciscus de Sales, episcopus et princeps Gebenensis, consecravit sacellum hoc et altare. Fran-*

---

[1] La maison où saint François consacra ces autels est la longue maison blanche que l'on aperçoit de *sur le lac*, située près de la *Place-Château*, du côté de Ripaille.

*çois de Sales a consacré cette chapelle et cet autel le
23 juillet* 1617 [1].

Dans les divers voyages que le saint Evêque fit à Thonon pour l'intérêt du collége des Barnabites et de la communauté des enfants de Saint-François d'Assise, il avait été témoin de la détresse où se trouvaient les prêtres de la la Sainte-Maison; aussi eut-il soin de la signaler au duc de Savoie.

CCLXIV^e LETTRE (inédite)

11 Décembre 1620.

Monseigneur,

L'extrême désolation qui est en la Sainte-Maison de Thonon ne peut recevoir remède que de votre sérénissime providence. La pauvreté y est démesurée, et les enfants du séminaire tous fin nus, deschaux et transis de misère ; le prêtre de la maison et les pères Barnabites n'ont justement que pour manger et habiter, et non se vêtir ; et le reste va très-mal en point.

[1] La suite de l'inscription est un contrat entre le marquis de Lullin et les Pères Barnabites. Gaspard de Lullin énuméra tous ses titres, et fit observer qu'au nom de son souverain il a rempli trente ambassades auprès des souverains pontifes, des princes et des républiques. Il fonda à perpétuité une messe pour chaque jour à cet autel.

Vers la même époque il écrivit une seconde lettre au prince pour lui dire :

CCLXXIVe LETTRE (inédite).

Les huit prêtres de la Congrégation qui font le service en l'église de N.-D., et portent la charge des âmes, vivent véritablement en bons ecclésiastiques séculiers sans scandale, et célèbrent les saintes messes journalières qui ont été établies. Mais premièrement l'église n'est pas entretenue proprement ni assortie de meubles convenables . . . . Il y a encore un autre défaut notable à la Sainte-Maison, car il n'y a point de refuge pour les convertis, qui, néanmoins y doit être selon la première intention pour laquelle fut érigée cette Œuvre.

Il y avait vingt ans que François de Sales sollicitait l'érection de cette Maison de refuge qu'il appelait l'*héberge*, mais celui qui devait l'inaugurer était encore au berceau. Le 29 septembre 1620, au château actuel d'Alex, à l'entrée de la vallée de Thônes naquit Jean d'Arenthon d'Alex, le plus illustre successeur de saint François de Sales. Avant de parler de l'inauguration de l'*héberge*, par l'évêque Jean d'Alex, entendons ces dernières paroles que saint François consacre à une œuvre qu'il n'était pas destiné à voir accomplie. Il demande au préfet de la Sainte-Maison les outils qu'il avait préparés pour les ouvriers de l'*héberge*.

LVIIᵉ LETTRE inéd. (2ᵉ série). — Au Préfet de Blonay.

Annecy, le 2 Mai 1621.

Monsieur, puisque la Sainte-Maison n'emploie pas à présent les outils qu'elle a pour un martinet, et que même les pères Chartreux ne s'en servent pas, je vous prie de les faire passer à mon frère de Thorens qui fait dresser maintenant un martinet, en faisant peser et bien marquer les dits outils. Ils seront rendus bien conditionnés, toutes les fois que vous le désirerez, à la Sainte-Maison [1].

L'innauguration de la maison du refuge, n'entre pas dans l'histoire des travaux de saint François à Thonon, néanmoins nous l'avons assez entendu en solliciter l'établissement, pour qne nous lisions avec intérêt quelques lignes sur la cérémonie par laquelle fut inauguré un établissement qui prit le nom de *Palais des arts*.

Extrait des Archives ecclésiastiques de Thonon.

Le refuge des convertis fut ouvert ; l'hôtel de ville fut paré magnifiquement ; l'on dressa un reposoir fort superbe dans la salle du grand-conseil où le Saint-Sacrement fut

---

[1] L'autographe de cette lettre envoyée à Thonon est conservé aujourd'hui dans le monastère de la Visitation de cette ville.

porté processionnellement, Dans la convocation d'une procession générale qui fut faite le jour de l'apparition de Saint-Michel, 8 may 1680, Mgr Jean d'Arenthon d'Alex, évesque diocésain invita les curés du Chablais d'y assister, qui furent au nombre de quarante, tous revêtus de chapes et dalmatiques, tenant des cierges ardents à la main ; ils assistèrent à la messe pontificale ; à une heure après midy dans la mesme église de Notre-Dame de Compassion, ils vinrent assister aux vespres à l'issue desquelles l'on commença la procession générale qui fut accompagnée d'une grande affluence de monde venue de toute part. Le prélat porta le Saint-Sacrement à l'hôtel de ville; dans le reposoir, il harangua et fit l'éloge de Mme Royale Jeanne-Baptiste de Savoie, mère, tutrice et régente de Victor Aimé II. Son sujet fut la charité qu'elle avait eue pour les pauvres, et s'étendit amplement selon le train de son éloquence ordinaire. Après quoy on mit en possession les pauvres de leur maison au devant de laquelle le seigneur, grand conseiller, sénateur, d'Oncieux avait fait dresser une fontaine de vin où chacun en puisoit abondamment. Il donna mesme un souper qui répondait à la magnificence d'un sénateur délégué par Mme Royale.

Le saint Evêque de Genève n'a plus que quelques mois à vivre. S'il n'a pu ériger à Thonon la maison des arts, il vient y faire un dernier voyage où il éprouvera les plus douces jouissances. Il vient bénir le mariage du seigneur Albert de Lullin avec Catherine de la Baume Saint-Amour dit de Bruge, au mois de juillet 1622.

Dans cette auguste cérémonie, saint François paraît avoir moins appelé les bénédictions du Ciel sur les illustres époux, que sur la ville de Thonon. Albert de Lullin n'eut pas de postérité : en lui s'éteignit son ancienne et puissante famille.

Mais à travers la main sacrée qui bénit ce mariage le Seigneur fit tomber dans l'âme des époux, le dessein de devenir à Thonon, les parents d'une très-nombreuse famille. C'est au jeune marquis dont saint François vint bénir le mariage, la dernière année de sa vie que la ville de Thonon sera à jamais redevable des trois plus beaux établissements qu'elle possède aujourd'hui : l'*Hospice civil et militaire* [1] que le marquis de Lullin bâtit pour des *Religieux Minimes*, la *Maison des vieillards infirmes* qu'il s'aida à construire pour les religieuses *Célestes Annonciades*, enfin le *Monastère de la Visitation* dont il fut le principal bienfaiteur [2].

La cérémonie du mariage du marquis de Lullin,

---

[1] L'hospice de Thonon est le plus beau monument du 17ᵉ siècle que l'on trouve dans l'arrondissement. La première pierre en fut bénite en 1635. On ne ferait pas construire aujourd'hui cet édifice pour 300,000 francs.

[2] Relations de la mère de Changy. *Archives de la Visitation de Thonon.*

rassembla de loin les personnes les plus distinguées. Plusieurs dames de condition formèrent le projet de demander au saint Evêque, l'érection en Chablais d'un monastère de la visitation, qu'il avait fondé à Annecy depuis une dizaine d'années. Ce pieux dessein était trop conforme à toutes les vues de saint François pour qu'il ne l'accueillît pas avec une sincère reconnaissance. Mais il en laissa l'exécution à la mère de Chantal. Du haut du ciel il fera descendre ses bénédictions sur le Monastère de la visitation du Chablais. Nous lisons dans les archives de la Visitation de Thonon : *Les Religieuses de la Visitation de Thonon ont toujours regardé saint François de Sales comme le fondateur particulier de leur maison ; elles ne doutent pas que le bienheureux Evêque présidât dans le ciel à une fondation qu'il avait commencée à Thonon, par les avis donnés en son voyage pour le mariage du marquis de Lullin.* Le Monastère de la Visitation, en Chablais, commença à Evian où la mère de Chantal conduisit quelques religieuses le 6 du mois d'août 1625. Elle fit transférer le 22 juillet 1627, les dites religieuses à Thonon, où se trouve aujourd'hui le Monastère de cet Ordre [1].

[1] Dans un extrait des Archives de la Visitation fait par l'au-

Saint François de Sales passait les fêtes de Noël à Lyon. Il logeait dans la chambre du jardinier du monastère de la Visitation, à côté de cet établissement. C'est de cette loge obscure, que sa belle âme va prendre son essor vers le ciel [1]. Le jour de saint Jean, à deux heures il tomba évanoui ; demie heure après survint une apoplexie qui lui laissa cependant l'usage de la parole et de ses facultés. Le Père Forier,

monier en 1789, pour être livré à l'impression, on lit ce qui suit : « La clôture fut absolue le 26 juillet 1628, excepté pour » Mme de Charmoysi : cette incomparable bienfaitrice de la Visita-» tion resta étroitement attachée à cette communauté jusqu'à sa » mort : toujours il lui fut permis d'entrer dans le monastère, » en sa qualité de *vraie Philotée* du glorieux saint François. » C'est d'elle-même, en effet, dont le saint Prélat parle si avanta-» geusement dans la préface de son *Introduction*. C'est à elle-» même que l'Eglise sera à jamais redevable de ce livre tout » céleste. » Les mêmes archives attestent que Mme de Charmoysi céda sa maison de la rue Vallon aux religieuses de la Visitation ; elles l'habitèrent pendant dix ans. La mère de Chantal vint les y visiter trois fois, et y dressa le plan du monastère actuel. C'est pour cela que le monastère de Thonon est peut-être celui qui est le plus conforme aux constitutions des saints Fondateurs. La maison de la Philotée, habitée par les religieuses, fut plus tard la maison de Lort, aujourd'hui maison de M. Thiébaud, avocat, et de M. Fréchet, avoué.

[1] Le lieu même où saint François est mort est occupé aujourd'hui par l'établissement de la gendarmerie : une inscription gravée sur le marbre rappelle ce souvenir. La rue a pris le nom de *rue Saint-François-de-Sales*.

l'ancien directeur du collége des Jésuites à Thonon, lui demanda s'il se souvenait de lui; il reçut cette réponse : *Plutôt oublier ma main droite que de ne pas me souvenir de vous.* Quelqu'un pensant qu'il serait utile de lui faire espérer sa guérison, lui dit qu'on comptait le revoir bientôt sur son trône de Genève. *Le trône de Genève,* reprit-il, *je ne l'ai jamais désiré, mais seulement sa conversion.* Le soir du jour des saints Innocents, 28 décembre 1622, il expira au moment où les assistants récitaient cette invocation des litanies :

Omnes sancti Innocentes, orate pro eo.

III

PERSONNAGES DE LA SAVOIE QUI ONT RENDU LE PLUS
DE SERVICES A L'APOTRE DE THONON.

Le plus grand bienfaiteur de saint François, pendant sa mission du Chablais, est sans contredit le baron d'Hermance, de Saint-Jeoire. Il suffit de lire la correspondance du président Favre avec son illustre ami, pour ne pas en douter. Il mourut au château des Allinges, au mois d'octobre 1596. Le pays natal du bienheureux Allamand a fourni deux grands bienfaiteurs à l'Apôtre de Thonon. C'est encore Charles de Rochette de Saint-Jeoire, que la correspondance de notre Saint nous signale pour lui avoir été très-dévoué à l'époque de l'organisation des paroisses en Chablais : De Rochette était alors président du sénat de Savoie.

C'est à Saint-Jeoire qu'était le fief principal de la famille de la Fléchère que saint François nous dit être en *Fossigny;* mais la branche de cette famille, qui lui fut si dévouée, était fixée à Thonon [1].

Nous avons pu conclure, d'après les correspondances reproduites, que le président Pobel de Bonneville, et son fils l'évêque Thomas, furent deux amis et deux protecteurs de l'Apôtre de Thonon.

Le Père Monet de Bonneville, fut un digne collaborateur de saint François à Thonon, il organisa le collége de cette ville pendant les années 1599, 1601, 1602. Ce père jesuite dirigea, pendant 22 ans, le collége de cette compagnie à Lyon. C'est à Lyon, qu'il donna au père de Magny les précieux documents sur les travaux de saint François à Thonon.

C'est encore Bonneville qui fournit à saint François un de ses directeurs dans la personne du père Philibert, provincial des révérends pères Capucins. Aussi-

---

[1] Aux châteaux de Concise et de Thuiset.

tôt après la mort du saint Evêque, le père Philibert qui avait mérité toute sa confiance, fit le récit de sa mission en Chablais, dans *la vie de saint François de Sales, imprimée à Lyon, en* 1623. Un autre religieux plus célèbre que les précédents, et dont saint François nous parle dans ses lettres avec avantage, fut le père Monod de Bonneville, de la société de Jésus [1].

La vallée de Thônes compte aussi deux collaborateurs de saint François, pendant sa mission à Thonon. L'abbé Critain natif de Thônes, aumônier de l'évêque de Granier, partagea les fatigues du ministère sacré à l'époque de l'exercice des quarante-heures et du premier jubilé de Thonon. M. Hamon et tous ses biographes, nous disent que les nombreux amis de l'Apôtre du Chablais avaient été impuissants à le déterminer à accepter la qualité d'évêque-coadjuteur, et que l'abbé Critain osa lui tenir ce langage : « Ne craignez-vous point de vous opposer aux desseins de la Providence ? »

---

[1] Le Père Monod, célèbre par ses talents et ses vastes connaissances, le fut aussi par la confiance qu'il avait méritée auprès de la cour de France. La jalousie et les persécutions de Richelieu le firent exiler du royaume, et renfermer dans le fort de Montmélian où il mourut. Bonneville qui n'avait qu'une population de 1,200 âmes sous l'épiscopat de saint François, était la paroisse du diocèse d'où sortirent les personnages les plus distingués.

L'abbé Critain fut nommé par saint François, curé-plébain de Thônes, sa patrie, en 1602. Nous voyons, en lisant la vie du Saint, que le plébain de Thônes, allait fréquemment faire visite à son évêque. Il rédigeait un manuscrit sur la conversion du Chablais; il avait été témoin d'un grand nombre de faits, et avait connu les autres par le récit qu'en recevait l'évêque de Granier. Mais souvent encore il allait demander à l'Apôtre lui-même le récit de ses travaux. *Grillet*, article *Thônes*, nous dit qu'il confia son manuscrit à Madame de Chantal qui en tira un merveilleux parti pour faire composer la vie de son bienheureux Père [1].

Un autre prêtre de cette vallée, qui avait inspiré le plus haut degré de confiance à l'Apôtre de Thonon, était le premier préfet de la Sainte-Maison, *Balthazard Maniglier* natif de Manigod. Nous avons eu occasion

---

[1] C'est au presbytère actuel de Thônes que l'abbé Critain écrivait les pages de son manuscrit, la seule relation de la conversion du Chablais, faite du vivant du saint Apôtre, et dont le père de Magny a reproduit les faits principaux.

M. Lavorel, curé-plébain de Thônes, décédé en 1856, affirmait avoir trouvé dans les registres de la paroisse quelques feuilles de ce manuscrit. Nous avons parcouru ces registres signés par l'abbé Critain pendant 40 ans; mais nous n'avons rien trouvé qui fut relatif à saint François.

d'admirer les effets de son zèle pendant dix ans à Thonon. Couvert d'infirmités, l'année où le corps de son ancien collaborateur fut transféré à Annecy, il se fit transporter auprès de son tombeau au mois d'avril 1623. Son contemporain Louis de La Rivière, nous dit qu'il y recouvra miraculeusement *la santé*. Il vécut assez longtemps pour délivrer à la mère de Chantal toutes les attestations qu'elle lui demandait, sur la mission du Chablais. Les archives de Manigod, de Serraval et de Thonon, ne sont jamais en désaccord sur ce digne coopérateur de l'Apôtre du Chablais.

L'ancien *curé de Thonon* [1], dont saint François fait

---

[1] Actes mortuaires de Serraval. Le dernier des nombreux prêtres de la famille Maniglier de Manigod, est décédé vicaire à Archamp en 1829. Il existe aujourd'hui plusieurs ecclésiastiques dont les mères sont issues de la famille du célèbre ami et collaborateur de l'Apôtre de Thonon. Citons M. l'abbé Dépommier des Clefs, missionnaire à Pondichéry depuis 22 ans.

Les lignes précédentes étaient sous presse, lorsque les feuilles publiques nous ont annoncé que PIE IX vient de nommer M. Dépommier évêque *in partibus* à Chrysopolis (aujourd'hui Scutari), vis-à-vis de Constantinople. M. Claude Dépommier commença ses études au collège de Thônes, et alla les continuer dans le diocèse de Chambéry. Il fut ordonné prêtre à Annecy, par Mgr Rey, le 21 septembre 1839. Avant de partir pour les Indes, il fut pendant quelques années le vicaire de son oncle, curé de la Métropole, à Chambéry.

M. Dépommier, oncle du nouveau prélat, a été pendant plus

l'éloge, en écrivant à sainte de Chantal, mourut à Serraval, le 11 décembre 1636.

de 40 ans curé à Chambéry où il est décédé en 1858, en y laissant les souvenirs les plus précieux. Disons que le curé de la paroisse Saint-François-de-Sales de Chambéry, avait commencé sa carrière ecclésiastique dans une ville chère à saint François. Il fut vicaire à Thonon en 1806 et 1807.

IV

TRANSLATION DU CORPS DE SAINT FRANÇOIS DE SALES
A ANNECY.

A la nouvelle de la mort du saint Evêque, plusieurs membres de la cathédrale partaient d'Annecy, pour aller chercher à Lyon, la sainte dépouille. Le 31 janvier, le fidèle Roland que nous avons vu accompagner l'Apôtre de Thonon sur la route des Allinges, avait placé le corps de son Evêque sur un brancard pour le faire transporter à Annecy ; les chanoines de sa cathédrale l'environnaient. Mais voilà que l'intendant de la justice de Lyon, M. Olier, vint faire opposition au départ, voulant conserver à la ville de Lyon un si riche dépôt. Roland part pour Annecy, va chercher le testament qui lui donnait droit de l'emporter. Voici un fragment de cette pièce importante.

TESTAMENT

DE ST FRANÇOIS DE SALES, ÉVÊQUE ET PRINCE DE GENÈVE.

Nous François de Sales, par la grâce de Dieu et du Saint-Siége Apostolique, évêque et prince de Genève. . . . . voulant manifester et faire savoir à tous ceux qu'il appartiendra notre dernière volonté. . . . .
. . . .
. . . .
S'il plaisait à la Providence divine que la très-sainte et uniquement véritable religion catholique-romaine, fut rétablie en la cité de Genève lors de nostre trépas, nous ordonnons, qu'en ce cas, notre corps soit enterré en notre église cathédrale. Que si en ce temps la dite sainte religion n'y est pas rétablie, nous ordonnons que notre corps soit enterré au milieu de la nef de l'église de la Visitation, que nous, Evêque de Genève, avons consacrée en cette ville : sinon que nous mourussions hors de notre diocèse, auquel cas nous laissons le choix de notre sépulture à ceux qui pour lors seront auprès de nous à notre

suite . . . . . Voulant que ceci soit notre dernier testament, à ces fins révoquons tous autres que nous pourrions avoir fait.

Fait à Annecy, le sixième jour du mois de novembre 1622 [1].

FRANÇOIS DE SALES,
Evesque de Genève.

Forts de cette pièce les magistrats d'Annecy écrivirent au prince de Piémont, et celui-ci à son ambassadeur près la cour de Paris pour réclamer la rémission du corps de l'Evêque de Genève.

Voici les lettres qui furent écrites :

DCLXXXIX^e LETTRE. — Les Magistrats de la ville d'An-necy au Prince de Piémont.

Vers le 11 Janvier 1623.

Monseigneur,

Comme par après le décès de notre grand et digne Evêque, nous étions près de lui rendre les derniers devoirs, et recevoir la première consolation du dépôt de son corps en cette ville, nous avons su que Messieurs de la ville de Lyon, avec l'Intendant de la justice, n'avaient

---

[1] L'original est entre les mains de M. le comte Roussi de Sales, à Annecy.

pas voulu permettre qu'on le transportât ici, voulant priver ce lieu de la dépouille de celui qui a triomphé si glorieusement en toutes sortes de bonnes œuvres, pendant sa vie.

La plus grande consolation qui nous reste après une si grande perte, est d'avoir ce qui reste de lui, et en conséquence d'avoir en cette ville son corps, pour nous rendre plus recommandables à son âme qui vit dans le ciel. C'est ce qui nous fait recourir à la bonté de votre Altesse Sérénissime, afin qu'il lui plaise interposer favorablement son crédit absolu et tout-puissant pour faire relâcher le corps de ce saint Prélat à son diocèse, à son Église, et au lieu ordinaire de sa résidence, afin que les États de Votre Altesse Sérénissime recouvrent cet ornement, le peuple cette consolation, et cette ville particulièrement la continuation des bénédictions et du bonheur qu'elle a eus pendant la vie et la résidence d'un tel Évêque.

Nous envoyons à Votre Altesse sérénissime cette humble supplication avec le même ressentiment de douleur que celui que nous avons eu de cette perte, dans l'espérance qu'il plaira à sa bonté de nous accorder la grâce que nous lui demandons, avec l'entière protestation et soumission d'être de toute l'étendue de notre cœur,

Monseigneur,

De Votre Altesse sérénissime, les très-humbles etc.

II° LETTRE. — Son Altesse Victor-Amédée, prince de Piémont, à M. le comte de Scaglia de Verrue, ambassadeur de Savoie à la cour de France.

Sur la rémission du corps de saint François de Sales.

Da Torino, li 13 gennero, 1623.

Notre très-cher Cousin,

Puisque la rémission du corps de Mgr de Genève dépend, ou des dispositions contenues dans son testament, ou des ordres de Sa Majesté, ne faites pas de plus grandes instances à Lyon, mais agissez auprès de Sa Majesté. Remontrez-lui que ce Prélat, qui est au ciel, était originaire d'Annecy où il résidait ; que s'il y a paru pendant sa vie avec le bâton pastoral, il doit, à plus forte raison, après sa mort, être restitué à son diocèse et à son Eglise pour la consolation de ce peuple qui l'aimait avec tant de tendresse; que, bien qu'il soit mort à Lyon, il n'y était venu qu'à notre suite, pour nous accompagner dans ce voyage que nous avions entrepris pour voir sa Majesté, et aussi comme étant employé au service de Madame en qualité de son grand aumônier ; que dans des cas semblables et de même de moindre importance, Son Altesse n'a jamais refusé à la France les corps des individus d'origine française, morts dans les Etats de Son Altesse, ainsi qu'il est arrivé, il y a peu de temps, à l'égard de Mgr de Gozzia ; que jamais nous n'avons fait la moindre des difficultés qu'on nous fait éprouver aujourd'hui pour obtenir la remise du cadavre du dit Monseigneur, à sa patrie et à sa cathédrale.

Vous supplierez Sa Majesté, en notre nom, de vouloir bien interposer son autorité, et intimer à l'Intendant de la justice de Lyon, et, si besoin est, au seigneur d'Alincourt, les ordres nécessaires pour cette rémission.

Nous croyons que Sa Majesté ne refusera pas cette grâce ; et puisque la ville de Lyon, et toutes les révérendes religieuses de la Visitation de Notre-Dame, désirent que le cœur de ce corps reste en leur possession, nous n'entendons pas le leur refuser ; et nous le leur concéderons volontiers, quand même les clauses du testament, dont nous n'avons nulle connaissance dans ce moment, y seraient contraires. Vous pouvez leur en donner l'assurance.

En attendant, Dieu vous conserve.

La cour de France céda devant des raisons aussi puissantes. Le saint dépôt, parti de Lyon, le 18 janvier 1623, arriva le 23. Le 29, la ville d'Annecy célébra avec une grande pompe les funérailles de son Evêque; sa depouille mortelle, selon ses désirs, fut placée dans l'église de la Visitation. C'est à Annecy que, pendant les siècles à venir, on viendra de toutes les parties de l'Univers catholique vénérer les reliques de saint François de Sales. C'est, au reste, saint François lui-même qui a chargé cette ville de garder son corps jusqu'à la résurection générale.

François de Sales est décédé le 28 décembre : supposons que le 29 la ville de Genève ait été convertie et qu'un évêque prît possession de l'église de Saint-Pierre de Genève, le texte du testament donnait droit à la ville d'Annecy de posséder sa dépouille.

Prétendre que la ville de Genève dont la moitié des habitants est aujourd'hui catholique, aurait droit de revendiquer les reliques du saint Evêque, c'est prouver ou que l'on n'a jamais lu son testament ou que l'on n'a pas voulu le comprendre. Nous avons cité l'article où il déclare que, *si à l'époque de son trépas la religion catholique n'est pas rétablie* à Genève, il veut être enterré *dans l'église de la Visitation d'Annecy*. Cette clause de l'instrument authentique de ses dernières volontés, ne laisse aucun doute.

Annecy qui implora l'appui de son souverain pour obtenir du pieux Roi de France les restes de son Evêque, ne les cèdera pas si bénévolement à la cité de Calvin qui ne voulut jamais le reconnaître pour Evêque de Genève. Louis XIII qui avait autorisé la ville de Lyon à céder le corps de saint François de Sales, s'empara de la ville d'Annecy en 1630. Les habitants craignirent d'être privés d'un trésor en qui ils avaient placé toutes leurs espérances.

Le chanoine Grillet, dans son dictionnaire historique de la Savoie, article *Annecy,* nous dit : *Annecy osa résister à Louis XIII, et cette ville ne se rendit au maréchal de Chatillon, général en chef de l'armée française, qu'après* qu'il eut accordé aux habitants la capitulation suivante du 23 mai.

. . . .

4° *Que le corps du vénérable François de Sales ne pourrait jamais être déplacé, ni porté hors d'Annecy.*

C'est la France qui a rouvert au culte catholique les portes de l'église Saint-Germain de Genève, fermées depuis près de trois siècles par Calvin lui-même [1].

L'on ne comprendrait pas pourquoi Genève qui ne doit la liberté de son culte qu'au premier consul, plus tard Napoléon 1er, aurait des prétentions sur ce qu'a de plus cher et de plus sacré, la ville d'Annecy, qui s'est spontanément donnée à Napoléon III.

Dans une lettre, citée plus haut, nous avons entendu

---

[1] L'arrêté du conseil de Genève, du 27 août 1535, proscrivait tout culte catholique dans cette ville; et la loi du 8 avril 1802, signée à Paris, détermina l'existence d'une paroisse à Genève, dans la circonscription du diocèse de Chambéry et Genève

saint François nous dire lui-même : *Annecy où est à présent notre Siége épiscopal.* François de Sales, disent quelques uns de nos voisins, se donnait à lui-même le *titre d'Evêque de Genève.* Deux de ses prédécesseurs qui ont siégé à Annecy, et huit de ses successeurs s'appelèrent toujours *Evêque de Genève.* Les Genevois n'ont pas plus de droit sur les reliques de saint François de Sales que sur la dépouille de dix autres de nos évêques.

Le diocèse d'Annecy n'a pas été créé par le concordat; il existe en vertu de la bulle du pape Pie VII donnée en 1822. La bulle d'érection porte que le diocèse d'Annecy *jouira de tous les anciens usages et priviléges du diocèse de Genève.*

Les reliques de saint François de Sales, resteront donc à jamais dans la ville épiscopale, à qui il les a léguées lui-même.

Tous les catholiques forment des vœux pour que le temple de Saint-Pierre de Genève soit converti en l'église cathédrale d'un évêque de Genève. Mais l'évêque qui prendra possession de cet antique siége, ne sera jamais le successeur de saint François de Sales, puisque le saint Evêque n'a jamais occupé un siége à

Genève, et qu'il a déclaré, en termes formels, qu'*Annecy était le siége épiscopal de l'évêque de Genève.*

Tout en cédant aux habitants d'Annecy le corps de leur évêque, la ville de Lyon garda son cœur qui avait tant aimé la cité dédiée à la Vierge de Fourvière. Les religieuses de la Visitation de Bellecour furent les dépositaires de ce précieux trésor, jusqu'à l'époque de la révolution française, qui les conduisit en exil. Par sa circulaire, datée de Mantoue, le 15 mai 1794, l'ancienne supérieure de la Visitation de Bellecour de Lyon, Marie Jéromyme Vérot, nous raconte la transmigration du cœur de saint François de Lyon à Mantoue.

Quelques religieuses de ce monastère, emportèrent en Italie, à travers le Simplon, cette sainte relique. Elles traversèrent la ville de Genève, Versoix, et tous les villages de la rive Vaudoise. Lorsque le cœur de l'Apôtre du Chablais se trouva à Rolle, en face de Thonon et des Allinges, ne semble-t-il pas qu'il a dû s'agiter d'un mouvement de compassion pour son cher Chablais, où de nouveau les églises étaient fermées et les croix abattues? La précieuse relique fut conservée à Mantoue pendant trois années. Depuis 1796, la communauté des religieuses qui la portaient toujours avec elles, erra pendant cinq ans, dans le Tyrol. En 1801, l'ancienne supérieure de la Visitation de Bellecour à Lyon, établit une communauté à Venise, où le cœur de saint François, a toujours été conservé depuis lors [1].

[1] Migne, VI⁰ vol., pag. 1344.

V

ENQUÊTES JURIDIQUES POUR LA CANONISATION
DE SAINT FRANÇOIS DE SALES.

Dès que le cercueil qui renfermait le corps de l'Evêque de Genève, fut déposé dans l'église de la Visitation, de tous côtés, on vint lui donner des signes de vénération. Au mois d'Avril de la même année, 1623, on vit un concours immense de pèlerins qui venaient faire célébrer des messes autour de son tombeau à l'honneur du Saint-Esprit, pour obtenir par l'intercession de François de Sales, des faveurs ; ou bien à l'honneur de la Sainte-Trinité, pour la remercier des grâces obtenues en invoquant le saint Evêque. Et en 1624, l'on avait de la peine à compter les miracles tant ils étaient nombreux. La mère de Chantal et toutes les religieuses de la visitation d'Annecy, présentèrent une requête à l'évêque de Genève, Jean François de Sales frère du Saint, pour lui demander de faire procéder canoniquement aux informations sur la sainteté de la vie et sur les miracles du *Serviteur de Dieu* [1]. L'évêque fit droit à leur demande, et par acte du 22 mai 1624, la mère de Chantal et ses religieuses constituèrent le père Dom Juste Guérin Barnabite, pour leur procureur spécial en cette cause, pour agir partout en leur nom. Aussitôt il se rendit sur le premier théâtre des travaux du *Serviteur de Dieu*, il vint à Thonon, non plus, comme huit ans auparavant, pour y signer avec François de Sales, le contrat de l'introduction des Barnabites en cette ville, mais bien pour informer sur les vertus et les miracles de l'Apôtre de Thonon. Il choisit un compagnon dans la communauté des Barnabites de cette ville. De l'avis de la mère de Chantal, il s'adjoignit le père Maurice Marin. Après deux ans d'enquêtes faites dans le diocèse, on résolut de les envoyer à Rome, porter les pièces qui attestaient un si grand nombre de faits utiles à la canonisation de François de Sales. A

---

[1] C'est le titre que la cour de Rome donne à celui dont on poursuit la canonisation.

ces documents, il joignit la lettre datée du 19 avril 1625, par laquelle le clergé de France sollicitait le Saint-Siège de ne pas tarder à inscrire dans le catalogue des saints, le nom de l'Evêque de Genève, on y lit ces mots : *Tous les Français désirent sa canonisation.* Après la réception de ces pièces, le 26 juin 1626, la congrégation des Rites, donna un décret, signé par le Pape, qui autorisait l'introduction de la cause, et nommait trois commissaires apostoliques pour se rendre sur les lieux, et procéder juridiquement : Mgr l'archevêque de Bourges, Mgr l'évêque de Belley et le chanoine Georges Ramus, Docteur de Louvain.

Ils arrivèrent à Annecy, dans l'automne de 1627. Tant en Savoie qu'en France, ils entendirent plus de cinq mille témoins, sur les vertus et les miracles de François de Sales. Quand on parcourt la correspondance de la mère de Chantal, de 1627 jusqu'à 1632, on voit qu'à chaque instant, elle traite avec les diverses supérieures des autres monastères, soit du retard, soit des progrès des informations canoniques [1].

Les commissaires quittèrent la Savoie, dans le mois de novembre 1628, pour aller en France où le procureur de la mère de Chantal, Dom Juste Guérin, les

---

[1] Migne, OEuvres complètes de sainte de Chantal, tome II.

accompagne, ainsi que les Barnabites de Thonon. Ils parcoururent successivement les villes et les diocèses où le saint Evêque avait exercé le saint ministère. Chose digne de remarque, le pays de tout le royaume où les commissaires constatèrent l'existence d'un plus grand nombre de miracles, fut la ville et le diocèse d'Orléans, aujourd'hui confiés à un évêque né dans le diocèse de saint François de Sales, et dont les vertus, les talents et les ouvrages rappellent les beaux jours de l'Apôtre de Thonon, et de l'épiscopat du saint Evêque de Genève.

Dans sa lettre du 13 août 1628, la mère de Chantal, nous parle d'un admirateur enthousiaste de l'Apôtre du Chablais, qui vint le visiter à Thonon, et s'enrôla dans la confrérie de Notre-Dame-de-Compassion : Pierre Rigaud imprimeur à Lyon. *Il a écrit*, dit-elle, *à Mgr de Genève qu'il voulait imprimer toutes les œuvres de notre bienheureux Père.* Plus tard, elle se réjouit de la guérison miraculeuse que Louis XIII a obtenue auprès du tombeau du bienheureux Père.

Le 22 septembre 1630, elle écrivait :

C'est un trait de la Providence divine que ce jeune prince ait reçu la santé par l'intercession de notre bienheureux Père, car cela étant à la vue de toute la cour, fera un grand éclat ; mais ce qui me fait le plus de plaisir en cela, c'est à cause de la présence de Monseigneur le Cardinal-Nonce qui est à Lyon. C'est bien la vérité que la dévotion à ce Bienheureux se répand dans toute l'Eglise universellement.

N'oublions pas qu'il n'y avait pas encore huit ans, qu'était mort ce bienheureux Père.

Le 23 juillet, elle cherche à réunir les commissaires apostoliques, *afin,* disait-elle, *de mettre la fin à cette bénite besogne,* et le 27 elle écrit : *Nous attendons ici nos commissaires pour activer les affaires de la béatification de notre bienheureux Père.*

La mère de Chantal n'avait pas encore eu l'occasion de connaître les sages lenteurs du Saint-Siége dans la cause d'une canonisation. Pendant que dans son impatience elle écrivait ces lignes, le successeur de saint François de Sales qui doit célébrer sa canonisation n'était encore qu'un enfant de 11 ans, étudiant les principes de la latinité dans l'école la plus voisine du château d'Alex, à la petite ville de Thônes.

Les évêques-commissaires promettaient à la mère de Chantal l'ouverture du tombeau de l'Evêque, pour l'année 1632. Aussi s'empressa-t-elle d'annoncer cette cérémonie en France et en Italie. Vers le 20 juillet 1632, elle convoquait à cette cérémonie le commandeur de Sillery, en lui disant : *Considérant votre désir de venir ici à l'ouverture du tombeau de notre saint Fondateur, je vous dis que je crois fermement que ce voyage sera à la gloire de Dieu et à l'utilité et consolation de votre âme* [1].

Le 29 juillet, elle écrit d'Annecy à la mère de Blonay, supérieure à Lyon.

Ma chère fille, je vous écris ce peu de lignes avec un peu d'empressement ; car à ce soir nos bons et dignes Prélats sont revenus du Chablais et du Faucigny, où ils ont demeuré environ trois semaines, et y ont trouvé de forts beaux miracles et de belles dépositions pour la canonisation de notre bienheureux Père. Ils ont fini par là leurs informations fort heureusement, le même soir ; demi-heure après, est arrivé M. le commandeur de Sillery. . . . . Tous ces Messieurs qui ont soupé ensemble chez Mgr de Genève auront résolu le jour que l'on ouvrira le sépulcre de notre bienheureux Père ; je ne le sais pas encore.

Les archives du monastère de la Visitation de Thonon nous font connaître ce qui suit, sur le séjour des commissaires à Thonon.

La sainte Fondatrice tâcha, pendant son séjour à Thonon, d'accélérer le voyage projeté à Thonon par Mgrs les évêques de Genève, de Bourges et de Belley. C'était pour

---

[1] M. le commandeur de Sillery avait été l'ambassadeur du roi de France, auprès du pape Urbain VIII.

procéder aux informations requises au procès de la canonisation du glorieux François de Sales. Ils arrivèrent avant le départ de la sainte Mère du Chantal qui leur dépeignit au vrai le triste état de la province, et surtout de la ville, désolées par la plus cruelle famine. Après ce récit touchant, les illustres Prélats oublièrent que les frais de cette société étaient à la charge du deuxième d'entre eux, digne frère de la sainte Fondatrice. Ils avaient voué toute la dépense du voyage comme un tribut à la gloire du saint Fondateur, et tous les susdits évêques se crurent heureux d'avoir à compatir de si près aux calamités publiques, et firent pleuvoir sur les Religieuses et sur le peuple leurs plus abondantes aumônes.

Les mêmes archives se taisent sur les informations juridiques à Thonon et en Chablais. Celles du monastère d'Annecy vont nous dire deux mots des procédures faites par les commissaires en Faucigny; elles se firent dans la chapelle Sainte-Anne à Taninge. On y entendit 137 témoins dont environ 80 répondirent en attestant un ou deux miracles sur la foi du serment.

La mère de Chantal n'avait rien négligé pour donner à la cérémonie de l'ouverture du tombeau, toute la pompe digne de la réputation de sainteté dont jouissait partout le bienheureux Père. Ce jour si impatiemment attendu, attira à Annecy une foule de personnes de Lyon, Paris, Dijon, Grenoble, etc. A la tête des personnages les plus notables du Piémont paraissait la princesse de Carignan. Le 11 du mois d'août à deux heures et demie après midi, les commissaires apostoliques et les deux Barnabites désignés plus haut, se rendirent auprès du tombeau pour en faire la visite au nom du Saint-Siége. Ils jetèrent les yeux sur un grand nombre d'*ex-voto* et d'épitaphes qui environnaient le sépulcre. Rien ne se faisait autant remarquer que l'inscription qui se lisait sur ce tombeau sacré.

Un grand nombre de familles avait sollicité l'honneur de placer l'épitaphe sur le sépulcre du saint Evêque, les religieuses de la Visitation et le Chapitre de la cathédrale donnèrent la préférence à la ville de Thonon. C'était bien reconnaître la mission du Chablais comme le plus radieux fleuron de la couronne dont resplendissait dans le ciel le front du Bienheureux. Voici un extrait de cette épitaphe :

A l'honneur de Dieu tout-puissant et tout bon et du bienheureux François de Sales, etc. (suit l'énumération des titres qu'il avait à la reconnaissance publique,) *la ville de Thonon, délivrée des erreurs de Calvin et rendue à la trés-sainte Eglise catholique, apostolique et romaine, par ses soins et sa doctrine et ses œuvres, a dressé ce trophée à cet incomparable serviteur de Dieu qu'elle tient pour son Apôtre, son libérateur et son charitable réparateur.*

Les commissaires voulurent savoir par qui et de quelle autorité cet éloge avait été placé sur le tombeau. La vénérable Fondatrice de Chantal répondit que la ville et le baillage de Thonon ayant été arrachés à l'hérésie par les soins du serviteur de Dieu, avaient jugé ne pouvoir donner des marques plus sensibles de leur reconnaissance, qu'en laissant à la postérité un monument conçu et formé par le concours unanime du conseil de la ville de Thonon, et porté à Annecy par les plus notables de tout ce pays. Au moment où l'on ouvrit le tombeau, une acclamation de joie se fit entendre dans toute l'assemblée, et il s'échappa du corps, mis à découvert, des parfums si suaves qu'ils embaumèrent l'église pour longtemps. Ce corps était encore *tout entier*, pliant comme celui d'un enfant. Ses habits n'étaient ni gâtés ni pourris, nonobstant l'humidité du lieu où ces restes vénérés reposaient depuis dix ans. La mère de Chantal s'approcha comme pour demander de nouveau à son ancien directeur ses bénédictions; cette main, glacée par la mort depuis dix ans, se leva sur la tête de la fondatrice, et à la vue de tous les assistants, pressa cette tête si humble mais si persévérante dans la *sainte besogne* de la béatification du bienheureux Père [1].

A la fin de la même année 1632, le père Dom Juste [2], et son compagnon le Barnabite de Thonon, partirent pour Rome où ils allaient porter toutes les pièces des informations faites par les évêques. A leur arrivée au Vatican, on trouva les cahiers des enquêtes dénués des formalités canoniques. Les procureurs ne furent pas admis à présenter les pièces à la sacrée Congrégation des Rites. Ils revinrent à Annecy, pour chercher à réparer les fautes qui annulaient les enquêtes. Quel coup de foudre pour la mère de Chantal ! Elle était destinée à aller rejoindre son bienheureux Père dans le ciel, avant de voir le nom glorieux de l'Apôtre de Thonon inscrit dans le catalogue des saints.

La dernière poursuite qui aboutit à la béatification du serviteur de Dieu commença en 1656. Les évêques du Puy, de Belley et de Maurienne, nommés com-

---

[1] On conserve à la Visitation d'Annecy le voile que portait alors sainte de Chantal.
[2] Dom Juste Guérin devint évêque de Genève en 1637, et fut le deuxième successeur de saint François.

missaires en cette cause, vinrent à Annecy reprendre les informations.

Dans le texte original du livre des dépositions des témoins, en cette nouvelle enquête, nous lisons la déposition suivante approuvée par la signature autographe de René Favre et des juges rémissoriaux. A l'audience du 11 juillet 1656, cet ancien ami de François de Sales déposa avec serment connaître l'inscription que les habitants de Thonon avaient gravée sur un monument authentique, à leur Hôtel-de-Ville. La cause de la béatification était instruite dans la chapelle des Machabées d'Annecy et sous le premier cloître [1].

---

[1] Le 4 juillet 1658, les commissaires reçurent la déposition de la mère de Chàngy, supérieure de la Visitation d'Annecy. Elle parle en ces termes : « Les miracles que Dieu a opérés par
» notre Saint sont si nombreux que l'on en compte jusqu'à
» . . . . J'atteste tout ce que dessus être véritable,
» pour en avoir vu les relations écrites des divers endroits de
» la Savoie, principalement d'Annecy, de Thonon, de Maurienne, de La Roche, de Taninge, de Cluses, de Viuz-en-Sallaz, de Confignon, de Thônes, d'Alonzier, de Megève, de Chatillon, d'Arenthon, de Samoëns, de Cuzy, de Mesigny, de Talloire, de Mieussy, de Thorens, de Saint-Jeoire-des-Bauges, d'Alby, des Allinges, d'Annemasse, de Seyssel, de Chambéry, de Sixt, d'Arbusigny, de Grésy, de Chilly, de Saint-Blaise, de Leschaux, Ternier, de Menthon, de Filinges, de Manigod. » (Migne, tome I, page 1306.)

Voici cette inscription que René Favre nous donne en latin [1].

TONONII,

Civitas verò Thononiensis post mortem ipsius in domo publicâ erexit trophæum.

Hujus autem trophæi lectionem præfatus testis fecit, postulavit inseri inter acta per me notarium in hunc modum.

Deo opt° max° ac *Francisco Salesio,* Episc° ac Principi Geb, *pro generis et sanctitatis nomine verò illustrissimo , pro gloria et meritorum amplitudine,Reverendissimo orthodoxæ fidei Propugnatori potentissimo, hæreseum Expugnatori acerrimo, collapsæ pietatis Restauratori solertissimo, quem sanctimonialium institutio, et regularis restitutio disciplinæ* Patriarcham *fecit; evangelica prædicatio et hæreticorum ad fidem revocatio,* Apostolum *; gravissimi labores et frequentia ab hæreticis pericula, propè* Martyrem*; pastoralis dignitas et instans ecclesiarum sollicitudo, verè* Pontificem*; doctrinæ et scriptorum sublimitas, et sinceritas pietas,* Doctorem*; mo-*

---

[1] Les murs de son château de Proméry qui appartient à M. le commandeur Lachenal, sont encore couverts de devises en latin.

*rum integritas, sanctus pudor, et singularis casti-
monia, virginem fecerunt; urbs Tononium illius doc-
trinâ ex operibus calviniasticis erroribus erepta,
et Ecclesiæ restituta Apostolo suo, Liberatori suo,
Reparatori suo*

Trophæum posuit.

*Ego Renatus Faber præses, ita pro veritate deposui,
dico et depono omnia in supradicta mea depositione
contenta esse vere, et quatenus opus sit, de novo re-
peto, confirmo et ratificato.*

RENATUS FABER *de Vallebona.*

HENRICUS D[us] MAUPAS DU TOUR, *episcopus Ani-
ciensis. judex remissorius à sacra Rit... Con-
gregat. deputatus.*

JOANNES DE PASSELAIGUE, *episcopus Bellicensis à
S. R. Cong. deputatus.*

PROSPER GARBILLON, *promotor fiscalis curiæ epis-
copalis, Geben, sub promotor fidei, hâc causâ
deputatus* [1].

L'évêque du Puy fit un voyage à Rome au mois
d'octobre 1661, pour faire les dernières instances

[1] Toutes ces signatures autographes sont écrites avec une
encre différente, quoique apposées dans le même lieu et au
même instant.

pour la canonisation, et le 28 décembre, par son bref donné à Sainte-Marie-Majeure, le pape Alexandre VII prononce solennellement la béatification de François de Sales.

Le 8 janvier suivant, le Pape fit célébrer les cérémonies de la béatification dans la basilique du Vatican. Le pape Benoît XIV nous dit que c'est la première cérémonie de béatification qui ait été célébrée au Vatican. Le Pape envoya le bref aux religieuses de la Visitation d'Annecy, qui avaient fait introduire *la cause*, et qui avaient supporté tous les frais de la procédure.

La cérémonie de la béatification se célébra à Annecy le 30 avril suivant; trois évêques assistèrent à cette solennité, Mgr Jean D'Arenthon d'Alex, alors évêque de Genève, prononça le premier panégyrique du Bienheureux; on compta 19 panégyriques pendant la grande cérémonie qui dura neuf jours [1]. Tous les monastères de la Visitation s'empressèrent de célébrer par une octave la béatification de leur saint Fondateur.

---

[1] *Vie de Mgr Jean d'Alex*, par son contemporain le Père Le Masson, prieur de la Grande-Chartreuse. *Archives de la Visitation d'Annecy*.

Interrogeons une dernière fois les archives de celui de Thonon, et nous y lirons ce qui suit :

Mᵐᵉ F. Avoie-Humbert, Supérieure de ce monastère, âgée de 89 ans, venait de donner à Thonon le spectacle joyeux de la solennelle béatification du grand François de Sales, apôtre du Chablais ; elle s'empressait de jeter les fondements d'une belle église en l'honneur du saint Evêque [1], l'église de son monastère de la Visitation. Elle voyait, dans une allégresse rajeunissante, rendre, de toutes parts, les honneurs publics de la sainte Eglise à l'illustre fondateur dont les mains sacrées l'avaient couverte elle-même du voile religieux, et qui présida à la cérémonie de ses vœux.

Enfin par son bref du 19 avril 1665, le pape Alexandre VII, connu précédemment sous le nom de cardinal de Chigi, publia solennellement le décret de la canonisation du bienheureux François de Sales, et *ordonnant que tous les ans, le 29 janvier, on fasse dans l'Eglise universelle, avec piété et dévotion, mémoire de lui comme d'un saint confesseur pontife.* — *Le 19 avril tombait en cette année, le dimanche du Bon Pasteur.*

Nous allons placer ici l'histoire des fêtes de la canonisation de saint François, célébrées à Thonon, l'année suivante.

---

[1] L'église actuelle.

Le caractère d'authenticité dont ce récit est revêtu, le recommande assez à la confiance du lecteur. Disons cependant que tous les prêtres de Thonon, dont il est fait mention dans l'histoire abrégée de cette fête, ont cette même année 1666, écrit leur nom dans les registres de l'état civil, ou dans les délibérations du conseil de la Sainte-Maison.

Aux fêtes de la canonisation célébrées à Annecy 1665, on voyait à la suite de la châsse du saint Evêsue, R. Baytaz, doyen de la collégiale de Notre-Dame, déjà membre de ce Chapitre sous l'épiscopat de François de Sales. On y voyait encore son ancien vicaire-général Le Jay, encore vicaire-général. Aux cérémonies de Thonon, à côté d'une portion des reliques du Saint, marchait notre antique Bouverat. qui, jeune prêtre, fut témoin au faubourg de cette ville, du premier et du plus éclatant miracle de l'Apôtre du Chablais.

Pendant les années qni suivirent la canonisation de saint François, les prêtres de la Sainte-Maison de Thonon, firent construire le chœur de l'église, et le maître-autel actuel. Ils érigèrent, dans le dit chœur, un autel sous le vocable de saint François de Sales, saint Hippolyte, et de saint Phillippe de Néri. (*Extrait du Livre de la confrérie*).

Louis de La Fléchère, parent de notre Saint, érigea et fonda une chapelle à l'honneur de l'Apôtre de Thonon, dans l'église du bourg de Concise, dix ans après sa canonisation. Par acte du 26 août 1675, il la dota d'un revenu annuel et perpétuel de 35 florins. Cette chapelle subsiste aujourd'hui, mais elle n'est plus sous le vocable de Saint-François-de-Sales.

RELATION

de ce qui s'est passé

EN LA CÉRÉMONIE DE LA CANONISATION

DE S. FRANÇOIS DE SALES

EN L'ÉGLISE DES RELIGIEUSES DE LA VISITATION SAINTE-MARIE-DE-THONON, COMMENCÉE LE 21 NOVEMBRE JUSQU'AU 29 NOVEMBRE 1666 [1].

AVERTISSEMENT AU DÉVOT LECTEUR.

Mon cher lecteur, je vous crois avec justice saisi d'un étonnement bien fondé de voir les peuples du Chablais et les filles de la Visitation de Sainte-Marie de cette ville

---

[1] Copie textuelle d'une Relation faite en 1666 par M. l'aumônier de la Visitation de Thonon.

dans un profond silence au sujet des honneurs donnés au grand saint François de Sales leur apôtre et leur père. Après que tant de saintes Religieuses, et généralement parlant, toutes les nations de l'Europe se sont empressées à l'envi de donner quelques marques sensibles de la joie extrême de leurs cœurs et de leur juste reconnaissance à ce Bienheureux.

Je ne crois pas avoir pleinement satisfait à votre louable dévotion, vu que des empêchements légitimes ont différé à regret l'effet de nos devoirs et de notre réjouissance.

Le premier est qu'il ne fut pas possible d'avoir plus tôt la bannière du Saint, engagée et donnée par le Souverain Pontife au premier monastère de la Visitation. Comme ce riche étendard devait former le plus bel éclat de notre solennité, on jugea qu'il était à propos de retarder.

Les bulles qu'on attendait de Rome à chaque ordinaire, pour impétrer les grâces du Ciel avec plus d'abondance et de pureté, causèrent le second empêchement.

Pour moi, j'estime ces délais un trait de Providence qui les a permis, afin que nos cœurs, semblables à ces digues dont les eaux sont violentes, fissent des saillies plus fortes, pour aller au devant de leur conquérant avec plus d'ardeur. Si la Relation de nos saintes allégresses paraît si tard, il en faut attribuer la cause à la modestie et à l'humilité de ces vertueuses filles qui ne cherchent que l'agrément du Ciel, sans se soucier beaucoup de l'approbation des hommes.

DESCRIPTION DE LA DÉCORATION DU DEHORS ET DU DEDANS DE L'ÉGLISE DES RELIGIEUSES DE LA VISITATION DE CETTE VILLE, AU SUJET DE LA POMPE DE LEUR GLORIEUX PATRIARCHE SAINT FRANÇOIS DE SALES.

Les plus tendres complaisances du Père Eternel, selon la pensée du grand saint Augustin, ne se trouvent point avec plus d'éclat que parmi les élus qui rampent encore sur la terre. Il verse abondamment dans leurs belles âmes toutes les qualités précieuses qui les peuvent rendre agréables à Sa Majesté. Il ne faut pas s'en étonner, parce que son Verbe retrace en la personne des prédestinés la vie qu'il a menée

en ce monde ; se couronnant lui-même, il les appelle
à l'aimable possession de son héritage, et après les
avoir dérobés aux vues des hommes pour quelque
temps, afin de les abîmer heureusement dans son
essence adorable, il les fait renaître de rechef de son
sein comme des riches portions de soi-même, pour
être le sujet légitime de la venération des fidèles,
et l'unique terme de leurs espérances.

Ça été là son aimable conduite quand a ouvert la
bouche Alexandre VII, chef de l'Eglise et le Vicaire
de Jésus-Christ, pour prononcer un oracle en notre
siècle, en rendant le grand saint François de Sales,
après une exacte discussion de ses vertus extraordinaires, de ses actions héroïques, et de ses nombreux
miracles, l'objet du culte public et des prières générales de tous les chrétiens.

Une nouvelle si charmante n'a pas inspiré moins
de joie dans tous les cœurs que de profonds respects ; les acclamations des peuples en ont fait retentir l'écho aux quatre coins du monde, et les soupirs redoublés de tant de saintes âmes qui gémissaient
aux pieds des autels pour obliger le Ciel d'entériner
leurs demandes ont vu leurs larmes converties en
consolations, et leurs mérites glorieusement couronnés

par l'accomplissement de leurs vœux, en donnant à la terre l'incomparable Saint de son siècle.

La Savoie qui l'a fait naître dans son sein a élevé les cîmes de ses Alpes blanches pour lui aller au devant.

Comme les gages les plus précieux de son bonheur extraordinaire, cette province du Chablais où l'Eglise n'avait pu voir sans amertume l'ancienne et vraie Religion opprimée, son lustre terni et défiguré, et sa liberté captive, durant l'espace de soixante et dix ans, se voit dans l'impuissance de bénir assez la bonté de Dieu, et d'honorer son divin Apôtre.

Les bourgs et villages se sont dépeuplés pour lui venir offrir leurs vœux et leurs prières dans la ville de Thonon, capitale du Chablais; où l'on n'entendait que des jubilations, des cantiques de louanges, et l'on voyait, par des transports de joie, des torrents de larmes que versaient une infinité de bonnes gens.

Les corps de ville et les personnes dévotes exécutèrent tout ce qu'une piété bienfaisante leur put suggérer pour rendre cette pompe des plus magnifiques et digne de la reconnaissance des vrais enfants d'un si bon père, qui avait mille fois exposé la vie de son corps pour leur procurer celle de l'âme mille fois plus précieuse.

Messieurs les syndics donnèrent tous les ordres nécessaires à cet effet, en avertissant tous les bourgeois de nettoyer les rues, les pavés, de se mettre sous les armes, enfin de s'étudier à qui mieux mieux à rendre tout à fait éclatant le triomphe du grand Apôtre.

Il est vrai que ce zèle seconda seulement les saintes flammes et les empressements louables des Religieuses de la Visitation de cette ville qui furent les premières à solenniser dans leur église l'auguste fête de leur Patriarche.

La Révérende Mère Aimée-Bénigne de Lussinge, leur supérieure, poussée d'un zèle extraordinaire, a donné des preuves éclatantes de son amour et de ses respects pour cet illustre Fondateur, travaillant puissamment par ses soins à un si magnifique appareil.

Elle ne pouvait souffrir qu'avec des inquiétudes extrêmes le retardement de ce beau jour qui devait accorder une belle liberté aux douces extases et aux saillies de tous les cœurs de la communauté; et voyant qu'il lui était impossible de parachever leur église, elle s'appliqua entièrement avec ses vertueuses filles à orner l'ancienne qui, sans être des plus grandes, eut néanmoins cet avantage de recevoir des embellissements dignes de l'admiration de tous les dévots spectateurs. M. Fontaine, prêtre très-méritant, engagé depuis longtemps au service de ce monastère de la Visitation en qualité d'aumônier et de confesseur ordinaire ne contribua pas peu, par ses soins infatigables joints à ses désirs, afin qu'une heureuse issue fût suivie des grands sentiments de vénération qu'il conserva pour ce grand Saint.

Outre l'adresse ingénieuse de ces saintes filles leur justesse et leur propreté qui parurent avec éclat dans leur église, le défaut d'une musique assez remplie pour une fête aussi solennelle qui comblait de joie le ciel et la terre, les obligea d'y mêler leurs voix angéliques et de chanter aux repos de la messe des motets à quatre parties sur de très-beaux airs, composés à dessein à la louange de leur Patriarche, aussi bien que de répondre aux litanies du Saint. Ce qu'elles ont continué tous les jours de l'octave au contentement inexplicable de ceux qui sentaient leurs âmes innocemment charmées par les oreilles et croyaient être compagnons de la félicité de saint François de

Sales, dans le ciel, d'entendre les concerts harmonieux de ces esprits bienheureux.

Le peu de temps qu'elles eurent pour se préparer à une manière de chanter qui leur réussit à merveille, ne les disposa en aucune façon de leurs offices ni de leurs chants ordinaires, conformément à leurs statuts, en disant que toutes les puissances du monde ne seraient pas capables d'altérer le moindre point de l règle de leur bienheureux Père.

Après tant de préparatifs la Révérende Mère de Lussinge ayant, par une retraite spirituelle de dix jours, fait de son cœur et de ceux de ses chères filles, le superbe char de triomphe de leur aimable conquérant, elle fixa le temps de l'ouverture de cette grande solennité qui fut le vingtième du mois de novembre la veille de la Présentation de Notre-Dame au Temple. Ce jour qui accompagna le renouvellement de leurs vœux, redoubla leur ferveur. et obtint du ciel que la pompe de leur glorieux Patriarche pendant l'octave n'eut rien que d'éclatant et de magnifique, ainsi que l'on pourra voir par le détail suivant.

Comme cette ville eut l'avantage d'être réunie au giron de l'Eglise par les soins infatigables et par le zèle invincible de l'incomparable saint François de

Sales son divin Apôtre, ...

. . . . . . aussi ses emplois sacrés se voient parfaitement représentés sur la façade de l'église faite en dôme, soutenue de quatre pilliers, élevés de vingt pieds, garnis d'une verdure autant agréable à voir que rare pour la saison. La pointe du dôme était surmontée des armes du Saint et de Son Altesse Royale avec celles du Pape, et plus bas dans huit girouettes, disposées avec une égale distance, celles de Mgr de Genève et de la Visitation. Sur le dôme on voyait un ange suspendu en l'air avec une trompette en la bouche d'où naissaient ces mots :

Evangelizo vobis gaudium magnum [1].

Il est aisé de juger par là que le ciel se déclarant le truchement de la joie ineffable de nos cœurs, il rend ses intérêts communs avec les nôtres.

Dans un grand demi-cercle, à l'opposite de la porte, saint François de Sales paraissait dans un riche tableau tiré au naturel, fait exprès pour ce jour solennel, d'une main il tenait une épée nue,

---

[1] Voici que je vous apporte la bonne nouvelle d'une grande joie pour tout le peuple. *Luc.* II, 10.

et de l'autre il montrait le ciel avec ces paroles:

Ille est qui misit me [1],

qui exprimaient à merveille que le Saint-Esprit l'avait envoyé pour être l'ange tutélaire du Chablais et le maître de l'amour sacré.

Au bas de ce tableau se lisait une inscription écrite en grandes lettres d'or, qui semblait inviter tous les peuples du Chablais à venir reconnaître leur Apôtre [2].

Au coté droit, la sainte Vierge était dépeinte sur un arc-en-ciel, ayant une couronne à la main droite avec cette légende :

Hoc signum... fœderis inter me et vos [3],

qui donnait à connaître l'auguste alliance de nos âmes avec Dieu, par l'entremise de notre incomparable prélat qui les avait arrachées à la puissance du démon pour en faire des temples vivants du Saint-Esprit; pour représenter que son zèle brisa la dureté de nos cœurs, et chassa les ténèbres des esprits, afin de répandre abondamment les lumières d'en haut.

---

[1] C'est lui qui m'a envoyé. *Joan.* VIII, 42.
[2] Nous retranchons ici tous les vers latins.
[3] Voici le signe que j'établis entre vous et moi. *Gen.* IX, 12.

Un petit amour divin tenant son arc prêt à décocher, disait :

Nec est qui se abscondat [1].

Au côté gauche, le maintien agréable et le visage riant, l'Ange de la paix, tenait une branche d'olivier en sa main droite, voulant signifier que notre grand Saint nous avait procuré une paix solide et profonde avec Dieu, notre prochain et nous-mêmes, par ces mots :

Pax vobis [2].

Pour témoigner que son amour n'était pas satisfait sans nous communiquer des grâces avec profusion, on l'avait fait paraître sous la forme de l'ange Gabriel, ambassadeur céleste qui déclarait son ministère sacré en ces termes :

Veni, ut vitam habeant, et abundantius habeant [3].

Quatre tentes de tapisseries, posées sur les ailes du double escalier avec quantité de beaux tableaux, terminaient agréablement cette façade qui devait être

---

[1] Rien ne se dérobe à la chaleur de ses rayons. *Ps.* XVIII, 7.
[2] Paix à vous. *Luc*, XXIV, 36 ; *Joan*. x, 10.
[3] Je suis venu pour qu'ils aient la vie, et qu'ils l'aient plus abondamment. *Joan*. x, 21.

plus grande selon le projet, mais l'intempérie de l'air, accompagnée d'un vent fâcheux, qui ne nous promettait que de la pluie, empêcha l'exécution d'un dessein plus pompeux. Il est vrai que cette légère disgrâce fut avantageusement réparée par la piété généreuse de ces saintes filles qui, pour honorer avec plus d'éclat leur glorieux Fondateur, étalèrent dans leur église tout ce que l'art et la nature peuvent d'un commun accord produire de plus précieux et de plus charmant. Les tapisseries étaient d'un très-beau damas vert à grands feuillages avec la crépine d'argent, chargées au-dessus de beaux enfoncés, de plusieurs tableaux à fleurs et à fruits, et plus bas d'autres tableaux excellents à cadres dorés, des lettres, des plaques d'argent et des bras dorés formèrent une symétrie la plus juste du monde. Les autres vides étaient remplis par les armes du Pape, du Saint, de Monseigneur, de la Visitation et de plusieurs pièces de poésies latines et françaises, entremêlées de quantité d'éloges.

Sur la grille des Religieuses on avait posé un grand tableau de leur saint Fondateur en chape et la crosse en main, donnant la bénédiction épiscopale, couronné d'un riche pavillon de tableaux admirables avec cadres dorés. Le premier représentait saint Jean, qui se tenait avec son agneau, et l'autre sainte Christine. L'étendard du Saint qui inspirait de grands sentiments de tendresse et de dévotion, occupait le milieu entre le tabernacle et la grille.

Ce mélange agréable de belles choses rangées avec une justesse ingénieuse, cédait sans jalousie son éclat aux richesses qui brillent de toutes parts sur le sanctuaire orné avec une magnificence digne de la Majesté suprême.

L'autel était couvert d'un ciel de velours à la turque, bleu céleste, parsemé d'étoiles, tout bordé d'un tabis couleur de feu, bouillé avec de gros nœuds de rubans bleus, séparés par des boutons d'argent fin en forme de grosses poires desquels en sortaient une grande quantité d'autres plus petits qui donnaient une grâce merveilleuse, et dans son centre de grosses perles fines exprimaient le nom du Saint.

Du milieu du ciel fait en coquille, pendait un croissant environné d'une couronne de perles avec un tour de diamants, et au dessous, était représenté saint François de Sales dans la gloire avec un diadème et un habit éclatant, chargé de palmes et de lauriers, avec ces mots:

Beatus es et bene tibi erit [1] *!*

Quatre colonnes, couvertes d'une fort belle toile d'argent, les fleurs bleues, et les piédestaux de brocard à fond d'argent, les fleurs incarnates, étaient surmontées par un nombre égal d'anges qui d'une main supportaient le ciel et de l'autre une croix et une mitre, et les plus éloignés chacun une étoile qui fut une partie des armes de l'illustre Maison de Sales.

Un peu au dessous de ce ciel, dans les ailes du sanctuaire, saint François paraît dans deux postures différentes ; d'un côté, il tenait une croix à la main droite et une couronne de lauriers à la gauche, avec un ours abattu à ses pieds, pour faire voir sa victoire sur l'hérésie signifiée par cet animal cruel ; de l'autre, il était en prières, recevant de la main d'un ange un chapeau de fleurs, de la même façon que madame la baronne de Thorens le vit dans sa chambre du château de Sales. Mais il était impossible d'envisager le milieu du sanctuaire fait en dôme avec deux arbres

---

[1] Vous serez heureux et comblé de biens. *Ps.* cxxvii, 2.

tout à ses côtés, sans être ébloui par le brillant d'un grand soleil environné de rayons de pierreries éclatantes et de grosses perles fines, couvert d'une chaîne de gros diamants tout à jour en forme de rose, et son enseigne de même grandeur de la main. Quoique le tout fut d'un très-grand prix, cette dernière pièce était estimée plus de mille pistoles. Ce soleil semblait n'emprunter ses flammes que dans un autre de vermeil doré, artistement élabouré, et renfermé dans un centre où reposait le Sacrement de nos autels. Au dessous on voyait un aigle déployé, envisageant fixement ce divin Soleil de justice, qui faisait naître de ses entrailles notre incomparable Saint, pour montrer qu'il avait été, toute sa vie, un aigle royal qui avait toujours fixé les yeux de son amour sur ce divin Soleil de justice.

Sans m'arrêter à parler ici en détail de leur tabernacle qui est la plus belle pièce qu'il y ait en ce pays, tant pour sa grandeur et pour la delicatesse des personnages, que pour la dorure qui est d'un or très-fin. Dans tous les vides qui pouvaient souffrir quelque nouvel ornement, se trouvaient des portraits à cadres d'argent vermeil, dorés, entremêlés d'un nombre infini de bouquets de fleurs tellement au naturel, qu'elles démentaient la saison, et trompaient innocemment la vue, on les eût prises plutôt pour les plus belles fleurs du printemps, que pour avoir été faites des mains ingénieuses des chères filles de ce grand Saint.

Les petits escaliers servaient pour soutenir le luminaire parfaitement beau et fort nombreux avec des chandeliers d'argent et de bois doré. La chapelle du Saint, assez serrée pour le lieu, était parée à l'avantage. On l'avait tendue de beau damas, couleur de feu avec quantité de gradins ornés de même couleur choisie à dessein afin de mieux exprimer l'ardeur de sa charité, semblable à celle du grand Apôtre des nations. Au milieu, on le voyait tiré au naturel, en camail et en rochet, dans un admirable cadre doré, et un agencement dans tout son carré d'un riche satin couleur de feu, et la dentelle d'or qui serpentait par dessus de fort bonne grâce.

C'est bien ici, où ces bonnes religieuses ont eu un grand sujet de mortification, n'ayant pu avoir pour ce jour un grand tableau commandé à Turin, dont le sujet était de représenter le Saint convertissant la province du Chablais. Aux côtés du susdit tableau, deux anges de bois doré tenant d'une main des trompettes et de l'autre des palmes, étaient les illustres hérauts du triomphe et de la gloire de notre incomparable Saint. Au bas se voyait la mitre enchâssée dans un reliquaire d'argent, fort grande et parfaitement travaillée avec toute la politesse de l'occurrence, et dans le centre de cette mitre, on découvrait plusieurs compartiments remplis des plus précieuses reliques du Saint. Des chandeliers d'argent et de vermeil doré, des vases de toutes sortes de fleurs, rangés fort justement, rehaussaient l'éclat de tant de merveilles, aussi bien qu'un parement de toile d'argent avec de grandes dentelles à grandes crépines or et argent.

Pour le plus grand assortiment de la chapelle, elle était surmontée dans tout son rond d'une couronne impériale faite à jour, couverte de toile d'argent, et parsemée de roses de toutes couleurs avec leur verdure. Quatre arcades la soutenaient dans ses quatre extrémités qui se fermaient sur quatre piédestaux entourés de brocard à fond d'argent, les fleurs couleur de feu et les arcades de même, avec le passement d'argent sur tous les deux. Entre les prises de ces arcades, des anges de bois doré portaient chacun une trompette en leur bouche, comme pour faire retentir dans tous les endroits de la terre les plus éloignés, le brillant des vertus héroïques du grand saint François de Sales.

Enfin, il est impossible de descendre dans le détail d'un nombre inouï de raretés qui éclataient dans cette église sans aucune confusion ; car, outre de grandes et belles lampes d'argent, celle qui était devant la chapelle avait une couronne faite en façon de fleurs de lis, et sur toutes les crédences de grands tableaux à cadres dorés, sur quoi je me remets en mémoire deux autres d'une immense grandeur et parfaitement beaux qui tenaient depuis le ciel jusqu'à l'autel. Ils étaient tournés d'une si agréable façon qu'ils semblaient admirer toutes les beautés et les raretés qui étaient au dessus, on ne les pouvait voir sans admiration. L'un représentait une grande sainte Catherine appuyée sur la roue, avec un visage riant, et le glaive en main, l'autre était une grande sainte Marguerite tenant une croix en main, un gros dragon était couché sous ses pieds. Les marche-pieds étaient couverts de lapis, à façon de Turquie, tant celui du maître-autel que celui de la chapelle, et la chaire du prédicateur était parée d'un beau satin couleur de feu, brodé et cordonné d'argent, ayant un soleil au milieu qui renfermait dans son rond le saint Nom de Jésus, et tout à l'entour des lacs d'amour, avec des cœurs enflammés, avec la crépine d'argent. Cette chaire était couverte d'un grand dais orné de même, si bien que l'on pouvait dire avec vérité, que la piété pompeuse, et les louables empressements de ces bonnes filles avaient métamorphosé ce riche temple, en un ciel lumineux, pour y loger leur saint Fondateur durant l'étendue de l'éternité.

PETIT NARRÉ DE TOUTE LA SOLENNITÉ.

Le jour d'une si auguste cérémonie étant arrêté, qui fut le 20e de novembre, pour les considérations ci-devant dites, chacun à l'envi se disposa pour honorer son Apôtre avec les sentiments d'une juste reconnaissance.

Le beau son des cloches de la paroissiale invita tout le monde à se rendre devant l'église où se fait l'ouverture de cette grande solennité. L'étendard du Saint, donné par Sa Sainteté au premier monastère des Religieuses de la Visitation d'Annecy, que l'on avait porté dans la même église où ce grand Saint avait rétabli les saints autels ruinés par l'hérésie, et y avait dit la sainte messe une nuit de Noël, fut posé vis-à-vis de la même chaire que lui-même avait fait poser, où il prêcha cette même nuit, sur le mystère ineffable de la naissance du Sauveur, dans laquelle M. de Compeys, père spirituel des Religieuses de la Visitation, monta pour expliquer l'illustre dessein de cette pompeuse cérémonie, et les motifs très-pressants de rendre des hommages à l'Apôtre du Chablais, triomphant dans le ciel [1].

Son auditoire le plus nombreux qui fût jamais, se sentit vivement échauffé par le feu qui animait ses paroles en suite de son texte tiré du livre des Psaumes : *Scitote quoniam mirificavit Dominus sanctum suum* [2]. Il s'adressa particulièrement à tous les peuples du Chablais, en leur montrant les complaisances de Dieu à rendre notre divin Prélat admirable par la sainte union et le parfait assemblage qu'il avait fait dans sa belle âme de toutes les sublimes perfections qui se rencontrent parmi les chœurs des anges et les degrés de gloire des bienheureux. Il acheva par une

---

[1] D'après la tradition l'on est fondé à croire que c'est la même *haute* chaire qui existe encore aujourd'hui. Elle est construite en briques et en plâtre.

[2] Apprenez que le Seigneur a placé son serviteur dans la gloire. *Ps.* IV, 4.

forte morale, capable de toucher les cœurs les plus endurcis. Un sermon si bien pris reçut tout l'applaudissement possible; car, outre la naissance illustre, l'éminente sainteté et la solide vertu de ce digne ecclésiastique, on aurait dit que saint François de Sales animait ses paroles de son zèle apostolique dans cette même chaire où retentirent autrefois les accents de sa douce éloquence. La musique de MM. de la Sainte-Maison triompha ensuite par un célèbre *Te Deum*, et un de ces messieurs donna la bénédiction du Très-Saint-Sacrement.

Tous les bourgeois rangés sous les armes dans l'église, firent trois saluts fort à propos par les soins de M. Charrière, major des milices de cette province, ayant en tête M. de Brotti, capitaine de ville, qui n'oublia rien pour témoigner ses profonds respects à celui qui avait opéré une si éclatante conversion en la personne de monsieur son père.

Tous les bourgois et le peuple, après une si heureuse ouverture, se préparèrent pour porter dans l'église des Religieuses l'étendard du Saint. La procession observa l'ordre suivant : 1º Marchait la croix de la paroisse suivie des révérends pères Capucins avec la modestie et l'humilité qui leur est si naturelle. Ils étaient suivis d'un grand nombre de prêtres et de curés du voisinage, tous en surplis. Après eux on voyait le corps de musique, MM. les curés de cette ville et l'étendard de notre grand Apôtre, porté par quatre pénitents de la confrérie de Notre-Dame-de-Compassion, que ce grand Saint a érigée avec de beaux règlements et de grandes indulgences. Quatre de Messieurs de la Sainte-Maison soutenaient les grands cordons, portant des dalmatiques de moire d'argent richement garnies de dentelles or et argent, et le premier de ce corps vénérable était vêtu en chape: 2º Messieurs les syndics, devancés de leurs valets de ville, monsieur notre juge-mage, monsieur son lieutenant et messieurs les fiscaux, en robes longues marchaient immédiatement après. 3º Enfin, toute la noblesse de la province, avec une foule innombrable de peuple de l'un et l'autre sexe faisait la clôture de cette belle procession qui se rendit à l'église Sainte-Marie, aux décharges régulières et au milieu de la mousqueterie, qui bordait les rues par où elle passa.

Les Religieuses qui attendaient avec de saintes impatiences l'étendard de leur saint Patriarche, le reçurent à la grande porte de leur monastère, et l'accompagnèrent en très-bel ordre jusque dans leur chœur; là il fut reçu à la grille par M. de Compeys, assisté de plusieurs autres ecclésiastiques. Il le plaça à côté de l'épître pour l'exposer à la vénération des fidèles. Après quoi on chanta solennellement les litanies du Saint avec son *Oremus*, et la bénédiction du Saint-Sacrement étant donnée, messieurs les prêtres de la Sainte-Maison se retirèrent, et le peuple continua ses dévotions jusqu'à nuit close, et ainsi se passa cette première journée.

Le lendemain, qui fut le jour le plus solennel de toute l'octave, à cause de la procession générale, messieurs les prêtres de la Sainte-Maison vinrent en corps, le célébrant vêtu d'une riche chape de brocard d'or et de soie, et les autres portaient des dalmatiques de même pour chanter la grand'messe dans l'église des Religieuses, répondue en musique par les voix les plus douces, les plus ravissantes. On porta processionnellement la bannière du Saint, comme le jour précédent, avec cette différence que M. Fontaine, aumônier de la Visitation, précédait immédiatement l'étendard. Sa chape, aussi bien que celle du célébrant, faites exprès pour cette pompe, étaient richement travaillées. On n'y voyait que de la broderie or et argent, et au milieu la figure du Saint à demi-corps, soutenu par des anges, et les deux plus haut le couronnaient très-richement, et dans toutes les plus grosses fleurs du fond, était renfermée la figure du Saint, invention très-agréable.

La mitre dite ci-dessus, où sont renfermées les plus précieuses reliques du Saint, était portée par le célébrant sur une très-riche écharpe de toile d'argent avec la dentelle or et argent, de laquelle deux prêtres à ses côtés, revêtus en dalmatiques, portaient les deux bouts, et quatre autres portaient de grands flambeaux. Les bourgeois et les habitants de la ville, sous les armes, bordaient en très-bel ordre les rues, et donnaient bien à connaître que le grand feu qu'ils faisaient dans tous les détours, était un effet de zèle ardent pour leur grand Apôtre. L'après dîner, les mêmes qui avaient officié le matin continuèrent à chanter en musique les vêpres des Confesseurs Pontifes.

M. Deleschaux, docteur en théologie, et prêtre de la Sainte-Maison, fit le second panégyrique avec une satisfaction entière de ses auditeurs. Son illustre dessein fut de représenter les abaissements de l'incomparable François de Sales par ces paroles de saint Paul:

Exinanivit semetipsum formam servi accipiens [1].
Le double anéantissement dans sa conduite et dans sa doctrine composa l'économie de ce beau sermon, qui fut d'autant plus admiré que, parcourant les plus beaux endroits de la vie et des écrits de notre Saint, il les tira presque tous de ses propres sentiments. M. Mugnier donna la bénédiction du Sacrement adorable de nos autels au peuple, avec sa gravité qui n'inspire pas moins de respect que de piété. Le *Pange lingua*, le *Te Deum*, furent chantés par la musique ordinaire. Les Religieuses chantèrent ensuite les litanies de leur saint Fondateur sur de très-beaux airs à quatre parties. Tous les jours de l'octave ont été terminés avec les mêmes cérémonies. Le jour ne céda à la nuit au milieu de ce triomphe que pour céder la place à un rival plus éclatant. Ce fut un effet merveilleux de l'amour de ces saintes filles, pour relever avec plus de pompe la gloire de leur glorieux Patriarche, que cette brillante illumination; elles firent allumer tant de chandelles et de lanternes de toutes couleurs sur toutes les fenêtres de leur monastère, qu'il paraissait

---

[1] Il s'est anéanti lui-même, prenant la forme d'esclave. *Philipp.* II, 7.

tout en feu, ce qui surprit agréablement les personnes au sortir de l'église, ce fut une nouvelle preuve des brasiers ardents et des flammes dévorantes qui, brûlant saintement les cœurs, jetaient ces étincelles au dehors. La ville, poussée d'une émulation louable, ne voulut pas céder au zèle de ces vénérables sœurs. Outre les feux de joie qui s'allumèrent à toutes les portes par l'ordre de messieurs les syndics, il s'en fit un très-beau artificiel sur la place du château, avec quantité de fusées et de décharges continuelles de tous les bourgeois qui ne pouvaient assez faire éclater les sentiments de reconnaissances qu'ils conservent pour leur saint Apôtre. De là, ils vinrent de nouveau prendre leur poste devant l'église de la Visitation où ils firent quelques salves des plus belles au son des tambours et des fifres.

Outre ces réjouissances publiques, toute cette nuit fut semblable au plus beau jour pour les chandelles que les simples particuliers mirent aux fenêtres, et les feux qu'ils allumèrent devant leurs maisons comme tout autant de rayons de soleil de leurs âmes.

L'office du troisième jour de l'octave fut destiné aux révérends pères Capucins qui se rendirent processionnellement jusque dans l'église Sainte-Marie, chantant les litanies de Notre-Dame avec une dévotion et une modestie ravissantes. Le révérend père Bernard d'Annecy, leur Gardien, y dit la messe à laquelle il donna la communion aux novices et aux frères. Leur admirable ferveur rivalisait avec celle des âmes dévotes qui assistaient à cette cérémonie. Il ne faut pas s'étonner du zèle et de la piété de ces bons religieux. Tout le monde sait assez qu'ayant autrefois partagé les soins et les peines de saint François de Sales pour la conversion du Chablais, ce même Saint les animait encore de son extrême charité. — Après les vêpres, le révérend père Cécile de Maurienne, prédicateur de tout Ordre, prononça un sermon excellent qui confirma avantageusement l'estime qu'il s'est acquise dans la chaire. Il prit ces mots tirés d'Isaïe : *Et lux erit septempliciter sicut lux septem dierum* [1], et compara très-justement notre admirable Evêque au soleil par les trois vertus qui lui sont propres, à savoir : la lumière, la chaleur et la fécondité. Il fit briller sa lumière, dans la conversion d'une infinité d'âmes ; sa chaleur, par les embrasements de

---

[1] La lumière du soleil sera sept fois plus éclatante, elle brillera comme la lumière de sept jours. *Is.* xxx, 26.

l'amour divin; sa fécondité, dans cet ordre sacré de la Visitation, qui composa un des beaux fleurons de la couronne de l'Eglise.

Le jour suivant, on vit venir en bon nombre les révérends pères Barnabites, deux à deux en rochet, pour prendre part au triomphe de celui qui les avait chéris si tendrement; leur dévotion parut d'une manière admirable dans la majesté de leurs cérémonies.

A la messe qu'ils célébrèrent, la musique fit des merveilles. Environ les deux heures après-midi, ils revinrent dans le même ordre chanter vêpres des Confesseurs Pontifes, qui furent suivies du panégyrique prononcé par un religieux de leur congrégation. Il appliqua au grand saint François de Sales les paroles de saint Paul : *Nihil enim minus fui ab iis qui sunt supra modum apostoli, tametsi, nihil sum. Signa tamen Apostolatûs mei facta sunt vos in omni sapientia, in signis, et prodigiis, et virtutibus*[1].

La seule notion qu'il donna de notre Saint, comme

---

[1] Je n'ai été en rien inférieur aux plus éminents des apôtres, quoique je ne sois rien. En effet, les marques de mon Apostolat ont été empreintes sur vous par une patience à l'épreuve de tout, par des miracles, des prodiges et des vertus. II. Cor. xii, 11, 12.

Apôtre du Chablais, intéressa vivement ses auditeurs. Ses éloges et le partage de son sermon se rencontrèrent heureusement dans son texte par lequel il dit que ce saint Missionnaire était l'envoyé du ciel pour donner la vie de l'Evangile aux peuples du Chablais, et qu'il n'avait acquis cette auguste qualité d'apôtre que par la rigueur de ses souffrances, par l'éclat de ses miracles et par l'éminence de sa sainteté. Il attendrit tous les cœurs quand il décrivit bien au long à combien de dangers il avait été exposé, les travaux qu'il avait endurés, et les conversions admirables qu'il avait opérées, dont la principale fut celle de M. d'Avully, baron d'Hermance et gouverneur de cette province, un des illustres alliés de la digne Supérieure du monastère. Le révérend père Mathias Blondeau, qui avait officié tout le jour, y mit la clôture par la bénédiction du Dieu de paix et d'amour.

Les Religieuses de la Visitation, infiniment redevables aux révérends pères Minimes pour avoir sollicité vivement la canonisation de celui qui portait avec tant de mérite le nom de leur glorieux Patriarche, prièrent ceux de cette ville de faire tout l'office du cinquième jour de l'octave, ce qu'ils accomplirent avec toute la satisfaction qu'elles pouvaient se promettre.

Le révérend père Alexis Braillard, leur Correcteur, prêcha très-savamment sur ces paroles tirées du livre des Rois : *Zelo zelatus sum pro Domino Deo exercituum* [1]. Il fit voir trois sortes de zèle dans l'incomparable saint François de Sales : le premier regardait Dieu comme son objet ; le second, le prochain en qualité de sujet, et le dernier, le terme qui n'a pas été moins grand que toute la terre. Chacun admira que dès l'entrée il répéta succinctement tous les sermons de ceux qui avaient parlé avant lui, donnant à chacun son éloge particulier. Le zèle dont ses paroles étaient animées ne le dispensa pas de faire la bénédiction du Très-Saint-Sacrement. Le soir, les révérends Pères allumèrent des flambeaux aux fenêtres de leur beau couvent avec le tintamare de quelques petits canons tirés de la Bastille, comme des expressions de la joie de leurs cœurs.

Les saints désirs des pères Cordeliers d'Evian à donner des preuves authentiques de leurs profonds respects à notre saint Prélat, leur firent braver les injures de la plus froide saison, pour venir dans cette ville joindre leurs empressements aux nôtres, et pousser

---

[1] Je brûle de zèle pour vous, Seigneur, Dieu des armées. III. *Reg.* xix, 10.

leurs belles voix au ciel, à la grand'messe, aux vêpres et à la bénédiction. Le sermon fut prononcé par M. Merlin, très-digne ecclésiastique qui exposa les motifs de l'Eglise pour canoniser l'illustre François de Sales. Les paroles de son texte furent les mêmes que notre Saint prononça au lit de mort, et qui se lisent au chapitre IV de l'Apocalypse : SAINT, SAINT, SAINT. Après avoir fondé le passage de cet excellent discours sur une maxime de saint Denis, il dit que l'Eglise avait bien eu raison de mettre notre grand Evêque au catalogue des saints, parce qu'elle avait remarqué trois différentes puretés en sa vie admirable, à savoir : une pureté pratique dans toutes ses actions, une pureté héroïque dans les fonctions de sa charge, et une pureté béatifique déclarée par l'organe du Saint-Esprit.

De là il tira cette conséquence que les paroles de son texte avaient été l'écho sacré de sa canonisation, et que l'Eglise est infaillible dans ces actions si augustes, comme on peut le voir au concile de Constance, section 8. Le parallèle très-juste qu'il fit de la pureté de saint François de Sales avec celle de Jésus-Christ lui procura un applaudissement général.

La Vierge, à l'honneur de laquelle notre Saint érigea une chapelle et un hermitage sur la montagne des Voyrons, a daigné aussi s'intéresser à notre grande fête, sur terre aussi bien que dans le ciel, voulant reconnaître son fidèle serviteur dans une autre église de la Visitation, quand elle a inspiré les révérends pères Prêcheurs qui la servent sur cette montagne avec tant de fruits et d'édification, de venir ici pour signaler leur zèle et leur piété, ce qu'ils ont exécuté en consacrant le samedi au culte de notre grand Apôtre; et pour le rendre plus éclatant, le révérend père Marchand, prieur de Voyrons et célèbre docteur en la faculté de Paris, fit un sermon ravissant où la force du raisonnement n'eut pas moins de part que les charmes de l'éloquence. Le Prophète-Roi lui en fournit le sujet : *Inveni David servum meum : oleo sancto meo unxi eum* [1]. Il fit voir l'apogée des vertus éminentes de saint François de Sales par la propriété qu'il a eue, commune avec l'huile, disant qu'il avait reçu cette onction sacrée dès sa jeunesse, qu'elle s'était communiquée très-abondamment, et enfin qu'elle avait produit des effets merveilleux. Après cette prédication si docte, le révérend père de Lucinge,

[1] J'ai trouvé David mon serviteur : je l'ai consacré avec l'huile sainte, avec l'onction de ma sainteté. *Ps.* LXXXVIII, 21.

religieux du même Ordre fit la bénédiction à la coutume.

Les révérends pères Minimes qui ne se pouvaient lasser de faire paraître leurs saints empressements en cette auguste solennité, officièrent encore le jour de l'octave avec leurs cérémonies ordinaires, et le Révérend Père Alexis Braillard monta pour la deuxième fois en chaire où il triompha ensuite des paroles de son texte tirées de l'Evangile du disciple bien-aimé : *Hic venit in testimonium, ut testimonium perhiberet de lumine* [1] Il nous fit paraître saint François de Sales comme un ange, un martyr et un séraphin qui avait tout consommé par amour. Un sermon si beau et si bien appliqué fit la clôture de notre solennité, après la bénédiction, le *Te Deum* et les litanies chantées en musique, sans pourtant terminer nos reconnaissances si légitimement dues à notre saint Apôtre.

Je n'ai point fait distinction des ornements qui ont été changés tous les jours de l'octave, tant du grand autel que de la chapelle ; je me contenterai seulement de dire que tout y était riche étant tout de brocard,

---

[1] Celui-ci vint comme témoin pour rendre témoignage à la lumière. *Joan.* 1. 7.

toile d'argent ou d'une riche broderie avec des dentelles or et argent; et les chasubles et dalmatiques semblaient encore surpasser, y en ayant d'un riche brocard à fond d'or et d'argent, et d'autres de satin brodé. Je me tais du reste des ameublements dont les crédences étaient servies, je me contenterai de dire deux mots de la dévotion et du concours extraordinaire des peuples, qui était si grand que dès quatre heures du matin l'église ne désemplissait point jusque bien avant dans la nuit, que l'on avait peine à les faire sortir pour fermer les portes. Et ce qui m'a paru plus ordinaire, aussi bien qu'à ceux qui en ont été témoins, c'est le profond silence qui s'y est observé. Tout le monde étant en prières, on n'entendait pas une seule parole; aussi ont-ils mérité d'obtenir plusieurs grâces miraculeuses par les mérites du grand François de Sales notre saint Apôtre.

Tous les corps de cette ville, tant ecclésiastiques que séculiers ont signalé hautement leur piété à honorer ce saint Prélat durant toute l'octave. MM. les magistrats, animés d'un beau zèle, y ont paru chaque jour à tous les offices, en robe de cérémonie, avec une dévotion tout à fait édifiante. Pour ce vénérable corps de la Sainte-Maison qui se glorifie à juste titre de reconnaître notre glorieux Evêque pour son premier Prélat, chacun a été témoin de son ardeur à lui rendre ses respects. Les révérends pères Barnabites, outre leur assiduité à venir honorer notre Saint, lui procurèrent encore les devoirs des écoliers de chaque classe, qui se rendirent le dimanche matin, du collége à l'église de la Visitation deux à deux, conduits par leurs régents. Leur modestie accompagnée d'une dévotion fervente, ravirent tout le monde. Ils y reçurent ce Dieu de lumière qu'ils conjurèrent très-instamment d'éclairer leurs esprits, pour faire un saint progrès dans la carrière de la vertu et de la science, par l'entremise de celui qui, étant maintenant l'objet de leur vénération, avait autrefois chéri si tendrement la jeunesse. Vous eussiez vu, pendant tous les jours de l'octave, un flux et reflux continuel de personnes dévotes de l'un et de l'autre sexe empressées à baiser, à travers une fine glace, les précieuses reliques du Saint, enchâssées dans un grand cœur de vermeil doré, parfaitement bien fait.

Le nombre des messes a été si grand que les autels, depuis une heure avant le jour jusqu'après midi, se trouvaient sans cesse remplis de sacrificateurs. La promptitude des sacristaines à les servir à point nommé, avec un juste discernement de leur qualité et de leur mérite, leur donna grande satisfaction. Ils étaient étonnés qu'au milieu d'un si grand embarras, elles pussent observer une propreté non pareille, jusqu'aux moindres choses. Pour la dévotion, on n'a jamais vu jubilé accompagné d'une si grande piété que cette auguste fête. Les confesseurs qui sont ici en très-grand nombre, avaient bien de la peine à suffire à la foule innombrable de pénitents qui s'approchaient du Saint-Tribunal, jusque-là qu'un bon ecclésiastique m'a assuré d'avoir confessé lui plus de douze cents personnes.

Tous les bourgeois, pour y vaquer avec une plus grande récollection, délaissèrent toutes sortes d'œuvres manuelles pendant la neuvaine, qu'ils sacrifièrent à la vénération de notre saint Evêque. Enfin, il faut avouer ingénument que chacun n'oublia rien de ce que le devoir et la piété lui purent suggérer, pour reconnaître et honorer son glorieux Apôtre. C'est ce que le Chablais mille fois heureux a fait pour l'honneur de son aimable Père; mais voyez quelque chose de plus magnifique, considérez ce qu'il a opéré en faveur de ses enfants.

Le premier jour de notre solennité, les nuées fort obscures, poussées par un vent du midi qui nous menaçait d'un déluge d'eau, car il pleuvait bien abondamment, disparurent par un grand prodige, à la vue de l'étendard du Saint, et l'air devint si serin et si pur pendant toute l'octave, qu'il était facile de juger que le ciel s'intéressait à notre pompe, et voulait en être l'illustre spectateur ; car, dès que ces beaux jours de fête furent passés, le temps redevint comme auparavant.

Combien d'exclamations ! combien de larmes de joie, répandues devant cette précieuses bannière par ces bons viellards convertis par notre saint Apôtre ! Ils s'écriaient hautement: « Oh ! voilà le vrai portrait!
» Ah ! voilà l'image de celui que nous avons vu à tous
» moments en danger d'être lapidé, martyrisé pour la
» gloire de Dieu et le salut de nos âmes! Ah! c'est bien
» lui qui allait jour et nuit par les rues, exposant sa
» vie pour nous tirer des ténèbres de l'hérésie ! » Leurs paroles étaient animées d'une affection si ardente que les cœurs qui en étaient témoins, en étaient vivement émus et attendris jusqu'aux larmes.

Les grâces particulières obtenues par les mérites et les bontés de saint François de Sales, sont si nombreuses, si admirables et si éclatantes, que je n'ose les envisager et en entreprendre le détail. Un livre entier ne suffirait pas pour les renfermer toutes. Il est bien à présumer, qu'après avoir éclairé de la lumière de Jésus-Christ tout ce pays abimé dans les erreurs du calvinisme, il a conservé et conserve encore la tendresse d'un père pour ses enfants, et semble n'avoir pris possession des trésors immenses de la gloire que pour répandre avec abondance sur eux toutes sortes de biens et de grâces. Je me contenterai de dire en général, qu'outre une quantité d'infirmes spirituels qu'il a charitablement et surnaturellement guéris, les malades corporels ont trouvé un entier soulagement à leurs maux. Les estropiés, les goutteux, les lépreux, les ulcérés et tant d'autres qui avaient essayé tous les remèdes imaginables, et employé l'adresse des médecins, ont heureusement recouru au Saint, et se sont trouvés pleins de vigueur et de santé, d'une manière tout à fait extraordinaire.

Les chandelles, les bougies et autres vœux suspendus à sa chapelle les affirme authentiquement, et ce qui est le plus admirable, ces grâces miraculeuses se continuent encore tous les jours en faveur des plus misérables qui poussés, d'une très-vive confiance, vont à son tombeau pour honorer ses saintes reliques.

Ah! Chablais, qui avais malheureusement éteint les lumières de la foi et le feu du saint amour! puisque l'admirable François de Sales a rallumé dans ton sein ses pures flammes par les miracles les plus éclatants, adresse-lui sans cesse le tribut de tes vœux, de tes désirs, de tes prières, de tes brûlantes affections si tu prétends aux plus larges profusions de grâces et de bénédictions que Dieu répand sur ces fidèles serviteurs. . . . .

Et toi, ville de Thonon, théâtre fameux des peines, des travaux et des combats de ce glorieux Apôtre, qui t'a enfanté à la grâce et donné à ta vie de l'Evangile, continue à lui exprimer ta vive gratitude, conserve à jamais les sentiments de vénération pour un si grand Saint, et que leur manifestation perpétue à jamais ta fidélité et ta reconnaissance. . . . .

PROGRAMME des fêtes qui auront lieu à Annecy, en 1865, pour le deuxième anniversaire centenaire de la canonisation de SAINT FRANÇOIS DE SALES.

Ces fêtes dureront huit jours, et commenceront le 19 avril, jour précis de l'anniversaire, pour se terminer le 26 au soir.

En voici l'ordre et les détails :

Mercredi, 19 Avril

A neuf heures du matin, procession du clergé et transport de la Châsse et des Reliques de saint François de Sales, de l'intérieur du Monastère à l'église de la Visitation. La procession fera le tour seulement du cloître et de la rue qui est devant l'église. Elle sera suivie d'une messe pontificale en musique.

Le soir, à quatre heures, vêpres solennelles, prédication par un évêque, et bénédiction du Saint-Sacrement.

Jeudi, 20, Vendredi, 21, et Samedi, 22 Avril.

Le matin, à neuf heures, messe basse et prédication par un évêque, à l'église de la Visitation.

Le soir, à cinq heures, bénédiction du Saint-Sacrement dans la même église.

Dimanche, 23 Avril.

Le matin, à huit heures et demie, messe basse et prédication par un évêque, à l'église de la Visitation.

A dix heures, messe pontificale en musique dans la même église.

Le soir, à trois heures, Vêpres et Complies, sermon par un évêque et Salut à l'église Saint-Maurice.

Lundi, 24, Mardi, 25 Avril.

Le matin, à neuf heures, messe pontificale en musique et prédication par un évêque, à l'église de la Visitation.

Le soir des mêmes jours, à cinq heures, Complies chantées, sermon par un évêque et Salut à la Cathédrale.

Mercredi, 26 Avril.

Le matin, à huit heures et demie, procession solennelle avec la Châsse du Saint, partant de l'église de la Visitation. Toutes les corporations qui devront y prendre part, auront soin de se rendre à la rue Royale, un peu avant l'heure indiquée, et de s'y échelonner, selon l'ordre tracé plus bas.

La procession parcourra la rue Royale, la rue du Pâquier, le quai de l'Hôtel-de-Ville, la rue Saint-Maurice, traversera le pont de la Perrière, prendra ensuite les rues de la Perrière, de l'Isle, de Sainte-Claire, des Boucheries et de l'Evêché, pour aboutir à la Cathédrale, où aura lieu immédiatement une messe pontificale en musique, à grand orchestre.

Les Reliques du Saint, arrivées à la Cathédrale, y seront placées sur une riche estrade, et y seront exposées à la vénération des fidèles, jusqu'à la procession du soir.

Le même jour, à trois heures du soir, Vêpres solennelles, dans la même église, discours prononcé par Son Eminence le Cardinal Donnet, archevêque de Bordeaux, et Salut ; puis, seconde procession, avec les Reliques du Saint, continuant par la rue de l'Evêché, prenant ensuite la rue Filaterie, la rue Notre-Dame et la rue Royale, pour retourner à l'église de la Visitation, où elles seront définitivement replacées. Avant d'y entrer, les Evêques monteront sur une estrade préparée à cet effet, pour bénir la population. La cérémonie sera terminée ensuite, à l'église, par le chant du *Te Deum*, en *faux-bourdons*, et la bénédiction du Saint-Sacrement.

ORDRE DE LA PROCESSION.

1. Un piquet de soldats, et la musique du 96° de ligne.
2. Les grandes bannières des deux paroisses.

Les Ecoles Primaires.

3. Les écoles des filles, accompagnées de leurs maîtresses, les Sœurs de Saint-Joseph.
4. Les écoles des garçons, conduits par les Frères de la Doctrine chrétienne.

Ces écoles se mettront sur quatre rangs, soit quatre élèves de front.

Les Ecoles Secondaires.

5. Les Orphelines de l'Hôpital, accompagnées de leurs maîtresses.
6. Le Pensionnat des Sœurs de Saint-Joseph, avec les Enfants de Marie de la même maison, précédées de leur bannière.
7. Le Pensionnat et les Enfants de Marie de la Visitation, ayant aussi leur bannière en tête.
8. Le Collége Chappuisien.
9. Les délégués des Petits-Séminaires.

Les Confréries.

10. La Confrérie du Saint-Rosaire de la paroisse de Notre-Dame, suivie de celle de la paroisse de Saint-Maurice, bannières en tête.

11. Les croix des deux paroisses, suivies des femmes de la Confrérie du Saint-Sacrement des deux mêmes paroisses, et dans le même ordre.

12. Les Confrères du Saint-Sacrement de Notre-Dame, suivis de ceux de Saint-Maurice.

13. Les membres de la Confrérie de la Sainte-Croix ou de la Miséricorde, établie par saint François de Sales.

14. Les Mères Chrétiennes et les Dames de Charité.

Les Congrégations religieuses.

13. La Communauté des Sœurs de la Croix.
16. La Communauté des Sœurs de la Charité.
17. La Communauté des Sœurs de Saint-Joseph.
18. Les Sœurs tourrières déléguées par les divers Monastères de la Visitation.

La Musique.

19. La musique municipale, dont les symphonies alterneront avec les chants du Clergé.

Le Clergé.

20. La Croix de la Cathédrale.
21. Les Frères de la Doctrine chrétienne et les autres représentants des Congrégations enseignantes.
22. Le Grand-Séminaire.
23. Les membres délégués par les divers corps religieux.
24. Le Clergé, soit les différents prêtres du diocèse et de l'étranger, en surplis, placés selon leur dignité et leur rang d'ancienneté.
25. Le Chapitre de la Cathédrale.
26. Nosseigneurs les Evêques et leurs Eminences les Cardinaux, suivis du célébrant et de ses officiers.
27. La crosse et la mitre de saint François de Sales, portées par deux ecclésiastiques.

28. La Châsse du Saint, portée par les membres du Clergé. Les cordons seront tenus par quatre évêques.

Les Pompiers formeront la haie, à droite, et un détachement du 96 de ligne, à gauche du cortége.

29. Les représentants de la famille de Sales.

30. Les diverses autorités départementales et municipales, placés selon l'ordre prescrit par les réglements.

31. Les diverses corporations ou sociétés civiles, littéraires ou autres ; la société de Saint-François de Sales, les conférences de Saint-Vincent-de-Paul, qui voudraient se faire représenter à ce religieux cortége.

32. Les fidèles des deux sexes, les hommes les premiers et les femmes ensuite.

33. Enfin, un piquet du 96ᵉ de ligne.

Les habitants, surtout ceux des rues que devra traverser la Procession, sont invités à orner le mieux que possible les façades ou les fenêtres de leurs maisons.

Le soir du même jour, illumination générale et feu d'artifice.

La ville d'Annecy ne peut oublier combien elle doit à saint François de Sales, de nombreux étrangers ne manqueront pas d'y accourir de toute part, pour jouir des fêtes qui se préparent. Ses habitants seront heureux de saisir cette circonstance, pour leur prouver qu'ils méritent toujours de posséder l'aimable Saint, qui fait la gloire de leur patrie, et qu'ils n'ont pas dégénéré de leurs ancêtres.

Par ordre de Monseigneur l'Evêque d'Annecy,

Et pour la Commission ecclésiastique chargée de l'organisation des fêtes,

L'ABBÉ P.-F. PONCET, CHANOINE,
Secrétaire.

APPENDICE

SUR LES

RELATIONS DE S. FRANÇOIS DE SALES

AVEC LE BIENHEUREUX CANISIUS

ET SA DÉVOTION AU PÈRE LEFÈVRE.

AVANT-PROPOS

Durant son séjour à Thonon, saint François de Sales entretint avec le bienheureux Canisius une correspondance, où viennent se peindre sous leurs vraies couleurs les vertus et la science de l'un et de l'autre. En arrivant sur le sol du Chablais, et dans l'exercice de son ministère auprès des hérétiques du pays, François de Sales s'attachait à suivre les exemples du Père Lefèvre qu'il proposa pour modèle à tous les chrétiens dans son *Introduction à la vie dévote*. Quelques pages à la mémoire de ces deux illustres apôtres de l'Allemagne nous ont paru pouvoir servir d'*appendice* au récit de l'*Apostolat de saint François de Sales à Thonon*.

1

Relations de saint François de Sales avec le B. Canisius

Pierre Canisius, que le Saint-Siége vient d'inscrire au catalogue des Bienheureux, par son décret du 2 du mois d'août 1864, naquit le 8 mai 1581, à Nimègue en Hollande ; il luttait depuis près de quarante ans contre les hérésies modernes, lorsque l'évêque de Verceil le pria de l'accompagner en Suisse, où il allait faire la visite des cantons catholiques, au nom du pape Grégoire XIII. Sur le rapport de ce prélat, le Souverain Pontife désigna Canisius pour fonder à Fribourg le collége des Jésuites qui fut, dans notre siècle, l'une des écoles les plus célèbres de l'Europe. De là, Canisius se répandit dans les quatre-vingt paroisses qui dépendaient de la *Seigneurie* de Fribourg. Il étendit même son zèle jusque dans les autres cantons catholiques, et ramena au sein de l'Eglise Romaine un grand nombre d'hérétiques qui se trouvaient mêlés aux catholiques. François de Sales arriva en Chablais au mois de septembre 1594. Pendant trois années encore il aura tout près de lui le vieillard de Fribourg qui avait blanchi dans les combats livrés aux hérétiques de l'Allemagne.

Le jeune Apôtre de Thonon avait une profonde estime pour le saint missionnaire des cantons suisses. Il avait apporté dans cette ville le savant catéchisme de Canisius, où il allait chercher la solution aux difficultés les plus embarrassantes que lui opposaient les principaux hérétiques. Et si à l'aide des écrits des deux célèbres Jésuites, Bellarmin et Canisius, François de Sales ne pouvait dissiper tous les doutes de ses adversaires, usant de la proximité des lieux, il écrivait au fondateur du collége de Fribourg. De cette correspondance, il nous reste une seule lettre adressée par saint François au bienheureux Canisius. Elle révèle toute l'humilité de l'Apôtre du Chablais, comme elle devient la plus fidèle expression de sa défiance de ses propres lumières.

L'avocat Poncet lui opposa une difficulté sur le sens à donner à un passage de l'Ecriture sainte. Au mois de mai 1595, François de Sales écrivit à Canisius la lettre suivante [1] :

Très-Révérend Père,

Tel est l'éclat, telle est l'excellence de la vertu que, comme cela ne vous est point inconnu, l'on ne peut empêcher qu'elle ne soit remarquée dans tous les pays du monde, et qu'elle ne rende ceux qui la possèdent distingués et aimables, même pour ceux qui, sans connaître ce que c'est que la vertu, en respectent pourtant le nom. C'est pourquoi, je sens que j'ai moins besoin par là même d'excuse pour oser vous écrire, moi homme de rien, inconnu et obscur.

Car vous n'êtes point, vous, inconnu et obscur, mais pour me tenir plutôt en deçà qu'au delà de la vérité, vous êtes connu de tous les fidèles par tant de travaux que vous avez exécutés jusqu'ici pour le Christ, par tant d'actes, prédications et écrits ; en sorte qu'il n'est pas étonnant que celui qui a écrit tant de fois à tous les chrétiens, reçoive des lettres de plusieurs, à ce seul titre qu'ils sont chrétiens.

---

[1] XVIIIe Lettre. Collection Vivès.

Ayant donc su que je n'étais pas séparé de vous par un long intervalle, mais seulement par le lac Léman, j'ai pensé que je ferais une chose qui ne vous serait point désagréable, et qui pourrait me devenir très-utile à moi-même dans la suite, si ne pouvant m'entretenir familièrement avec vous, je vous adressais des questions par lettres et que je reçusse également par lettres vos réponses, vu la charité dont vous êtes animé pour le prochain, car il est écrit : *Interrogez la génération ancienne, et explorez avec soin les souvenirs des ancêtres, et ils vous enseigneront, vous parleront, et vous feront entendre les paroles de leur cœur.*

Ainsi, voilà neuf mois que je suis au milieu de ces hérétiques de Thonon [1]..... Pendant ces neuf mois, quelques âmes, c'est-à-dire huit, sont revenues à la foi, et parmi ces convertis, Pierre Poncet [2], jurisconsuite très-instruit, et pour ce qui concerne l'hérésie, beaucoup plus instruit qu'un ministre même. Voyant que l'autorité de l'antiquité faisait quelque impression et même agissait fortement sur son esprit, je lui expliquai votre Catéchisme [3] avec les extraits et les pensées des Pères, rapportés au long par le Père Busée. Cette lecture le retirant peu à peu de l'erreur, l'a ramené dans la vieille voie de l'Eglise, et enfin il s'est rendu. Nous vous sommes donc, lui et moi, beaucoup redevables.

---

[1] Nous supprimons ici le passage que nous avons cité plus haut, *page* 30.

[2] Poncet, originaire de Gex.

[3] Le Catéchisme de Canisius fut imprimé pour la première fois en 1554 ; il reste encore aujourd'hui un des ouvrages le plus souvent consulté par les ecclésiastiques.

Comme dernièrement j'appliquais au libre arbitre de l'homme ce passage de l'Ecriture : *Tes appétits seront sous ta puissance et tu les domineras*, notre jurisconsulte m'objecta que ces paroles se rapportaient à Abel et qu'elles signifiaient : *Tu domineras sur ton frère* et non sur le péché, et il en donnait cette raison empruntée de Calvin, qu'en hébreu le pronom relatif est masculin, et que le péché est féminin dans la même langue.

Quoique je ne sois pas resté dépourvu de preuves pour confirmer l'interprétation catholique, je ne pus toutefois réfuter clairement l'objection, parce que je manque ici des livres nécessaires. Je n'ai apporté, comme cela est ordinaire, que très-peu de volumes avec moi, savoir, les principaux ouvrages qui peuvent avoir trait aux controverses avec la secte, et entre autres le livre très-remarquable des Controverses de Bellarmin. Mais j'ai eu beau le consulter, je me suis convaincu que la difficulté de ce passage ne s'y trouve point suffisamment levée : car il ne dit rien de la manière de concilier le pronom relatif masculin avec le nom féminin. C'est pourquoi, ayant appris que ce brave homme, qui est un de mes auditeurs catholiques, devait aller vous voir et revenir ici au bout de quelques jours, j'ai résolu, moi apprenti, ignorant, de vous demander la solution de ce passage, à vous qui êtes un docteur si habile et si complaisant, encouragé que je suis par votre penchant à aider tout le monde.

Quant au reste, que le Dieu bon et grand conserve exempte d'infirmité, le plus longtemps que faire se pourra, votre vénérable vieillesse, à la république chré-

tienne ; et comme le faisait autrefois Antoine Posse-
vin [1] qui était de votre Société, considérez-moi comme
votre très-humble serviteur et fils en Jésus-Christ.

Le Seigneur écouta les vœux que l'Apôtre de Thonon lui adressait pour la conservation des jours du
saint missionnaire de Fribourg. Il vécut encore deux
ans et demi. Cette lettre était écrite de Thonon au
mois de mai 1595, et le Père Canisius mourut à Fribourg l'an 1597, le 21 décembre, jour auquel saint
François célébrait dans l'église paroissiale de Thonon, l'anniversaire de sa première messe.

Au moment où toutes les communautés des Religieux de Saint-Ignace se préparent à solenniser les
fêtes de la Béatification du Père Canisius, de nombreuses pages élégantes seront consacrées à la mémoire de l'Apôtre des cantons suisses. Mais quelle
louange l'emportera jamais sur celle que nous venons d'entendre sortir de la bouche de saint François de Sales ? Nous osons avancer que le plus beau
portrait que l'on puisse nous offrir du bienheureux
Canisius, a été tracé à Thonon, par l'Apôtre du
Chablais, il y a tantôt trois siècles.

[1] Son confesseur à l'Université de Padoue.

La critique la plus sévère de l'histoire n'a pas pu refuser au saint Evêque de Genève, d'être l'un des hommes les plus éminents en science et en vertu qu'offrent les annales du monde catholique.

Entendre donc François de Sales proclamer au 16e siècle, l'*excellence de la vertu* de Canisius, *son penchant à aider tout le monde*, et lui dire : *Vous qui êtes connu de tous les fidèles par tant de travaux, vous qui êtes un docteur si habile et si complaisant*, c'est bien avoir lu la plus belle page de la vie du bienheureux Canisius.

II

Dévotion de saint François de Sales au P. Lefèvre.

Avant de signaler la vénération dont saint François honorait la mémoire du Père Lefèvre, disons brièvement ce qu'était ce prêtre de notre diocèse, citons quelques-unes des actions et des vertus qui lui méritèrent l'espèce de culte que rendit à sa mémoire *le plus aimable des saints*.

Tous les auteurs de l'*Histoire ecclésiastique*, tous ceux qui ont écrit la *Vie de saint Ignace de Loyola* et de *saint François Xavier* ont donné une courte notice du Père Lefèvre [1]. Aucun d'entre eux ne

---

[1] Nous avons consulté : Orlandini, *Vita P. Fabri*, 1617. — Feller, article FAVRE. — *Dictionnaire historique de la Savoie*,

paraît avoir connu un *Mémorial* de ses principales actions et de ses impressions religieuses, qu'il laissa aux membres de la Société naissante de la Compagnie de Jésus. Nous répétons ici ce que nous avons dit de l'Apôtre du Chabais : *personne mieux que lui ne peut connaître l'histoire de sa vie*. Aussi dans cette biographie très-succincte, nous croyons devoir apprendre de lui les traits les plus remarquables de sa trop courte existence.

Pierre Favre (plus tard appelé Lefèvre), fils de Louis et de Marie Périssin, naquit le 13 avril 1506, au hameau de Villaret, sur la paroisse de Saint-Jean-de-Sixt, canton de Thônes, arrondissement d'Annecy, ancienne province du Genevois. Dans le *Mémorial* qu'il a rédigé les dernières années de sa vie [1], il nous dit qu'à l'âge de sept ans il sentit en son âme les vives impulsions de la grâce qui l'incitaient à se consacrer de bonne heure au service de

---

par Grillet, art. GRAND-BORNAND. — M. Vuarin, curé de Genève, *Etrennes religieuses pour* 1827. — M. le chanoine Dépommier, *Vie du P. Pierre Favre*. Chambéry, 1832.

[1] Il a écrit son *Journal* en latin. Les Pères de la Compagnie l'ont fait lithographier pour le mettre entre les mains des novices. Il est intitulé : *Memoriale vitæ spiritualis venerabilis P. Fabri primi alumni S. P. N. Ignaii.*

son Dieu. Il passa ses premières années à la garde des troupeaux de son père, soit au Villaret, soit pendant l'été sur les hautes montagnes du Grand-Bornand. A l'âge de dix ans, dit-il, il éprouva un désir ardent de quitter les champs pour se livrer à l'étude, afin de pouvoir se vouer un jour au service des autels. Mais, hélas ! à dix ans il eut à vaincre les mêmes difficultés dont François de Sales triompha si glorieusement à vingt-deux ans. « J'étais berger, mes » parents me destinaient à vivre dans le monde, » mais je n'avais nul repos, l'envie d'entrer à l'é-» cole m'arrachait des larmes [1]. » Ses prières et ses pleurs brisèrent l'opiniâtre opposition de ses parents. On l'envoie d'abord fréquenter l'école primaire du Grand-Bornand : bientôt après on le confie à un pieux ecclésiastique qui tenait à Thônes une école de latinité. Il soumet à son maître le dessein qu'il avait de faire vœu de virginité. A la fin de la première année passée à Thônes, il rentra chez ses parents, et reprit pendant les vacances son emploi de berger. Par un beau jour d'automne, gardant son troupeau dans un des champs qui environnent aujourd'hui sa chapelle, il lève les yeux

---

[1] Non poteram quiescere, flebam desiderio scholæ.

vers la voûte azurée des cieux, fait au Seigneur le vœu de chasteté ; il était âgé de douze ans [1]. Après avoir passé quelques années à l'école de latinité de Thônes [2], il se rendit au collége de La Roche pour y étudier les poètes latins, les belles-lettres et la langue grecque. Il obtint dans l'étude de cette langue des succès si éclatants, que plus tard, les savants de l'Allemagne seront étonnés de l'entendre parler le grec avec autant de facilité que le latin.

Les ressources du petit collége de La Roche ne pouvaient plus suffire à cette soif ardente de la science qui dévorait le jeune Favre. Il nous dit qu'il avait dix-neuf ans lorsqu'il quitta sa patrie (*exiens patriâ*) pour se rendre à Paris au collége de Sainte-Barbe et y suivre le cours de l'Université. A son entrée dans ce collége, on lui donna pour compagnon d'études et de logement, François Xavier, gentilhomme navarrois, avec lequel il se lia d'une étroite amitié [3].

---

[1] Cum essem natus 12 an... exivi in agrum quemdam, erat enim tempus vacationis studii, exercebam pastoris officium, valdè lætus promisi Deo castitatem.

[2] Bertoli opera. *Della Compgnia di Gesù.*

Ils étaient du même âge. Favre était plus âgé que Xavier de six jours.

Ignace de Loyola vint étudier la philosophie au même collége. Le jeune Savoisien ayant donné des preuves d'une profonde pénétration dans les matières les plus abstraites, le docteur Pegna le chargea de donner des *répétitions* de philosophie à Ignace de Loyola. Celui-ci se trouva donc en relation intime avec les deux théologiens Favre et Xavier. Il sortait de sa grotte de Manrèse brûlaat de l'amour de Dieu et du salut des âmes. Il découvrit dans ses deux compagnons toutes les qualités propres à l'*institut* qu'il méditait. Il fit suivre à Favre les *Exercices spirituels*, et lui révéla son dessein d'établir une société d'apôtres pour porter la foi aux nations infidèles. A l'instant même Ignace vit son répétiteur de philosophie se jeter dans ses bras, et lui dire : « Je » suis prêt à vous seconder de toutes mes forces. » Il lui demanda une seule faveur, celle de revoir ses chères montagnes et d'obtenir une dernière bénédiction de ses parents. Rentré en Savoie, il apprit au château d'Alex qu'il ne devait plus revoir sa mère, Marie Périssin [1]. Il se rendit au cimetière de Saint-Jean-de-Sixt, pour arroser de ses larmes la tombe

---

L'un de ses parents, M. l'abbé Périssin du Grand-Bornand est missionnaire aux Indes depuis 9 ans.

de sa mère. Confiant en la bénédiction de son père, il repartit sur la fin de l'automne de 1533.

Au printemps suivant il se dispose à recevoir le sacerdoce, après avoir suivi les cours de l'université pendant six ans. Il se prépare à l'ordination par une retraite de quarante jours : il ne prit aucun aliment pendant les six premiers jours. Le P. Favre est promu au sacerdoce en 1534. Ignace avait fait choix de cinq autres disciples qui devaient former la nouvelle société. Il choisit la fête de l'Assomption pour donner la première forme à cette association. Les huit membres se rendirent à la chapelle de la Vierge de l'église de Montmartre ; ils communièrent de la main de Favre, le seul qui fut prêtre. Tous font vœu d'aller partout où le Pape les appellerait. En 1535, Pierre Favre accompagna saint Ignace à Rome. Le successeur de saint Pierre ne tarda pas un instant à confier à l'ancien pâtre du Grand-Bornand, la chaire d'Ecriture-Sainte au collége de la Sapience. Favre, tout en remplissant cette délicate fonction, prêche dans la Ville sainte. Le fruit que produisirent ses prédications engagèrent le Pape à l'envoyer à Parme. Bientôt on vit la foi et la piété se ranimer dans tout le duché.

Par sa bulle du 27 septembre 1540, le pape Paul III institua la Compagnie de Jésus. Le Souverain-Pontife désigne nommément les dix premiers membres. Notre Savoisien, sous le nom de Pierre Lefèvre, figure immédiatement après Ignace, le fondateur.

Lefèvre ne doit plus goûter ni trève ni repos sur la terre ; sa mission sera courte, mais dans l'espace de six ans, son zèle le transportera dans toutes les régions de l'Europe. Nous empruntons à l'un des écrivains les plus distingués de notre époque le récit des travaux de Lefèvre. L'historien n'appartient pas au clergé, son jugement ne saurait donc être suspect à personne.

M. Crétineau-Joly [1], dans son style entraînant, nous dit : « Ortiz, le député de Charles-Quint auprès de Paul III, reçut injonction de se rendre à
» Worms, où allait se tenir un de ces colloques. Le
» diplomate espagnol avait besoin auprès de lui d'un
» théologien consommé, d'un orateur éloquent, d'un
» prêtre vertueux surtout ; il en demande un au
» pape et à Loyola : tous deux choisirent Lefèvre.

---

[1] *Histoire de la Compagnie de Jésus*. 1846.

» Le 24 octobre 1540, Ortiz et lui arrivèrent à
» Worms.

» Ce colloque indiqué n'avait été qu'un leurre dans
» la pensée des luthériens. Lefèvre ne tarda pas à
» s'en apercevoir.... Mais il y avait dans cette ville
» un clergé perverti, des chrétiens qui, à l'exemple
» de leurs pasteurs, se précipitaient dans tous les
» désordres. Lefèvre entreprend de s'opposer à tant
» de maux ; il y réussit. Worms change de face......
» De là le Père se rendit à Spire, puis à Ratisbonne,
» où l'Empereur et le cardinal Contarini légat du
» pape, devaient assister à un synode entre les ca-
» tholiques et les protestants... La Diète de Ratis-
» bonne s'ouvrit au mois d'avril 1541, en présence de
» l'Empereur et de sa cour. Le parti catholique
» avait pour orateurs Lefèvre, etc... Ses adversaires
» étaient Martin Bucer, et Mélancton l'oracle du
» protestantisme. Lefèvre écrivit de Ratisbonne le
» 5 avril 1541 :

Ce m'est une croix insupportable de voir une partie si
considérable de l'Europe, anciennement la gloire de la
Religion, crouler ou chanceler maintenant, et de dire
que ni la grande puissance d'un tel empereur, ni les
talents et l'habileté de ses ministres, ni les personnages

de cette imposante diète, ne peuvent et ne savent rien faire pour empêcher la ruine de la foi.

« La diète était impuissante pour le bien : Lefèvre
» l'entreprit seul au dehors d'elle. Il ouvrit des exer-
» cices spirituels aux évêques, aux prélats, aux
» électeurs, aux vicaires-généraux, aux ambassa-
» deurs des couronnes, aux théologiens, aux docteurs
» et aux autres membres de la diète. Le fils de Char-
» les duc de Savoie, dont Lefèvre était le sujet, lui
» confia la direction de sa conscience. La foule fut
» si grande pour l'entendre, qu'afin de répondre à
» tous les besoins, il prenait sur son sommeil. Al-
» lemands, Portugais, Espagnols, Italiens se pres-
» saient autour de sa chaire. Tous acceptaient des
» règles de conduite qu'il leur dictait avec une sainte
» liberté. »

Ajoutons quelques détails à cette circonstance :

Si l'ascendant que notre compatriote obtint à la diète de Ratisbonne n'était pas devenue le domaine de l'histoire, l'on aurait de la peine à croire qu'un berger de nos montagnes ait pu acquérir une si grande influence sur une des assemblées les plus savantes de l'époque. Comment un *Savoyard* qui a parlé le *patois* dans son pays jusqu'à l'âge de dix-neuf ans, a-t-il pu captiver, à un si haut degré, l'attention et la confiance des rois et des pontifes ? Par quel secret était-il arrivé à rendre les premières notabilités de l'Europe des brebis aussi dociles à sa voix, que celles qu'il conduisait autrefois à travers les rochers du Villaret ?

Ce secret, il l'avait emporté de la Savoie ; il le trouva à l'âge de huit à dix ans dans les cavernes de nos plus âpres montagnes. Il avait mérité cette insigne faveur lorsque, *tout petit berger*, il quittait le châlet le matin ponr n'y rentrer que le soir, et que par esprit de piété et de mortification, il ne plaçait dans son bissac qu'*un chapelet et un morceau de pain noir*. C'est à l'aide de son chapelet et de l'invocation à son Ange gardien qu'il parvint à parler avec tant de grâce les sept principales langues alors en vigueur en Europe. Grillet écrivait il y a soixante ans : « Le Père Favre possédait si parfai-
» tement le grec, le latin, l'italien, le français, l'al-
» lemand, le portugais et l'espagnol, qu'il prêchait
» avec la plus grande facilité dans toutes ces langues:
» c'était un vrai modèle des temps apostoliques [1]. »

Depuis longtemps Lefèvre était mort au monde et

---
[1] Art. Bornand (le Grand-).

à ses plaisirs qu'il n'avait jamais aimés ; un seul sentiment naturel n'était pas mort en lui : l'amour de la patrie. A Ratisbonne, ce feu sacré semble se réveiller dans l'âme du Savoisien, pour jeter des étincelles plus vives. Favre s'occupe de la Savoie. Durant les sessions de la Diète, il note sur son *Mémorial* ses impressions. Il semble que dès longtemps il n'a plus rien de commun avec la Savoie ; il avait été successivement *parisien, romain, français, italien* et *allemand.* Cependant il nous dit : « Tel » jour j'ai entendu la confession des grands, des » monarques, et celle de *mon prince, duc de Savoie* » (principis mei). » Aussi il était devenu toute la gloire de son souverain flatté que le plus éloquent orateur de l'Assemblée fut un de ses sujets, élevé dans une vallée resserrée des Alpes. Il le choisit pour son conseiller dans sa ligne de conduite en face de l'Empereur. C'est sous l'inspiration du berger de la Savoie que Charles III signa, le 24 juillet 1541, une protestation pour établir ses prérogatives dans la diète d'Allemagne [1].

A Ratisbonne encore il trace ces mots : « En Sa- » voie j'avais dévotion à saint Bruno fondateur des

---

[1] Guichenon, tome II, page 221.

Chartreux. » Où avait-il puisé cette dévotion à saint Bruno ? A la chartreuse du Reposoir (canton de Cluses), qui se trouve au pied des montagnes du Grand-Bornand. Au milieu des grands du monde, il rapporte ses souvenirs vers les années de sa jeunesse, où il allait faire une retraite annuelle dans ce monastère [1].

Continuons à écouter Crétineau-Joly parler de la diète : « Cette élite de la noblesse, qui l'adoptait
» pour son père spirituel, allait reporter dans les dif-
» férents royaumes la semence qu'elle recevait. Le-
» fèvre ne s'en tient pas à ses prédications de Ratis-
» bonne, il pousse jusqu'à Nuremberg. Ignace croit
» avoir besoin de lui en Espagne. Lefèvre s'y rend...
» Il visite Madrid, Sieguença et Alcala. Il entretient
» les grands, évangélise le peuple, et catéchise les pe-
» tits enfants. Cet homme pour lequel le conseiller de
» Charles-Quint professait la plus haute estime, ne
» craint pas de se confondre avec les pauvres, et de
» se faire plus pauvre qu'eux, afin de les instruire.
» Lefèvre était à peine établi dans la Péninsule, que
» le pape Paul III le rappelle pour reprendre en Al-
» lemagne la suite de ses travaux apostoliques.

[1] Son oncle Dom. G. Favre en était alors le prieur.

» Il parvient à Spire au mois d'octobre 1542.

» Sa présence excite quelques troubles dans le
» clergé.

» Pour faire goûter sa mission il prend les prêtres
» par la douceur, et se fait leur ami ; ce premier pas
» étant franchi, il leur parle avec tant d'onction de
» la sainteté de leur ministère, que tous les ecclé-
» siastiques de Spire désertent les plaisirs du mon-
» de ; cette victoire obtenue, Lefèvre part pour
» Mayence où l'attendait l'archevêque Albert, car-
» dinal de Brandebourg. Mayence, comme toutes les
» villes d'Allemagne, voyait chaque jour s'élever
» dans son sein de nouvelles factions religieuses.
» Lefèvre rétablit la paix dans les cœurs, la régula-
» rité dans le clergé, la foi dans le peuple. Ses le-
» çons sont suivies par tous les Mayençais ; elles
» attirent à Mayence une multitude d'étrangers qui,
» de toutes les parties des provinces rhénanes, ac-
» courent pour entendre le prêtre dont la réputation
» était si extraordinaire.

» Pierre Canisius était du nombre : ayant dans la
» tête quelques-uns de ses doutes qui travaillent les
» plus belles natures, Canisius était regardé comme
» l'un des doctes de l'université de Cologne, il avait

» vingt-quatre ans. Canisius entendit Lefèvre, il le
» vit, il l'entretint, et sa vocation fut décidée. Ca-
» nisius entrait dans la Compagnie de Jésus. »

Nous interrompons ici cette narration pour insérer la lettre de Canisius, qui exprime si bien les impressions que firent dans son âme les conseils et les instructions de Lefèvre :

Je suis enfin arrivé à Mayence, et ce que je regarde comme le comble de mon bonheur, j'y ai trouvé cet homme que je cherchais depuis si longtemps, *si je puis l'appeler un homme et non pas plutôt un ange du ciel;* car je n'ai jamais vu personne qui joignit à une plus profonde connaissance de la théologie, une vertu plus sublime et plus éclatante. Il n'a rien de plus à cœur que de coopérer au salut des âmes avec Jésus-Christ. Il ne lui échappe pas une parole, ni dans les discours familiers, ni dans l'usage du monde, ni même pendant ses repas, qui ne respire la piété, qui ne porte à la vertu, et quelque discours qu'il tienne, il l'assaisonne de tant de grâce et de sagesse, qu'il ne se rend jamais fâcheux à ceux qui l'entendent. Il s'est concilié une si grande autorité, que plusieurs évêques et plusieurs docteurs se sont mis sous sa conduite. Pour ce qui me regarde moi-même, je ne puis exprimer combien ces exercices spirituels ont changé mon cœur et mes sentiments, de quels rayons célestes ils ont éclairé mon esprit, de quelle force ils m'ont animé [1].

---

[1] Lettre citée par Orlandini 1617, et par le chanoine Dépommier. — Voir le journal *le Monde,* n° du 25 septembre 1864.

Un auteur de la Vie de Canisius disait, il y a un siècle et demi : « Un air de sainteté qui dès le pre-
» mier abord de Lefèvre paraissait à toutes ses ma-
» nières, ravit Canisius : il se mit aussitôt entre ses
» mains avec une simplicité d'enfant... Il fut con-
» vaincu que Notre-Seigneur l'appelait à faire servir
» dans sa compagnie les talents qu'il avait reçus de
» sa main. Dès ce moment il s'engagea par vœu à y
» entrer, il demanda cette grâce à Lefèvre, il l'obtint
» de lui sous le bon plaisir de son supérieur [1]. »

Ecoutons de nouveau Crétineau-Joly :

« Sur ces entrefaites, avis est donné à Lefèvre
» des calamités qui fondent sur Cologne... Son ar-
» chevêque chancelle dans la foi, il peut entraîner le
» troupeau dans l'abjuration du pasteur, et personne
» ne se sent le courage d'opposer l'autorité de Dieu
» à l'autorité d'un homme. Les catholiques n'espè-
» rent qu'en Lefèvre ; il ne tarde pas à exaucer leur
» vœu. Le mal était invétéré, la plaie incurable. Le
» nonce du pape lui mande de rester à Cologne ; il
» obéit, et Cologne ne suivit pas son archevêque
» dans l'hérésie, Cologne resta catholique.

» Ce fut au milieu de ces travaux de l'intelligence

---

[1] *Vie de Canisius*, par d'Origny.

» et de la parole que Lefèvre reçut l'ordre de se ren-
» dre en Portugal.

» Jean III donnait pour époux à sa fille le fils de
» Charles-Quint, qui sera Philippe II roi d'Espagne;
» il avait sollicité à Rome Lefèvre, pour accompa-
» gner le jeune prince en Castille.

» Il est de retour à Cologne. L'archevêque avait
» fait un pacte secret avec les protestants. Il donnait
» entrée dans son diocèse à Bucer, à Pictorius et à
» Mélanchton, dont la renommée comme savants et
» comme orateurs surnage encore après trois siècles.
» Lefèvre défend pied à pied le terrain miné sous ses
» pas, ayant contre lui toutes les passions, et cepen-
» dant faisant partout triompher l'Eglise. Il crée
» un collége.... Le roi de Portugal le demande de
» nouveau, il abandonne Cologne le 12 juillet 1544...
» Lefèvre était entré dans le Tage le 25 août. Don
» Juan le voit, l'écoute, et à l'instant même il l'investit
» de toute son autorité... Enfin il fonde le collége de
» Valladolid. Ce grand établissement fut comme le
» testament de mort du P. Lefèvre : il était âgé de
» quarante ans, mais Lefèvre était épuisé, il mourait
» parce que tout était mort en lui, excepté le cœur
» et la foi. Le concile œcuménique allait enfin se

» réunir à Trente. Le pape Paul III y envoyait
» Laynez et Salmeron en qualité de théologiens du
» Saint-Siége, et voulait leur en adjoindre un troi-
» sième : il rappelle à Rome Lefèvre que le roi de
» Portugal, dans le même instant, nommait patriar-
» che d'Ethiopie. Loyola lui annonce les ordres du
» pape, Lefèvre s'y soumet.

» On lui fait observer que, dans son état de santé,
» il court à la mort : *Il n'est pas nécessaire de vivre*,
» répond-il, *mais il est nécessaire d'obéir*. Il part:
» en passant à Candie, il pose la première pierre du
» collége de ce nom, de concert avec François de
» Borgia : il désigne le Père Oviédo pour supérieur
» de ce collége. Il arrive à Barcelone au mois de juin
» 1546. La fièvre qui le dévore et la chaleur qui em-
» brase l'atmosphère ne l'empêchent pas d'enseigner
» à la foule les vérités éternelles. Enfin il est à
» Rome où il meurt entre les bras d'Ignace, qui le
» couvre de ses larmes. Il expire le 1er août, jour de
» sa fête patronale, saint Pierre-ès-Liens, 1546.
» Loyola avait perdu son ami et son premier disci-
» ple, mais il lui léguait de nombreux enfants. Sa
» mort devenait pour eux tous une occasion de triom-
» phes et un objet d'envie. »

Lefèvre fut canonisé par plusieurs saints immédiatement après son trépas. Il venait de laisser à Candie François de Borgia et le père Oviédo. Celui-ci écrit à Ignace que lui et ses confrères, au lieu de prier pour le repos de l'âme de Lefèvre, célébraient comme une fête sa glorieuse entrée dans le séjour des élus, et l'invoquaient comme un puissant protecteur auprès de Dieu. Chaque année le père Oviédo priait saint Ignace de faire brûler un cierge sur la tombe du père Favre, le jour anniversaire de sa mort [1].

Saint François-Xavier écrivait aussi du fond des Indes que, *dans les périls de la mer, il invoquait notre bienheureux Pierre Favre.*

---

[1] *Vie de Lefèvre*, par Orlandini, 1617.

III

A l'exemple de saint Ignace et de ses compagnons, à l'exemple du saint Apôtre des Indes qu'il prit toujours pour modèle, l'Apôtre du Chablais honora d'un culte religieux la mémoire du père Lefèvre. Etablissons-le par des documents authentiques.

Saint François de Sales veut inspirer la dévotion aux Anges gardiens à ceux qui liront son *Introduction à la vie dévote*. Louis de Grenade, dont il a si souvent recommandé la lecture, les pères jésuites Bellarmin et Canisius ses auteurs favoris, avaient tous écrit de belles pages sur l'invocation de l'Ange gardien. Les ouvrages de ces trois écrivains lui étaient familiers. Mais il laissera de côté leurs belles pensées pour invoquer en témoignage la pratique d'un prêtre né dans son diocèse, qui fut le véritable Apôtre de l'Allemagne.

Voici un extrait de l'*Introduction,* en tout conforme à l'autographe que M. Vivès a reproduit dans les *Œuvres complètes de saint François de Sales.*

CHAPITRE XVI.

Qu'il faut aimer et honorer les Saints.

. . . .

Le grand Pierre Favre, premier prestre, premier prédicateur, premier lecteur [1] de théologie de la sainte Compagnie du nom de Jésus, et premier compagnon du B. Ignace, fondateur d'icelle ; venant un jour d'Allemagne où il avait fait de grands services à la gloire de nostre Seigneur, et passant en ce diocèse, lieu de sa naissance, racontoit qu'ayant traversé plusieurs lieux hérétiques, il avait receu mille consolations d'avoir salué, en abordant chaque paroisse, les Anges, protecteurs d'icelle, lesquelz il avoit conneu sensiblement luy avoir été propices, soit pour le garentir des embusches des hérétiques, soit pour luy rendre plusieurs âmes douces et dociles à recevoir la doctrine du salut. Et

[1] Professeur.

disoit cela avec tant de recommandation qu'une damoyselle [1] lors jeune, l'ayant ouy de sa bouche, le récitoit, il n'y a que quatre ans, c'est-à-dire plus de soixante ans après, avec un extrême sentiment. Je fus consolé cette année passée de consacrer un autel sur la place en laquelle Dieu fit naistre ce bienheureux homme, au petit village de Villaret, entre nos plus aspres montaignes.

Saint François a publié l'*Introduction* le 22 juillet 1608. C'est donc l'année 1607 qu'il consacra l'autel de la chapelle du bienheureux père Favre.

Voici un extrait des procès-verbaux des visites pastorales.

Le neveu du saint Evêque nous dit : « L'an 1607,
» le huictième jour d'octobre, il visita l'abbaye de
» l'Assomption de Nostre-Dame-d'Entremonts : le
» neufviesme, la paroisse de Nostre-Dame-du-Grand-
» Bornand; le mesme, de Saint-Jean-d'Essix et la
» chapelle construite à l'honneur du bienheureux
» père Pierre Favre....... et là prononçant plusieurs
» belles louanges de ce grand personnage. »

Cette circonstance de la vie du saint Evêque a paru si importante à M. le curé de Saint-Sulpice qu'il en rend compte en ces termes : « Arrivé au Vil-

---

[1] Une demoiselle du château d'Alex, où il s'arrêtait en entrant dans sa vallée natale.

» laret, il eut une grande consolation à y bénir une
» chapelle que la piété des fidèles avait élevée à
» l'endroit même où naquit le vénérable père Le-
» fèvre... Il y pria avec grande effusion de cœur
» et dans un discours qu'il fit au peuple il releva en
» termes magnifiques, l'honneur que faisait à ce
» pays la naissance d'un si grand et si saint per-
» sonnage. »

Des notes particulières nous ont appris quelques détails sur la consécration d'un nouvel autel dans la chapelle dite du *bienheureux Lefèvre*. A l'entrée de cette contrée se trouvait la famille d'Arenthon d'Alex qui avait toujours regardé Lefèvre comme un grand saint. Le seigneur d'Alex se joignit à son neveu, l'abbé Critain, curé plébain de Thônes, pour prouver au saint Evêque la vénération que professaient les fidèles pour le père Favre. Un mot de leur part fut suffisant pous amener au Villaret les processions de toutes les paroisses de la vallée, jusqu'au pont de Saint-Clair. Les processions d'Entremont et du Petit-Bornand rivalisèrent d'empressement. François de Sales, au milieu de *nos plus aspres montagnes*, éprouve les mêmes satisfactions qu'il avait goûtées au jubilé de Thonon, il y avait quelques mois. Il fut aidé dans la cérémonie de la consécration de l'autel, par deux ecclésiastiques dont il avait toujours aimé à s'entourer : Balthazard Maniglier, préfet de la Sainte-Maison et curé de Thonon, accompagnait le saint Evêque dans sa vallée natale. Il assista donc l'Évêque dans cette cérémonie où se trouvait en tête du clergé, le plébain de Thônes, qui déjà alors s'occupait de son manuscrit sur la mission de François en Chablais. La cérémonie et l'allocution du saint Evêque durèrent pendant trois heures.

C'est par erreur que plusieurs auteurs de la *Vie de saint François* ont avancé qu'il bénit la chapelle du Villaret, dans sa visite pastorale; lui-même ne laisse aucun doute à cet égard, et dit seulement qu'il fut consolé de *consacrer un autel*. Cette chapelle était bénite depuis 46 ans. Quatorze ans après la mort du père Favre, un sanctuaire était élevé à la place de la maison où il vint au monde. Deux de ses parents, un prêtre et un médecin, érigèrent une chapelle au lieu qu'occupait cette chaumière tombant en ruine.

Ils fondèrent une messe pour être dite à perpétuité dans cette chapelle, le 1er août, jour de la fête de Saint-Pierre-aux-liens, patron de Pierre Favre mort en ce même jour.

L'érection de la chapelle fut autorisée par l'Ordinaire diocésain par acte signé à Annecy, le 16 août 1561. Le texte porte que la chapelle est érigée en l'honneur des *saints Apôtres Pierre et Paul* et en *la mémoire* du Révérend père Pierre Favre, né en ce même lieu [1]. Les fidèles l'ont bientôt et l'ont toujours appelé la *Chapelle du bienheureux Lefèvre*.

Les louanges que le saint Evêque prodigua à l'Apôtre de l'Allemagne, au jour de sa visite, en présence de toutes les processions du voisinage, retentirent au loin. Bientôt Lefèvre fut invoqué comme

---

[1] L'acte porte : « Permittimus celebrari sacrum Missæ offi-
» cium in capella recenter edificatâ in loco Villareti parochiæ
» Sancti-Joannis-des-Sixts... in honorem sanctorum Apostolo-
» rum Petri et Pauli et in memoriam Rev. patri Fabri cœtanei
» fundatoris Ordinis Jesuitorum, illius ejusdem loci oriundi.
» Annessiaci, 16 augusti 1561. »

[2] Pendant les années de la persécution de 93, cette chapelle subit le sort des lieux consacrés par la dévotion des peuples. En 1823 elle fut restaurée par les soins de M. Entremont, natif et curé de Saint-Jean-de-Sixt. M. l'avocat Favre d'Annecy, digne rejeton de la famille de *Lefèvre*, le seconda dans cette œuvre pie. Tout récemment M. l'abbé Mariettaz, curé actuel de cette paroisse, vient d'embellir ce sanctuaire de magnifiques décorations. Sa foi et son amour pour la science sacrée ont voulu que la chapelle dite *du Bienheureux* Lefèvre fût digne du répétiteur de philosophie de saint Ignace et d'un professeur à la Sapience que le successeur de saint Pierre choisissait pour son théologien au concile de Trente.

Bienheureux, et la chapelle du Villaret devint un sanctuaire très-fréquenté.

La dévotion du saint Evêque de Genève au père Lefèvre devient plus fervente à mesure qu'il avance dans la carrière épiscopale. Cinq ans après avoir consacré un autel au lieu de sa naissance, il écrivit la lettre suivante :

CXXXIe LETTRE (Collection Vivès).— A un Père de la Compagnie de Jésus.

10 Janvier 1612.

Mon Révérend Père, il est bien temps que je vous rende le livre de la sainte vie de votre bienheureux Pierre Favre. J'ay esté si consciencieux, que je n'ay pas osé le faire transcrire, parce que, quand vous me l'envoyastes, vous m'en parlastes comme de choses qui estoient réservées pour encore vostre Compaignie.

J'eusse pourtant bien désiré d'avoir une copie d'une histoire de si grande piété, et *d'un Saint auquel, pour tant de raysons, je suis et je dois estre affectionné;* car c'est la vérité que je n'ay pas la mémoire ferme pour les particularités que je lis, ains seulement en commun; mais je veux croire qu'enfin la Compaignie se résoudra de ne pas faire moins d'honneur à ce premier compaignon de son fondateur qu'elle en a fait aux autres. Que si bien sa vie, pour avoir esté courte, et en un temps auquel on ne remarquoit si exactement toutes choses, ne peut pas tant fournir de matière à l'histoire comme celle de quelques autres; néanmoins ce qu'elle donnera ne sera *que miel et sucre de dévotion*

Le bon M. Faber, nostre médecin de cette ville, a depuis peu trouvé au Reposoir [1] une lettre de ce bienheureux Père, escrite de sa main, que j'ai esté consolé de voir et bayser. Mais enfin je vous remercie de la charitable communication qu'il vous en a pleu me faire ; continués tousjours celle de vos prières, puis que, de tout mon cœur, je suis, mon révérend Père, votre, etc.

Le manuscrit de la vie du père Favre qui fut communiqué à saint François, et qui était *réservé* pour la Compagnie, pourrait bien être le *Mémorial* dont nous avons parlé plus haut. Il est encore réservé pour la *Compagnie,* et n'a jamais été livré à l'impression.

L'Evêque de Genève appelle le père Favre *un saint* auquel, pour tant de raisons, *il est et doit être affectionné.*

Saint François de Sales trouvait une foule de raisons de s'être attaché à Lefèvre.

1º Pierre Favre avait été un des prêtres les plus distingués du diocèse de Genève. Aussi son neveu Charles-Auguste, nous dit en lisant la vie du *bienheureux Lefèvre* : « François de Sales se réjouissoit

---

[1] Chartreuse du Reposoir.

» avec la Savoie sa patrie, de quoy elle avoit allumé
» deux phares au monde dans la Compagnie de
» Jésus, le père Favre et le père Le Jay [1]. »

2° Lefèvre avait conquis à la Compagnie de Jésus le bienheureux Canisius pour qui l'Apôtre du Chablais avait une si grande vénération.

3° Saint François se plaisait à prendre pour modèle cet apôtre de l'Allemagne, chaque fois qu'il avait à traiter avec les hérétiques, soit en invoquant leur Ange gardien, soit en les comblant de témoignages de bienveillance. l'Apôtre du Chablais connaissait par la voix publique, les procédés que Lefèvre avait employés envers les protestants qu'il ramenait à la vraie Eglise. Dans une lettre à l'un de ses confrères, Lefèvre disait : « Pour gagner les hérétiques de notre
» époque, il faut d'abord exciter en soi-même une
» grande charité et un amour sincère . . . . . Ensuite
» il faut se les attacher, et captiver leur estime et
» leur affection ; on y parvient par l'affabilité des
» entretiens. » C'est le langage que cinquante-quatre ans plus tard, l'Apôtre de Thonon tenait aux catholiques de cette ville, lorsqu'ils lui reprochaient sa

---

[1] Célèbre compagnon de saint Ignace, natif d'Ayse près de Bonneville.

trop grande douceur envers les *ministres* : « Jamais
» je ne me suis servi de repliques piquantes ou de
» paroles contre la douceur que je ne m'en sois re-
» penti. Les hommes se gagnent par l'amour plus
» que par la rigueur : nous ne devons pas seulement
» être bons, mais très-bons [1].

Voilà, ce semble, quelques-unes des raisons qui ont pu dicter ces mots à saint François de Sales : *Un Saint auquel pour tant de raisons je suis et je dois être affectionné.*

Dans la lettre précitée, il ajoute : *J'ai esté consolé de voir et bayser une lettre escrite de sa main.* Ces paroles du saint Evêque justifient le terme de *dévotion* que nous plaçons en tête de cet appendice.

La compagnie se met en devoir de répondre à l'invitation du saint Evêque qui, dès son bas âge, donna à la Société de Jésus la préférence sur toute autre corporation religieuse. La vie de Pierre Favre, écrite par Orlandini, fut imprimée, en 1617, à Lyon, par Rigaud. Cet ancien ami de saint François de Sales connaissait sa profonde vénération pour le premier prêtre de la Société de Jésus. Il publia

---

[1] Vie de S. François de Sales par M. Hamon, tome I, page 201.

donc cette histoire sous les auspices de saint François, la lui dédia par une épitre où il rappelait au saint Evêque les sublimes éloges qu'il lui avait entendu donner à la mémoire de Lefèvre.

Charles Auguste, neveu et l'un des successeurs du saint Évêque, et M. le curé de Saint-Sulpice s'accordent à nous dire que François de Sales *faisait ses lectures favorites* de la vie du père Favre. Il désirait vivement que les fidèles de son diocèse eussent connaissance d'une vie si édifiante ; mais elle avait été écrite en latin. Il engagea les membres de la Société à en donner une traduction ; l'année suivante, la vie du père Favre, traduite en français, fut imprimée à Bordeaux. François de Sales s'empressa d'en faire parvenir un certain nombre d'exemplaires dans la vallée de Thônes.

Le plébain de Thônes, toujours l'abbé Critain, avait puisé la dévotion à Lefèvre et sur le sein de sa mère Guillelmine d'Arenthon d'Alex, et dans ses relations intimes avec le saint Evêque, encore prévôt de la cathédrale. Bientôt la *vie du père Jésuite* du Villaret fut connue dans tous les hameaux du canton.

A la fin de cet ouvrage dont le saint Evêque conseillait la lecture, se trouve une lettre que nous donnons ci-après en forme de pièce justificative [1]. Elle devient une nouvelle preuve qu'en 1618, pendant l'épiscopat de saint François, un culte était rendu au père Lefèvre au lieu même qui fut son berceau. L'auteur de cette lettre annonce qu'il fait don à la chapelle du Villaret du portrait du Bienheureux qu'on y vénérait [2].

Laissons parler ici un professeur de Théologie-Morale, il nous signale le culte dont le saint Evêque de Genève et les fidèles de son diocèse honoraient le savant théologien que le Souverain Pontife voulait envoyer au concile de Trente. M. le chanoine Dépommier dédie à Monseigneur Rey, nommé à l'évêché d'Annecy, l'ouvrage qu'il avait composé à

---

[1] Nous avons retrouvé à Lyon un exemplaire de cette Vie du père Lefèvre, imprimée à Bordeaux en 1618.

[2] L'on ne doit pas s'étonner d'entendre saint François de Sales et ses contemporains appeler Lefèvre du nom de *Bienheureux* et de *Saint*. Le décret de *non culte* du pape Urbain VIII, n'avait pas encore été porté. Ce pape n'avait pas encore défendu de donner dans des écrits publics le titre de *Bienheureux* et de *Saint* à un serviteur de Dieu, avant le jugement du Saint-Siége. Charles-Auguste donne le titre de *Bienheureux* à Lefèvre, dans la vie de son saint oncle ; cet ouvrage est édité en 1634, après la publication de ces décrets, c'est qu'il le prend dans le sens non prohibé de serviteur de Dieu, et comme pour respecter l'ancienne coutume.

la mémoire de son compatriote, le père Favre, en 1832. Nous y lisons ce qui suit :

« Qui mieux que vous, Monseigneur, pourrait s'in-
» téresser à la mémoire d'un illustre missionnaire qui
» fait tant d'honneur à la Société dont il fut une des
» premières colonnes, et au pays de sa naissance
» qui l'a peut-être trop oublié; d'une brillante lumière,
» qu'il plut au ciel de tirer, il y a trois siècles, d'un
» petit hameau de votre diocèse pour la promener
» sur l'Europe entière, et l'opposer aux ravages
» des plus désolantes erreurs? Je suis donc assuré,
» Monseigneur, qu'à l'exemple du bienheureux Evê-
» que de Genève dont vous allez retracer l'image au
» milieu de nous, vous aurez pour cet humble et
» fervent Religieux, une tendre dévotion, et que tôt
» ou tard on entendra aussi votre voix éloquente
» retentir sur le berceau du vénérable LEFÈVRE, pour
» y célébrer sa sainteté et ses glorieux triomphes.
» Que ne m'est-il donné, Monseigneur, d'emprunter
» votre plume pour redire à mes compatriotes les
» travaux et les vertus de cet homme apostolique [1] ! »

---

[1] M. Dépommier, natif de Clefs, canton de Thônes, était compatriote de Lefèvre. Il est décédé à Chambéry, le 3 novembre 1862. Il était à sa mort, supérieur du grand-séminaire de Chambéry, prévôt de la cathédrale, vicaire-général, et doyen de l'Académie impériale de Savoie.

En tête de la préface on lit :

« En publiant la vie d'un saint prêtre, qui a laissé
» une mémoire si justement révérée dans la Compa-
» gnie de Jésus, je crois avoir bien mérité de cet
» amour de la patrie, si cher à tout vrai Savoyard.
» faire revivre le souvenir des grands hommes, c'est
» avoir retrouvé des trésors perdus. Quelle richesse,
» en effet, plus nationale, plus pure et plus féconde
» que le nom de ceux qui ont illustré leur pays par
» des talents et de grandes actions ! . . . . .

» J'aurais atteint mon but si je pouvais attirer l'at-
» tention de la génération actuelle sur cet homme
» vertueux que nos ancêtres qualifièrent du titre de
» bienheureux et que saint François de Sales lui-
» même honora d'un culte religieux. »

La dévotion de saint François de Sales et de nos pieux ancêtres au père Lefèvre avait été inspirée par l'héroïsme de ses vertus et par les prodiges qu'on lui attribuait. Quelques années après la mort de saint François de Sales et au moment même où l'on instruisait la cause de sa béatification, une enquête juridique fut faite sur les vertus et les miracles du père Lefèvre. Elle fut faite dans notre diocèse sous l'épiscopai de Jean-François de Sales et de l'évêque dom Juste Guérin [1].

Bartoli, dans son ouvrage *De la Compagnie de Jésus*, nous donne un extrait de la relation de ces miracles :

1º Dans son premier voyage à Louvain, Lefèvre obtint par ses prières la guérison miraculeuse d'une jeune religieuse, abandonnée des médecins. Elle l'attesta elle-même longtemps après ;

2º En 1542, se rendant de l'Allemagne en Espagne, Lefèvre traversa la Savoie et passa quelques jours au château d'Alex et à Saint-Jean-de-Sixt.

Un fermier du château se trouvait très-dangereusement malade, Lefèvre, à la prière du seigneur d'Arenthon d'Alex, se rendit auprès de son lit pour l'exciter à la résignation, et lui obtint une guérison que tout le monde regarda comme miraculeuse. Sans doute ce prodige fut un peu la cause de la dévotion que les membres de cette famille professèrent pour Lefèvre, et qui se transmit de père en fils pendant plusieurs siècles.

Arrivé à l'église où il avait été baptisé, il prêcha et

[1] Nous savons que l'enquête juridique fut faite dans notre diocèse dès l'année 1626 jusqu'en 1641. Bartoli a trouvé dans ces pièces juridiques la déposition d'une faveur obtenue en 1626 par le plébain de Thônes, qui mourut en 1641.

attendrit vivement ses compatriotes. L'une de ses tantes, infirme et malade depuis longtemps, excita sa compassion ; il implora le secours du ciel en sa faveur, et au grand étonnement de tout le monde, elle se trouva délivrée de toutes ses misères.

3e Le 15 février 1626, 80 ans après la mort de Lefèvre, l'abbé Critain, plébain de Thônes, revenant d'Annecy, conduisait négligemment son cheval. Au passage alors scabreux du lieu dit *aux Peirasses*, son cheval s'abat et le précipite aux bords de la rivière. Dans un péril éminent de perdre la vie, il invoque le protecteur de sa mère, et tous ses compagnons crient au prodige, en le voyant se relever sain et sauf.

Pierre Vacherand, l'un des paroissiens du curé Critain, était estropié et ne marchait qu'avec des béquilles. Son pasteur lui conseilla d'aller en pèlerinage au Villaret. Il s'y transporta avec beaucoup de peines, y fit célébrer une messe, et trouva une guérison si complète dans ce sanctuaire, qu'il y suspendit ses béquilles. Tous ces faits et plusieurs autres sont consignés dans les *pièces juridiques*, qui furent conservées à Rome jusqu'à l'époque de la révolution française. Combien de faveurs moins éclatantes témoignent encore de nos jours de la piété des fidèles envers celui que le plus aimable des saints appelait un *bienheureux*, un *saint !* Ainsi que l'on ne s'étonne plus que l'ancienne école de latinité de Thônes soit devenue un collége florissant où l'on enseigne toutes les classes jusqu'à la physique inclusivement. Celui qui a fondé en Allemagne et en Espagne plusieurs colléges si utiles à l'Eglise, déposa un germe de prospérité dans l'école de latinité qui fut le berceau de son éducation. C'est la protection de Lefèvre qui rendit le *petit collége* de Thônes la pépinière du sacerdoce, où trois de nos évêques vinrent débuter dans la carrière des études [1].

Si le malheur des temps a empêché la Société de Jésus d'introduire en cour Romaine, la cause de la béatification de Lefèvre, espérons que les prières du bienheureux Canisius son enfant spirituel, écarteront toutes les difficultés. Du haut du ciel, aux fêtes de la béatification qu'on lui prépare, il inspirera aux membres de cette compagnie, de ne reculer devant aucun obstacle pour faire décerner les mêmes honneurs un jour à celui dont il disait : « J'ai enfin trouvé cet hom-

---

[1] Mgr d'Arenthon d'Alex en 1632 ; Mgr Bigex en 1762 : Mgr Claude Marie Magnin en 1816.

» me que je cherchais depuis longtemps, si je puis l'ap-
» peler un homme et non pas plutôt un ange : je n'ai
» jamais vu personne qui joignit à une si profonde
» connaissance de la théologie une vertu plus sublime
» et plus éclatante. »

Bientôt nos voisins, les fidèles du diocèse de Fribourg et Genève, vont solenniser la béatification de Canisius dont ils possèdent les reliques. Nous partagerons leur sainte allégresse, dans la pensée qu'un ancien berger de nos montagnes, un prêtre de notre diocèse, fit à la Compagnie de Jésus, la conquête de Canisius, et travailla à en faire un jour, un saint sur la terre et dans le ciel.

Si celui qui écrit ces lignes osait faire parvenir ses vœux aux pères la Compagnie de Jésus, qui habitent à Rome, se faisant l'interprète de tous ses compatriotes, il leur adresserait au sujet de l'introduction de la cause de la béatification de Lefèvre, le langage de saint François de Sales leur demandant une histoire de sa vie.

« Oui, je veux croire que la Compagnie se résou-
» dra de ne pas faire moins d'honneur à ce premier
» compagnon de son Fondateur qu'elle a fait aux
» autres. »

COPIE D'UNE LETTRE

De M. le marquis d'Urfé au R. P. Recteur de Chambéry.

Monsieur et Révérend Père,

Ayant veu dans la vie du B. saint Ignace que le B. Faber, son premier compagnon, estoit natif d'un lieu nommé Villaret du diocèse de Genève, soudain que j'ay esté en ce lieu de Thône ; je m'en suis enquis, comme grandement désireux de rendre l'honneur qui est deu à la naissance d'un si grand sainct, et ayant apprins que c'estoit assez près d'icy, je m'y en suis allé ce matin, accompagné du curé de ce lieu, qui est très-affectionné à votre saincte Religion, pour y ouyr la Messe en la devvote chappelle, qui a esté bastie de la maison de ce serviteur de Dieu. Mais estant arrivé et considérant combien le lieu devvoit estre sainct où ce grand amy de Dieu estoit nay, il m'a esté impossible de résister au remors de conscience, d'entrer en ceste saincte maison ; sans me descharger de mes péchez, dont, avec l'aisde de Dieu et du sainct tutélaire, je me suis confessé et communié, rendant grâce à ce B. Père de tous les biens, et de toutes les favveurs que j'i ay receu de ceux de l'ordre, dont il est le second instituteur. En mesme temps, j'ay prins volonté de faire faire un tableau de ce B. Sainct et le mettre sur l'autel [1], et d'autant que je ne le puis faire sans votre ayde, n'en ayant point de portraict, j'ay

---

[1] C'est peut-être le tableau de Lefèvre qu'on voit aujourd'hui dans cette chapelle.

recours à V. R. pour vous supplier de le faire faire à quelque bon peintre, et je vous envoyeray incontinent l'argent qu'il coustera. Il me semble qu'il le faudroit peindre en extase, élevé en l'air, et au devant d'une nostre Dame, avec le petit Jésus, parce que j'ay leu dans une déposition qu'une bonne vieille damoiselle, mère dudit Curé, l'a veu plusieurs fois en cet estat et en ce mesme lieu, toutes fois ce que j'en dis n'est que par advvis, et je remets le tout à vostre volonté. Je voulois aussi faire mettre une lampe allumée au devant de l'autel, et en faire une fondation perpétuelle : mais le dit curé est plustost d'advis que je fonde une grande Messe, que ceux de Thône seront obligez d'aller dire tous les ans avec procession[1], parce qu'il luy semble que le Sainct-Sacrement n'y reposant point, il n'est pas nécessaire d'y tenir une lampe allumée, et que la Messe et procession esmouvera mieux le peuple à la devvotion. Je lui ay dict que la lampe de qui l'huyle a fait et fait encore tant de miracles, n'est allumée que devant le tableau du B sainct Louys de Gonsague, toutefois je n'ay rien voulu résoudre en cela, sans votre prudent advis. C'est pourquoy je vous fais ceste despesche, tant pour ce suject que pour me resjoüir avec toute votre saincte compagnie de la consolation que j'ay receüe en visitant ce sainct lieu qui ne se peut expliquer que par ceux à qui Dieu en a fai la grâce. Que je sache doncques quel auquel des deux partis V. R. incline ; car si c'est à la Messe, il me semble que ce doit estre le jour de sainct Pierre-aux-Liens, tant parce qu'il s'appelle Pierre, que d'autant qu'il est passé de ceste vie à l'éternelle ce mesme jour. Et parce

---

[1] Le Villaret est à une distance de Thônes de deux lieues.

que le temps consomme la mémoire presque de toutes choses, afin qu'à l'advenir l'on ne puisse douter que ceste chappelle ne soit bastie au mesme lieu de la maison de ce grand Sainct, avant que m'en aller j'en feray faire vne enqueste où je souscrirai pour en rendre à jamais tesmoignage, laquelle je vous envoyeray, afin que cela incite tousjours davantage à la devotion ceux qui après nous révèreront ce grand serviteur de Dieu. Et si vous le trouvez à propos, nous en ferons faire une inscription en cuivre que nous mettrons sur le portail de la chappelle, le tout à l'honneur de Dieu, qui se plaist d'estre honoré en ses Saincts, et aussi pour rendre tesmoignage de l'affection que je porte à ce bien heureux aymé de Dieu et à touste vostre saincte Religion, plein de recognoissance des biens que i'en ay receu, aux prières de laquelle, après vous avoir baisé les mains, je me recommande et supplie qu'il me fasse la grâce que je ne m'en rende poinct indigne, demeurant cependant,

Monsieur,

Votre très affectionné serviteur et bien humble fils en Dieu,

HONORÉ DURFÉ.

De Thône, la veille de Roys 1618.

FIN.

TABLE DES MATIÈRES

Avertissement. . . . . *Page* v

I. — Conversion de Thonon, (année 1594). 1

II. — Correspondance (1594). 25

4ᵉ lettre, à son Père, *page* 22. — 5ᵉ lettre, au président Favre, 26. — 6ᵉ lettre, au même, 26.—8ᵒ lettre, au même, 26.

(ANNÉE 1595.)

10ᵉ lettre, à un religieux, *page* 29, — 29ᵉ lettre (inédite), au père Canisius de la Compagnie de Jésus, 30.

(ANNÉE 1596.)

35ᵉ lettre, à Son Altesse Charles Emmanuel I, *page* 32. — 17ᵉ lettre, à Mgr de Granier, évêque de Genève, 34. — 35ᵉ lettre, à Son Altesse Charles Emmanuel I, duc de Savoie, 35. — 36ᵉ lettre, au sénateur Favre, 36. — 2ᵉ lettre inédite, à Jules Ricardi, nonce apostolique, 37. — 11ᵉ lettre, au sénateur Favre, 38. — 33ᵉ lettre, Mémoire (pièce inédite), 38. — 23ᵉ lettre, à Son Altesse Charles Emmanuel I, duc de Savoie, 41. — 42ᵉ lettre, à Mgr l'archevêque de Bari, nonce apostolique à Turin. 42.

(ANNÉE 1597.)

34ᵉ lettre (inédite), de Charles Emmanuel I, duc de Savoie, *page* 44. — 47ᵉ lettre (inédite), du président Favre, 45.—48ᵉ lettre (inédite), au Nonce apostolique, 46. — 25ᵉ lettre, au pape

Clément VIII, au nom des habitants de Thonon, 47. — Lettre à Mgr l'archevêque Bari, nonce apostolique à Turin, 51. — 48ᵉ lettre (inédite), au même, 54. — 50ᵉ lettre (inédite), au duc de Savoie, 57. — 65ᵉ lettre (inédite), au Nonce, 61. — 6ᵉ lettre (inédite), au même, 63. — 4ᵉ lettre (inédite), au même, 66. — 53ᵉ lettre (inédite), à un Cardinal, 71. — 54ᵉ lettre (inédite), au président Favre, 72. — 55ᵉ lettre (inédite), au Nonce à Turin, 72.

(ANNÉE 1598.)

Maladie et guérison de saint François de Sales, *page* 79. — 7ᵉ lettre (inédite), au Nonce apostolique à Turin, 81. — 8ᵉ lettre (inédite), au même, 82. — 56ᵉ lettre (inédite), à un Évêque, 83. — 58ᵉ lettre (inédite), à un gentilhomme élevé en dignité, 86. — Résurrection d'un enfant, 89. — Mgr de Granier, évêque de Genève, publie son mandement pour les quarante-heures de Thonon, 93. — 57ᵉ lettre (inédite, à S. E. le commandant des troupes de S. A., 94. — 60ᵉ lettre (inédite) du Duc de Savoie à François, 95. — Exercice des quarante-heures à Thonon, 97. — Conversion de Thonon, 109.

(ANNÉE 1599.)

Départ de François pour Rome, *page* 113. — 29ᵉ lettre, requête adressée au Saint-Père, 114. — Supplique de l'évêque de Genève qui demande François pour coadjuteur, 115. — 49ᵉ lettre (inédite), le Duc de Savoie nomme François coadjuteur de l'évêque de Genève, 117. — François reçu en audience par le Pape, il passe un examen solennel, 120. — François élu évêque-coadjuteur de Genève, 122. — 32ᵉ lettre. Il écrit à son cousin Louis de Sales, 122. — Requête pour les chanoines de l'église Genève, 124. — 49ᵉ lettre (inédite), François, à son retour de Rome, rend compte de son voyage à Mgr l'archevêque de Bourges, 126. — Projet de François pour l'établissement d'une imprimerie à Thonon ainsi qu'une congrégation de prêtres sur le modèle de l'Oratoire de Rome, 127.

TABLE DES MATIÈRES.

— Etablissement des Pères Jésuites à Thonon, 128. — 62ᵉ lettre (inédite) du Nonce apostolique, 128. — 63ᵉ lettre (inédite), au Duc de Savoie, 130. — Projet de la Sainte-Maison, 131. — Bulle de Clément VIII, 133. — 74ᵉ lettre (inédite), du Nonce à François, 135.

(ANNÉE 1600.)

77ᵉ lettre (inédite) du Duc de Savoie, *page* 137. — 38ᵉ lettre, au cardinal de Joyeuse, 138.

(ANNÉE 1601.)

79ᵉ lettre (inédite) au Nonce du Pape à Turin, *page* 142. — La Sainte-Maison, 145. — Confrérie de Notre-Dame-de-Compassion, 147.

(ANNÉE 1602.)

Le premier Jubilé de Thonon, *page* 149. — Notre-Dame-d'Hermone, 163. — La Sainte-Maison, 193. — 43ᵉ lettre, à Sa Sainteté le pape Clément VIII, 195. — Mort de Mgr de Granier, évêque de Genève, 195. — Sacre de saint François de Sales, 197. — Son épiscopat, 199.

(ANNÉE 1603.)

Sa première visite à Thonon, *page* 203. — Cimetière de Thonon, 207. — Mandement sur les grâces et indulgences accordées par le Saint-Siège à la Confrérie de Notre-Dame-de-Compassion, 211. — 55ᵉ lettre au Saint-Père pour lui rendre compte des affaires religieuses de son diocèse, 213.

(ANNÉES 1603 - 1607.)

86ᵉ lettre au Saint-Père, pour le féliciter sur son élévation au trône de saint Pierre, 221. — Bref du pape Paul V qui confirme les priviléges de la Confrérie de Thonon, 222. — 88ᵉ lettre à Madame de Chantal, 224. — 85ᵉ lettre à la même, 225. — Visite dans le Chablais; il ne retrouve plus les Jésuites à Thonon, 225. — Chapelle Fornier, 229. — 233ᵉ lettre, au président Favre, 230; à Madame de Charmoysi, 231. — 119ᵉ lettre, à Madame de Chantal, il lui annonce ses visites pastorales, 232. — Second Jubilé de Thonon, 236.

(ANNÉES 1608 - 1612.)

Episcopat de saint François de Sales, *page* 273. — 162ᵉ lettre au Duc de Savoie pour lui demander l'agrément de prêcher un carême à Lyon, 275. — 224ᵉ lettre, au souverain pontife, Paul V; il le supplie d'ériger un évêché à Chambéry, 276.

(ANNÉES 1609 - 1616.)

Saint François s'occupe activement de la canonisation du duc de Savoie, Amédée IX, *page* 278. — 115ᵉ lettre à S. A. Charles Emmanuel I, duc de Savoie, il lui envoie l'attestation de deux images du Bienheureux Amé le Glorieux, 279. — 124ᵉ lettre, à M. François Kanzo, gentilhomme et conseiller de S. A. à Turin. Il l'entretient de la canonisation du bienheureux Amé et de l'idée qu'il a de mettre sous sa protection une congrégation de dames, 280. — 275ᵉ lettre, à Sa Sainteté le pape Paul V; il lui représente qu'il est de la justice de canoniser le bienheureux Amédée IX, 282. — 273ᵉ lettre, à S. A. le duc de Savoie. Il lui représente l'obligation où il est de procurer la canonisation du bienheureux Amédée, 285. — 284ᵉ lettre, à Messeigneurs de la Congrégation des rites : Il les supplie de se rendre favorables à la canonisation du bienheureux Amédée, 287. — 32ᵉ lettre (inédite), à Mgr le cardinal Maurice, fils du duc Emmanuel I, de Savoie. Le Saint s'excuse du retard qu'ont éprouvées pour lui parvenir les pièces dont il s'était chargé, et reçoit avec surprise cet avis de la part de S. A., 289. — 396ᵉ lettre, au Père Dom Juste Guérin, barnabite à San Dalmazo. Il l'assure qu'il sollicitera, en faveur des Barnabites, la protection des princes de Savoie, 290. — 397ᵉ lettre, à S. Em. le cardinal de Savoie. Il lui témoigne la joie de la nouvelle dignité de ce prince, et lui recommande les

Barnabites, 291. — 398ᵉ lettre, à Son Altesse le duc de Savoie. Il lui recommande les affaires des Barnabites et parle de la canonisation du bienheureux Amédée, 294. — 185ᵉ lettre, à S. A. Charles Emmanuel I, duc de Savoie, il lui recommande les Barnabites de Thonon, et parle de la canonisation du bienheureux Amédée, 294. — 184ᵉ lettre, à S. A. Charles Emmannel I, duc de Savoie, il lui recommande les habitants de la Savoie, et lui témoigne sa reconnaissance pour l'introduction de l'industrie de la soie, 295. — Les pères Barnabites au collége de Thonon, 297. — Acte de rémission faite par ordre du duc Charles Emmanuel I aux religieux des Clercs réguliers de Saint-Paul, vulgairement appelés Barnabites, 298. — 377ᵉ lettre à Mgr Victor Emmanuel, 299. — Le cardinal Gerdil, 304. — Mgr Briord, 305. — Mgr François-Marie Bigex, évêque de Pignerol, 307. — Mgr Pierre-Joseph Rey, évêque d'Annecy, 308. — 15ᵉ lettre, au cardinal de Savoie; il le félicite de sa promotion, 312.

(ANNÉES 1617 - 1620.)

Dédicace d'un autel au bienheureux Amédée IX, *page* 317. — Consécration de la chapelle du cimetière de Thonon, 319. — L'Héberge ou Maison de refuge, 521. — Bénédiction du mariage du seigneur Albert de Lullin, 323. — Monastère des religieuses de la Visitation à Thonon, 325. — Mort de saint François de Sales, 326.

III. — PERSONNAGES DE LA SAVOIE qui ont rendu le plus de services à l'Apôtre de Thonon 329

IV. — TRANSLATION du corps de saint François de Sales, à Annecy 335

V. — ENQUÊTES JURIDIQUES pour la canonisation de saint François de sales 346

RELATION de ce qui s'est passé en la cérémonie de la canonisation de saint François de Sales, en l'église des Religieuses de la Visitation Sainte-Marie de Thonon, commencée le 21 novembre jusqu'au 29 novembre 1666 363

Avertissement au dévot lecteur, *page* 363. — Description de la décoration du dehors et du dedans de l'église de la Visitation de cette ville, au sujet de la pompe de leur glorieux patriarche saint François de Sales, 365. — Détail narré de toute la solennité, 341.

PROGRAMME DES FÊTES D'ANNECY EN 1865 . . . 402

APPENDICE sur les relations de saint François de Sales, avec le bienheureux Canisius, et sa dévotion au père Lefèvre. . . 407

Avant-propos, *page* 407. — Relations de saint François de Sales avec le bienheureux Canisius, 409. — Dévotion de saint François de Sales au père Lefèvre, 416.

FIN DE LA TABLE.

www.ingramcontent.com/pod-product-compliance
Lightning Source LLC
Chambersburg PA
CBHW072114220426
43664CB00013B/2117